중국어

통번역 대공략

작문 편

가광위 · 송화영 · 이정민 저

동양북스

중국어

통번역 대공략 작문 편

초판 인쇄 | 2017년 12월 5일
초판 발행 | 2017년 12월 15일

지은이 | 가광위 · 송화영 · 이정민
발행인 | 김태웅
편집장 | 강석기
책임 편집 | 권민서
디자인 | 방혜자, 이미영, 김효정, 서진희
마케팅 총괄 | 나재승
마케팅 | 서재욱, 김귀찬, 이종민, 오승수, 조경현
온라인 마케팅 | 김철영, 양윤모
제 작 | 현대순
총 무 | 한경숙, 안서현, 최여진, 강아담
관 리 | 김훈희, 이국희, 김승훈, 이규재

발행처 | (주)동양북스
등 록 | 제 2014-000055호(2014년 2월 7일)
주 소 | 서울시 마포구 동교로22길 12 (04030)
전 화 | (02)337-1737
팩 스 | (02)334-6624
http://www.dongyangbooks.com

ISBN 979-11-5768-318-5 14720
     979-11-5768-257-7 14720(세트)

이 도서의 국립중앙도서관 출판예정도서목록(CIP)은 서지정보유통지원시스템 홈페이지(http://seoji.nl.go.kr)와
국가자료공동목록시스템(http://www.nl.go.kr/ kolisnet)에서 이용하실 수 있습니다.
(CIP제어번호:CIP2017031028)

올해로 한중 양국이 수교를 맺은 지 25주년이 된다. 이 짧은 25년 동안 '죽의 장막'으로 불리던 중국은 미국과 어깨를 나란히 하는 G2로 부상했다. 이에 따라 중국으로 유학을 가는 학생은 물론 '중국통'으로 불리는 전문가의 수요도 나날이 늘어나고 있다. 그만큼 중국어에 대한 열기가 점점 뜨거워지고 학습자의 수준도 많이 향상되었다.

그런데 요즘 중국 유학으로 중국어 회화를 능숙하게 구사하는 사람이 많아진 반면, 고급 수준의 작문이나 번역 등 쓰기 실력을 갖춘 사람은 상대적으로 적은 실정이다. 그래서인지 통역번역대학원의 입학시험은 물론 고급 HSK, 임용고시, 대입 특례, 중국대학 입학이나 기업체 입사 시험에서도 작문의 비중과 중요성이 점차 높아지고 있다.

언어는 듣기, 말하기, 읽기, 쓰기가 복합적으로 이뤄지는 분야이며, 그중에서도 쓰기를 잘해야 그 언어에 능통하다고 말할 수 있다. 실제로 중국 체류 기간이 길거나 원어민인데도 불구하고 본인의 생각을 제대로 적어내지 못하는 경우가 많다. 작문과 번역처럼 수준 높은 쓰기 실력을 갖추려면 논리적인 사고는 물론 정확한 어휘, 올바른 단어 호응, 적절한 상용구와 성어 등을 숙지해야 한다. 이렇게 튼튼한 실력이 요구되는 쓰기는 사실 오랜 시간을 거쳐 어느 정도의 기초 실력이 갖춰져야만 가능하다. 그래서 일각을 다투는 수험생들이 단기간에 작문 실력을 향상시키려면 길라잡이가 필요한 것이 사실이다.

필자는 중국어 학습의 필요성에 따라 그간 강의 현장에서 수많은 학생 작문을 지도하고 감수해 왔다. 시중에는 초·중급 수준의 작문 요령을 제시한 책들은 즐비하지만, 최신 시사 주제에 대한 작문을 지도하는 고급 책이 전무하다. 따라서 학습자의 수요에 따라 그동안 쌓아온 노하우와 필살기를 한데 모아 이를 책으로 정식 출간하여 중국어 학습자와 각종 시험을 앞둔 수험생들의 실력 향상에 도움을 주고자 한다.

언어는 시대적 흐름과 함께 생성과 소멸의 과정을 거친다. 따라서 외국어 학습자는 신조어의 생성과 새로운 정보 습득에 빠르게 적응해야 진정한 '통(通)'이 될 수 있다. 이 책은 최신 내용을 바탕으로 3명의 저자가 현장에서 다년간 쌓아온 작문의 노하우와 학습법을 집대성한 것으로 통역번역대학원 입시준비생, 통·번역 입문자, 중국어를 공부하는 중·고급 학습자, 각종 시험에 내비하는 수험생들에게 큰 도움이 되리라 생각한다.

뜻이 있는 곳에 길이 있고, 노력하는 자는 즐기는 자를 따라올 수 없다. 여러분이 이 책과 함께 즐겁게 공부하면서 진정한 중국어 작문의 고수가 되길 진심으로 응원한다.

가광위 · 송화영 · 이정민 드림

1 step1 배경 지식 알기와 step2 용어 익히기를 통해서 주제를 익힌다.

2 본인이 쓰고자 하는 내용의 개요를 step3 개요 잡기에 적는다. 한 주제에 대한 작문 시간은 30분으로 잡는다. 주제에 대한 생각 정리와 개요 적기는 5분 안에 마친다.

3 step4 실전 작문 공간에 작문을 시작한다. 작문 시간은 가능한 20분 정도 내에 끝내고 남은 5분 안에 검토 및 수정한다. 5분(개요)+20분(글쓰기)+5분(정리)의 시간 원칙을 지키면서 개인 상황에 따라 항목별 시간을 가감하여 글쓰기를 한다.

◆ 이 책의 활용법

이 책은 구성상 작문 쓰기 연습과 작문 심화 학습 두 부분으로 나뉜다. 따라서 두 가지 학습법이 가능하다.
작문 쓰기 연습 후 작문 심화학습을 해도 좋고 작문 심화학습을 한 후 배경지식과 중국어 표현을 확충시킨 뒤
작문 쓰기를 해도 좋다.

모범 작문이 녹음된 음성 파일을 들으며
추가로 중한번역 연습을 할 수 있다.

MP3 다운로드 : 동양북스 홈페이지 ☞ 도서자료실

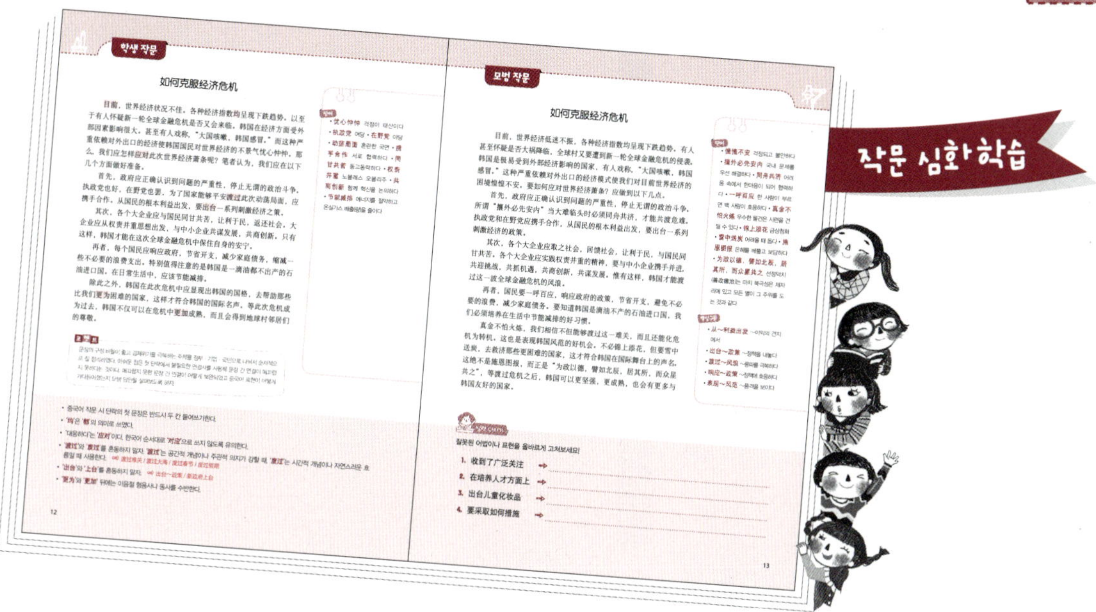

1 학생 작문을 읽고 배경 지식을 확충하고 새로운 중국어 표현을 익힌다. 자주 범하는 오류를 인지하도록 하며 선생님의 **코멘트**를 통해 글의 구성에서 아쉬운 점을 파악한다.

2 오디오 CD를 들으며 녹음된 **모범 작문**의 내용을 들으며 노트테이킹(들으면서 주요 내용 메모) 한다. 노트테이킹 한 내용을 한국어로 통역해 본다.

3 모범 작문을 확인하며 새로운 **중국어 표현**을 익힌다. 학생 작문의 어떤 부분이 어떻게 수정되었는지 확인한다.

4 학생 작문과 모범 작문 학습이 끝나면 **실력 다지기**를 통해서 자주 틀리기 쉬운 어법이나 어휘 문제를 통해서 본인의 실력을 확인한다.

5 학습된 내용을 토대로 **플러스 주제**에 제시된 작문을 통해 다양한 글을 써 본다.

◆ 일러두기

1. 책에서 제시한 글의 개요는 글의 전개에 도움이 되는 내용이나 이상적인 글의 구성을 제시한 것입니다. 따라서 필자의 생각에 따라 다양한 의견 제시가 가능합니다. 그리고 모범답안은 학생작문을 토대로 수정이 된 것으로 최초 필자의 의도와 글의 맥락에 따라 쓰여졌기 때문에 개요 내용이 포함되지 않은 경우도 있습니다.

2. 제시된 주제와 작문 시점은 대부분이 최근 것이지만 내용의 중요성에 따라 시기가 어느 정도 지난 것도 있으니 참고하기 바랍니다.

3. 배경 지식과 용어 익히기는 단어의 중요도와 상관없이 가나다순으로 배열했습니다.

4. 단어와 어법 설명에서 유사어는 띄어쓰기 없이 '/'로 설명했고 예시는 띄어쓰기 후 '/'로 나열했습니다.
   예) 경제회복/경기회복   예) 渡过难关 / 渡过大海 / 度过春节 / 度过假期

UNIT 01-40

중국어

통번역 대공략

작문 편

경제위기 극복

한국의 세계경제위기 극복 방안에 대한 본인의 견해를 중국어로 쓰시오.

step 1 배경 지식 알기

□ **글로벌 금융위기 / 全球金融危机**

2008년 미국의 금융시장에서 시작되어 전 세계로 파급된 대규모의 금융위기 사태를 통틀어 이르는 말이다. 1929년의 경제대공황에 버금가는 세계적 수준의 경제적 혼란을 초래했다.

□ **아시아 금융위기(아시아 외환위기) / 亚洲金融危机**

1997년 태국의 고정환율제 포기로 인한 동남아시아의 통화 위기가 동북아시아를 거쳐 세계 경제에 불안을 가져온 금융위기 사태를 말한다.

□ **유럽 금융위기(유럽 채무위기) / 欧洲债务危机**

포르투갈·아일랜드·이탈리아·그리스·스페인 등 남유럽 5개국의 방만한 재정운용과 국가채무 누적으로 인해 2010년에 발생한 재정위기를 말한다.

step 2 용어 익히기

- 국제통화기금(IMF) **国际货币基金组织** ·구제금융 **救援贷款** ·정경유착 **政经勾结/官商勾结**
- 채무불이행/디폴트 **债务违约** ·서브프라임 모기지 사태 **次贷危机** ·경제대공황 **经济大萧条**
- 경기호황 **经济繁荣** ·경제회복/경기회복 **经济复苏** ·경기부양책 **刺激经济计划**

step 3 개요 잡기 

 **선생님의 팁!**

사회 현상에 대한 분석과 해결책 제시를 요구하는 유형의 문제이다. 다음의 내용이 들어갈 수 있도록 글을 구성하면 좋다. 1. 경제위기 현황 2. 경제위기 발생 원인 3. 주체별(정부·기업·국민) 경제위기 극복을 위한 해결책

플러스 주제

국가경쟁력 제고를 위한 견해 / 세계 경제 활성화를 위한 견해

如何克服经济危机

　　目前，世界经济状况不佳。各种经济指数均呈现下跌趋势。以至于有人怀疑新一轮全球金融危机是否又会来临。韩国在经济方面受外部因素影响很大。甚至有人戏称，"大国咳嗽，韩国感冒。"而这种严重依赖对外出口的经济使韩国国民对世界经济的不景气忧心忡忡。那么，我们应怎样应对此次世界经济萧条呢？笔者认为，我们应在以下几个方面做好准备。

　　首先，政府应正确认识到问题的严重性，停止无谓的政治斗争。执政党也好，在野党也罢，为了国家能够平安渡过此次动荡局面，应携手合作。从国民的根本利益出发，要出台一系列刺激经济之策。

　　其次，各个大企业应与国民同甘共苦，让利于民，返还社会。大企业应从权责并重思想出发，与中小企业共谋发展，共商创新。只有这样，韩国才能在这次全球金融危机中保住自身的安宁。

　　再者，每个国民应响应政府，节省开支，减少家庭债务，缩减一些不必要的浪费支出。特别值得注意的是韩国是一滴油都不出产的石油进口国。在日常生活中，应该节能减排。

　　除此之外，韩国在此次危机中应显现出韩国的国格，去帮助那些比我们更为困难的国家，这样才符合韩国的国际名声。等此次危机成为过去，韩国不仅可以在危机中更加成熟，而且会得到地球村邻居们的尊敬。

단어

- **忧心忡忡** 걱정이 태산이다
- **执政党** 여당 · **在野党** 야당
- **动荡局面** 혼란한 국면 · **携手合作** 서로 협력하다 · **同甘共苦** 동고동락하다 · **权责并重** 노블레스 오블리주 · **共商创新** 함께 혁신을 논의하다
- **节能减排** 에너지를 절약하고 온실가스 배출(량)을 줄이다

코멘트

문장의 구성 비율이 좋고 경제위기를 극복하는 주체를 정부 · 기업 · 국민으로 나눠서 순차적으로 잘 정리하였다. 아쉬운 점은 첫 단락에서 불필요한 연결사를 사용해 문장 간 연결이 매끄럽지 못하다는 것이다. 매끄럽지 못한 문장 간 연결이 어떻게 보완되었고 중국어 표현이 어떻게 가다듬어졌는지 모범 답안을 살펴보도록 하자.

- 중국어 작문 시 단락의 첫 문장은 반드시 두 칸 들여쓰기한다.
- '**均**'은 '**都**'의 의미로 쓰였다.
- '대응하다'는 '**应对**'이다. 한국어 순서대로 '**对应**'으로 쓰지 않도록 유의한다.
- '**渡过**'와 '**度过**'를 혼동하지 말자. '**渡过**'는 공간적 개념이나 주관적 의지가 강할 때, '**度过**'는 시간적 개념이나 자연스러운 흐름일 때 사용한다.　예) **渡过难关 / 渡过大海 / 度过春节 / 度过假期**
- '**出台**'와 '**上台**'를 혼동하지 말자.　예) **出台~政策 / 新政府上台**
- '**更为**'와 '**更加**' 뒤에는 이음절 형용사나 동사를 수반한다.

如何克服经济危机

目前，世界经济低迷不振，各种经济指数均呈现下跌趋势。有人甚至怀疑是否大祸降临，全球村又要遭到新一轮全球金融危机的侵袭。韩国是极易受到外部经济影响的国家，有人戏称，"大国咳嗽，韩国感冒。"这种严重依赖对外出口的经济模式使我们对目前世界经济的困境惶惶不安。要如何应对世界经济萧条？应做到以下几点。

首先，政府应正确认识到问题的严重性，停止无谓的政治斗争。所谓"攘外必先安内"当大难临头时必须同舟共济，才能共渡危难。执政党和在野党应携手合作，从国民的根本利益出发，要出台一系列刺激经济的政策。

其次，各个大企业应取之社会，回馈社会，让利于民，与国民同甘共苦。各个大企业应实践权责并重的精神，要与中小企业携手并进，共迎挑战，共抓机遇，共商创新，共谋发展。惟有这样，韩国才能渡过这一波全球金融危机的风浪。

再者，国民要一呼百应，响应政府的政策，节省开支，避免不必要的浪费，减少家庭债务。要知道韩国是滴油不产的石油进口国，我们必须培养在生活中节能减排的好习惯。

真金不怕火炼，我们相信不但能够渡过这一难关，而且还能化危机为转机。这也是表现韩国风范的好机会。不必锦上添花，但要雪中送炭，去救济那些更困难的国家，这才符合韩国在国际舞台上的声名。这绝不是施恩图报，而正是"为政以德，譬如北辰，居其所，而众星共之"，等渡过危机之后，韩国可以更坚强，更成熟，也会有更多与韩国友好的国家。

단어

- **惶惶不安** 걱정되고 불안하다
- **攘外必先安内** 국내 문제를 우선 해결하다
- **同舟共济** 어려움 속에서 한마음이 되어 협력하다
- **一呼百应** 한 사람이 부르면 백 사람이 호응하다
- **真金不怕火炼** 우수한 물건은 시련을 견딜 수 있다
- **锦上添花** 금상첨화
- **雪中送炭** 어려울 때 돕다
- **施恩图报** 은혜를 베풀고 보답하다
- **为政以德，譬如北辰，居其所，而众星共之** 선정덕치(善政德治)는 마치 북극성은 제자리에 있고 모든 별이 그 주위를 도는 것과 같다

핵심구문

- **从~利益出发** ~이익의 견지에서
- **出台~政策** ~정책을 내놓다
- **渡过~风浪** ~풍파를 극복하다
- **响应~政策** ~정책에 호응하다
- **表现~风范** ~품격을 보이다

실력 다지기

잘못된 어법이나 표현을 올바르게 고쳐보세요!

1. 收到了广泛关注 ⇒ ....

2. 在培养人才方面上 ⇒ ....

3. 出台儿童化妆品 ⇒ ....

4. 要采取如何措施 ⇒ ....

공유경제

공유경제 등장에 대한 본인의 견해를 중국어로 쓰시오.

step 1 배경 지식 알기

□ **공유경제 / 共享经济**

물품, 생산설비, 서비스 등을 소유의 개념이 아닌 서로 대여해 주고 차용해 쓰는 개념으로 인식하는 경제활동을 일컫는다. 우버(Uber), 에어비앤비(Airbnb) 등이 대표적인 사례다.

□ **월광족 / 月光族**

매달 버는 돈을 한 푼도 남기지 않고 다 쓰는 중국의 젊은 세대를 일컫는 말이다.

step 2 용어 익히기

• 1인당 소득 **人均收入** • 공유서점 **共享书店** • 구매력 **购买力** • 에어비앤비 **空中食宿** • 우버 **优步** • 유휴물품 **闲置物品** • 자동차 공유 서비스/카셰어링 **共享汽车** • 자전거 공유 서비스 **共享单车** • 키풀 **拼车**

step 3 개요 잡기 

 **선생님의 팁!**

사회 현상에 대한 분석과 해결책 제시를 요구하는 유형의 문제이다. 다음의 내용이 들어갈 수 있도록 글을 구성하면 좋다. 1. 공유경제의 현황과 등장 배경 2. 공유경제의 장단점 3. 공유경제 발전을 위한 방안

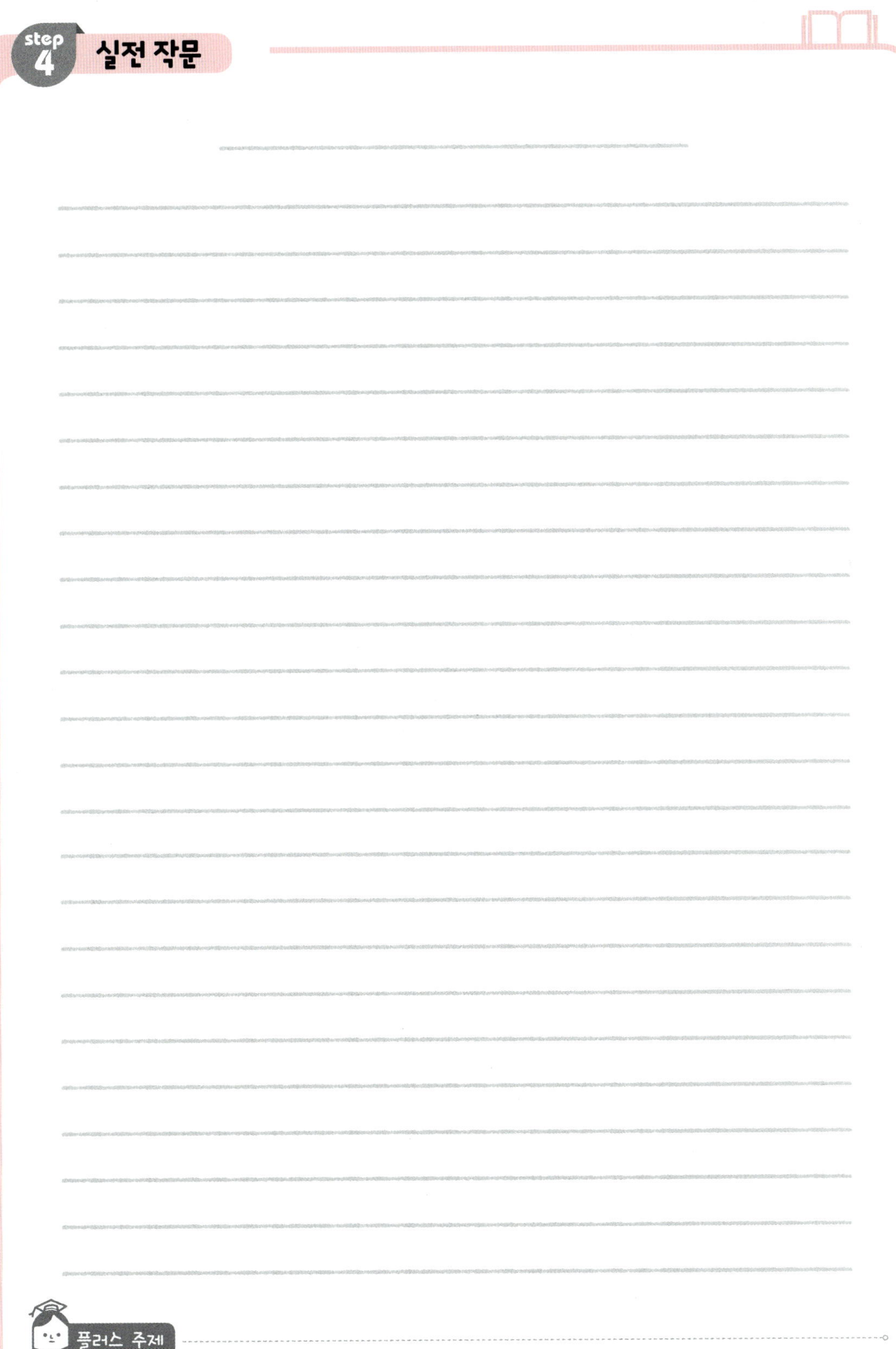

플러스 주제

공유경제의 장단점에 대한 견해 / 우버택시 운영에 대한 견해 / 중국 공유자전거 열풍에 대한 견해

我对"共享经济"的看法

当今社会,"共享经济"这一词并不陌生,其最典型的模式就是"优步"。在韩国社会除优步外还有很多形式的共享经济。但问题是其有关法律制度尚未完善,这一点正扯着共享经济发展的后腿。

随着经济和互联网的迅速发展,共享经济在人类社会自然而然地出现。由于人均收入的提高,人们的购买力也随之剧增。买了一样东西,但不经常使用的情况比比皆是。上下班拼车也是个典型例子。于是,人们就开始把手头的闲置物品或资源与他人共享,这一趋势已变成了一种经济模式。能够实现共享经济的第一大功臣就是迅速发展的互联网,互联网使人们不限时空地与他人共享自己的资源。共享经济正在我们生活中快速蔓延,这将改变许多人的消费模式和经济观念。

共享经济会让很多人减少不需要的开支。如果有人暂时需要某种东西,就可以在互联网上寻找自己想要的东西。我想这会有效改善目前社会存在的过度消费的不良习惯,很多人会更有计划地消费,那么所谓"月光族"也会减少。

但是,目前在韩国有关共享经济的法律体系还不够完善,而且也有一些人因担心其安全性问题而不敢使用"共享"这一渠道。共享经济在全世界已经司空见惯,其使用率也在日益增加。希望韩国社会也顺应这一趋势,尽快制定并完善相关法律制度,并致力于构建相互之间的信任体系。这样才能让共享经济快速发展并能够让国民享受到其优惠。

널뛰기식 논리 선개가 아쉽나. 둘째 난락에서 인너넷을 언급해 공유겅세의 탄생을 거론하다 말고 구매력을 얘기했다가 갑자기 적합하지 않은 사례인 카풀을 언급한 후 다시 인터넷 얘기를 꺼냈다. 따라서 본론과 결론의 논리적 재구성이 필요하다. 모범 답안을 통해 어떻게 수정되었는지 살펴보도록 하자.

단어

• 扯〜后腿 〜발목을 잡다
• 自然而然 자연스럽게 • 剧增 급증하다 • 比比皆是 매우 많다
• 开支 지출 • 不良习惯 나쁜 습관 • 司空见惯 흔히 있는 일이다

- '除了〜以外'가 문장 안에서 쓰일 때는 '除〜外'로 간략하게 쓸 수 있다.
- '有关'은 '有关〜'이나 '与〜有关'의 형식으로 쓴다.
- '扯〜后腿'는 '拖〜后腿'로도 쓸 수 있다.
- '1인당 소득', '가계소득', '가처분소득'에서 '소득'은 '收入'로 쓴다. 예) 人均收入 / 家庭收入 / 可支配收入
- '如果' 구문의 후속 절에는 '就'나 '那么' 등이 수반된다.

모범 작문

共享经济

　　提起共享经济大家都并不陌生，家喻户晓的"优步"就是共享经济最典型的例子。目前我们社会已出现各式各样的共享经济，但相关的法律制度尚未健全，阻碍着共享经济的发展。

　　随着人均收入的提高，人们的购买力也越来越强。经常出现买了以后不使用，或者用了一次就丢弃的现象。于是人们开始将闲置物品或资源与他人共享。当需要一次性消费时，人们就可以上网查找，付出一点代价将使用权暂时转移。这一趋势已成为一种经济模式，不但可以有效改善当今社会浪费的不良习惯，引导人们有计划地消费，还可以帮助许多人脱离"月光族"。

　　共享经济的诞生其首要功臣非互联网莫属。得益于互联网的迅速发展，共享经济应运而生。互联网使人们可以不受时空的制约与他人共享自己的资源。共享经济正在我们生活中迅猛发展，不断改变着人们的消费模式和经济观念。共享经济在全世界已是大势所趋，普及率和使用率也在日益增加。但是，目前韩国有关共享经济的法律体系还不够完善，也有人因安全方面的顾虑而不敢使用"共享"这一渠道。

　　希望我们也能顺应这一趋势，尽快制定并完善相关法律制度，构建相互之间的信任体系。这样才能让共享经济在我们社会落地生根，蓬勃发展，让国民受益受惠。

단어

- **家喻户晓** 널리 알려져 있다
- **各式各样** 각양각색 ・**应运而生** 시대적 흐름에 따라 생겨나다
- **大势所趋** 대세의 흐름 ・**落地生根** 낯선 곳에 뿌리를 내리다
- **受益受惠** 혜택을 받다

핵심구문

- **阻碍～发展** ～발전을 저해하다
- **将～与他人共享** ～을 타인과 공유하다
- **付出～代价** ～대가를 치르다
- **非～莫属** 바로 ～이다
- **得益于～** ～덕분이다
- **不受时空的制约** 시공간의 제약을 받지 않다
- **迅猛发展** 빠르게 발전하다
- **顺应～趋势** ～흐름에 따르다
- **制定～制度** ～제도를 만들다
- **构建～体系** ～시스템을 구축하다

실력 다지기

잘못된 어법이나 표현을 올바르게 고쳐보세요!

1. 改善现象　➡ ....

2. 共享经济有关　➡ ....

3. 负责责任　➡ ....

4. 有密切相关　➡ ....

국가 경쟁력

한국의 국가 경쟁력 제고에 대한 본인의 견해를 중국어로 쓰시오.

배경 지식 알기

□ **글로벌 경쟁력 지수(GCI) / 全球竞争力指数**

세계경제포럼이 국가 경쟁력 지수와 기업 경쟁력 지수를 보완하기 위해 2004년부터 발표한 지수이다. 매년 각국의 노동시장 효율성, 거시경제 건전성 등 12개 부문을 평가해 해당 국가 안에서 기업들이 얼마나 효율적으로 경제활동을 할 수 있는지 수치화하여 보여준다.

□ **세계경제포럼(WEF) / 世界经济论坛**

세계적으로 저명한 기업인·경제학자·저널리스트·정치인 등이 모여 글로벌 경제문제에 대해 토론하고 국제적 실천과제를 모색하는 국제민간회의이다. 매년 초 스위스 다보스에서 총회가 열려 다보스포럼으로도 불리며, 해마다 국가 경쟁력 보고서를 발표한다.

□ **자원외교 / 资源外交**

국내 소비량이 일정 수준에 이른 자원에 대해 국내 업체가 직접 개발에 참여함으로써 자원의 안정적 공급에 기여하게 하는 등의 목적을 달성하기 위하여 국가가 외교력을 동원하는 것을 말한다.

용어 익히기

· 거시경제 건전성 **宏观经济稳定性** · 관료주의 **官僚主义** · 국가 경쟁력 보고서 **全球竞争力报告/国家竞争力报告** · 국제경영개발대학원(IMD) **洛桑国际管理发展学院** · 기반시설/인프라 **基础设施** · 노동시장 효율성 **劳动市场效率** · 다보스포럼 **达沃斯论坛** · 랭킹차트 **排行榜** · 삶의 질 **生活质量** · 순위 **排名** · 정책 투명성 **政策透明度/决策透明度** · 지속 가능한 발전 **可持续发展**

개요 잡기 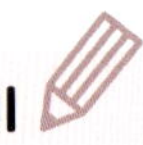

 **선생님의 팁!**

사회적 과제에 대한 분석과 해결책 제시를 요구하는 유형의 문제이다. 다음의 내용이 들어갈 수 있도록 글을 구성하면 좋다. 1. 한국 국가 경쟁력의 현주소 2. 국가 경쟁력 하락 원인 분석 3. 국가 경쟁력 제고를 위한 방안

플러스 주제

한국의 국가 브랜드 제고에 대한 견해 / 한국의 국가 청렴도 제고에 대한 견해 / 한국의 삶의 질 제고에 대한 견해 / 한국인의 낮은 행복지수에 대한 견해

如何提升国家竞争力

　　今年韩国在世界经济论坛发布的国家竞争力排行榜中排名第26位，这比2007年第11位下降了很多，韩国行政部门的竞争力被评价为落后于日本、中国等亚洲主要国家。这让很多韩国人担心韩国是否会在国际社会失去自己的影响力。

　　导致韩国国家竞争力下降的因素有很多，如没能开拓新市场、缺少尖端科技、不成熟的金融市场、过于严格的制度等等。但是笔者认为最大的不利因素在于政府身上。

　　今年韩国政府的决策透明度排名第123位，由此也可以看出政府部门存在严重的问题。政府透明度不高会导致政府支出的浪费，也降低国民对政府的信任。并且，现在很多公务员认为自己是"铁饭碗"，忘记了自己应尽的责任。最近曝光的"资源外交"贪腐案就是韩国政府不透明的作法和公务员职业道德的严重缺乏所导致的。

　　因此，为了提高国家竞争力，韩国政府首要做的就是提高政府的透明度和培养公务员的职业道德。如果一年一度的国政监查不能解决所有问题的话，国会要制定相关的补救措施。政府也要加强对公务员的教育，让他们认识到自己的重任所在，并且要严重处罚那些"不法分子"，以免第二个"资源外交"事件的发生。

　　我相信，虽然韩国正处于竞争力衰退的危机，但只要借此机会谋求全新的发展战略，社会各界一同努力的话，韩国的国家竞争力就会大幅提高。

단어

- **尖端科技** 첨단 과학기술 • **贪腐案** 부패·비리 사건 • **职业道德** 직업윤리 • **一年一度** 일 년에 한 번 • **借此机会** 이 기회를 빌려

코멘트

전반적인 구조와 내용 구성은 좋은 편이다. 아쉬운 점은 세 번째 단락에서 정부 투명성 순위 하락 원인의 구체적 제시가 부족했고, 네 번째 단락에서 정부 투명성 제고 방안을 구체적으로 제시하지 않았다는 것이다. 모범 답안을 통해 어떻게 수정되었는지 살펴보도록 하자.

- '**部门**'은 '(정부) 부처', '(기업) 부서'라는 뜻으로 쓰인다.　**예) 韩国政府16个中央部门 / 三星电子制造部门**
- '**因素有很多：没能开拓新市场；缺少尖端科技；金融市场不成熟；制度过于严格等等**'으로도 쓸 수 있다.
- 접속사 '**并且**' 뒤에는 주어가 올 수 있지만, 접속사 '**并**' 뒤에는 주어가 올 수 없다.
  예) 并送了亲笔字画 (O) / 并你送了亲笔字画 (X)
- '**～所在**'는 '～있는 곳'이라는 뜻으로 '**问题所在 / 关键所在**'의 형식으로 쓴다. '**所在**' 앞에 이음절 단어를 수반한다.

如何提升国家竞争力

在世界经济论坛(WEF)公布的2016年国家竞争力排名中，韩国位居第26位，较2007年下降15个位次，为2004年以来的最低排名。报告的竞争力排名以全球竞争力指数为基础，这一指数包括制度、基础设施和宏观经济稳定性等12个竞争力因素。据报告韩国在公共与民间制度领域落后于日本、中国等亚洲主要国家。竞争力下滑是什么警讯，到底是什么在拖韩国竞争力的后腿？这值得我们认真思量。

缺乏市场开拓精神、尖端科技发展步伐的不前、金融市场的不成熟、制度管制过严、劳动市场无弹性和低效率等影响国家竞争力下降的因素很多，但是我们的"软肋"还是在于政府。

今年韩国政府的决策透明度排名第123位，赫然被列为影响韩国全球竞争力的"最严重因素"。韩国政府仍有不少部门"保密"习惯远远超过"公开"意识，政府机关及其工作人员的腐败、官僚主义、低效率、执法不严与其他不正之风等问题，往往可以在政府的低透明度找到原因。因此，建设透明政府，已成为刻不容缓的必然选择。

为了提高国家竞争力，政府必须要做到决策公开、管理公开、行政行为公开，以增加政府的透明度，让国民享有知情权和参与权。公务员的责任意识和便民意识仍有待加强，公务员要明确认识到自己的责任所在，履行好自己的职责，树立认真工作的作风。

要让百姓们了解政府的动态，让权力在阳光下运行，让政府和人民互动，加强政府为人民、为企业服务的职能。在这基础上，凝心聚力，谋求新发展，那么韩国跻身于先进强国之列便指日可待了。

单어

• **警讯** 경고 신호 • **思量** 깊이 생각하다 • **管制** 규제하다 • **无弹性** 비탄력적 • **软肋** 약점 • **赫然** 불쑥 • **不正之风** 나쁜 풍조 • **刻不容缓** 잠시도 늦출 수 없다 • **知情权** 알 권리 • **便民意识** 대민 봉사의식 • **凝心聚力** 힘과 마음을 모으다 • **指日可待** 실현될 날이 머지않다

핵심구문

• **位居第~位** ~위를 차지하다
• **被列为~** ~로 분류되다
• **有待~** ~요구되다
• **履行~职责** ~책임을 이행하다
• **树立~作风** ~기풍을 확립하다
• **跻身于~之列** ~의 반열에 올라서다

잘못된 어법이나 표현을 올바르게 고쳐보세요!

1. 竞争力越来越下降 ⇒ ....
2. 下降15个阶段 ⇒ ....
3. 韩国下降国家竞争力 ⇒ ....
4. 韩国被中国后来居上 ⇒ ....
5. 随着全球化的步伐 ⇒ ....
6. 劳动、金融部分的排位 ⇒ ....
7. 大打折扣国家竞争力 ⇒ ....

양적완화 정책

미국의 양적완화 정책이 한국에 끼치는 영향에 대한 본인의 견해를 중국어로 쓰시오.

 step 1 배경 지식 알기

□ **양적완화 정책 / 量化宽松政策**

초저금리 상태에서 경기부양을 위해 중앙은행이 시중에 돈을 푸는 정책으로, 정부의 국채나 다양한 금융자산의 매입을 통해 시장에 유동성을 공급하는 통화정책이다. 자국의 통화가치를 하락(평가절하)시켜 수출경쟁력을 높이는 것이 주된 목적이다.

□ **평가절하와 수출 / 汇率贬值与出口**

평가절하는 자국 통화 가치가 떨어지는 것을 일컬으며 환율인상을 의미한다. 예를 들어 1달러가 1,000원이라고 가정하자. 만약 1달러가 2,000원이 되었다면 원화가 평가절하된 것이다. 원화 가치가 떨어져서 더 많은 돈을 주고 달러를 사야 하기 때문이다. 이런 상황에서 한국 수출업체가 미국 시장에서 1달러로 팔던 양말 한 켤레를 0.5달러로 가격을 낮춰 판매하더라도 똑같은 이윤을 얻게 되어 다른 나라와의 경쟁에서 가격 우위를 지니게 되는 것이다. 만약 같은 1달러로 계속 판매를 하면 환율인상으로 2배의 이윤을 얻게 된다. 따라서 자국 통화의 평가절하가 수출업체에 긍정적인 영향을 끼치는 것이다.

 step 2 용어 익히기

· 강세 **走强/走高** · 경제침체/경기침체 **经济萧条** · 금리 **利率** · 금리인상 **加息/升息** · 금리인하 **降息** · 대형 원자재 상품 **大宗商品** · 미 연방준비제도(Fed)/미 연준 **美国联邦储备委员会/美联储** · 약세 **走软/走低** · 원가/비용/코스트 **成本** · 유동성 **流动性** · 평가절상 **升值** · 평가절하 **贬值** · 중앙은행 **央行** · 핫머니 **热钱**

 step 3 개요 잡기 

 **선생님의 팁!**

사회 현상에 대한 분석을 요구하는 유형의 문제이다. 다음의 내용이 들어갈 수 있도록 글을 구성하면 좋다. 1. 양적완화 정책의 정의 및 등장 배경 2. 양적완화가 한국에 끼치는 영향 3. 양적완화에 대비해 한국이 취해야 할 대응책

플러스 주제

미국 금리인상에 대한 견해 / 환율전쟁에 대한 견해

量化宽松政策对韩国的影响

　　如今，世界经济低迷不振，不少发达国家纷纷采取量化宽松政策。虽然其初衷在于提振国内经济，这种措施也将在一定程度上有助于全球经济的复苏，但过多的量化宽松政策反而会带来适得其反的结果。包括韩国在内的许多发展中国家首当其冲。那么，量化宽松政策到底会给韩国带来哪些影响？韩国又应如何应对这一问题？

　　量化宽松政策给韩国带来的影响可归纳为三方面：一是，美元和欧元等世界主要货币的贬值使韩元升值，由此韩国产品会在国际市场失去价格竞争力。对出口依存度很高的韩国来说，这的确会带来不少冲击；二是，由于韩国的利率高于那些推行量化宽松政策的发达国家，因此大量热钱很有可能流向韩国，由此产生资产泡沫；三是，由于美元贬值，包括石油在内的大宗商品价格也将节节攀升，引发韩国总体物价上升。

　　显而易见，发达国家盲目推行量化宽松政策，会给韩国经济带来不少影响。因此，韩国应该对此采取有效的应对措施：第一，要减少出口依存度。一直以来，韩国经济过度依赖于出口，而这种增长模式使韩国深受全球经济或他国货币价值波动的影响，因此韩国应摆脱这种增长模式，并通过提振内需等其他方式来促进经济增长；第二，要致力于提高产品竞争力，即降低产品成本并提高产品质量；第三，政府方面要制定法律法规，以防海外热钱过度流向韩国并威胁韩国金融稳定；第四，国民要节省汽油，以减少石油价格的影响。

　　通过以上四种方式，韩国可以有效应对本次危机。

- '有助于'의 유사어로 '有利于'를 쓸 수 있다.
- '경제 회복'은 '经济恢复'를 쓰지 않고 '经济复苏'를 쓰는 것에 유의한다.
- '包括'는 구체적인 대상을 포함할 때 쓰며, '包括～在内'의 형식으로 쓰기도 한다.
- 冒号(쌍점) 뒤에 내포되는 문장들을 열거할 수 있다.
- '降低'와 '下降'을 혼동하지 말자. '降低'는 타동사, '下降'은 자동사이다.　예) 降低成本 (O) / 下降成本 (X) / 成本下降 (O)

量化宽松政策对韩国的影响

当前世界经济陷入萧条，美国日本等发达国家采取量化宽松政策。所谓量化宽松，量化指的是扩大一定数量的货币发行，宽松就是减少银行储备必须注资的压力。实行这一政策的目的在于提振国内经济。量化宽松政策在一定程度上有助于经济复苏，然而施行过当势必适得其反，而首当其冲的就是包括韩国在内的一些发展中国家。量化宽松政策到底会给韩国带来哪些影响？我们又应如何应对这一问题？这些都值得深思。

量化宽松政策给韩国带来的影响可归纳为如下三方面：

其一，美元和欧元等世界主要货币的贬值等于是韩元升值，韩元升值等于是商品成本的提高，这也意味着韩国产品在国际市场上失去价格竞争力。韩国是以出口导向型经济为主的国家，这无非是一记闷棍。

其二，韩国利率高过推行量化宽松政策的发达国家，以钱生钱的国际热钱很可能涌入韩国。当然，资产泡沫也会伴随而来。

其三，美元贬值促使包括石油在内的大宗商品价格节节攀升，水涨船高，导致韩国物价上涨。

显而易见，发达国家盲目推行量化宽松政策，对韩国经济绝对是弊多于利。韩国应采取有效的应对措施：

首先，减少出口依存度。一直以来，韩国经济过度依赖出口，而这种增长模式很容易受到全球经济或他国货币价值波动的影响。因此我们需要一道挡风墙，通过提振内需等其他方式来促进经济增长，不能将国家的命脉全系于这种增长模式。

其次，制定法律法规。政府要提高门槛，谨防国际热钱危害我国金融稳定、经济安全。

其三，提高产品竞争力。降低产品成本，提高产品质量，制造物美价廉的韩国产品。

其四，节约能源度危机，共创经济新契机。要懂得人人省电，人人省钱的硬道理，大家省电省油，以减少滴油不产的沉重负担。

哪怕是惊涛骇浪，哪怕是狂风暴雨，只要我们自强不息，就能立挽狂澜。只要我们处变不惊，就能转败为胜。

• **出口导向型** 수출주도형 • **水涨船高** 덩달아 오르다 • **挡风墙** 바람막이 벽 • **硬道理** 불변의 진리 • **惊涛骇浪** 매우 위험한 상황 • **自强不息** 스스로 쉬지 않고 노력하다 • **立挽狂澜** 위험한 상황을 힘껏 만회하다 • **处变不惊** 위험한 상황에 처해도 침착하다 • **转败为胜** 역전승하다

• **提振~经济** ~경기를 부양하다
• **一记闷棍** 예상치 못한 타격이다
• **将A全系于B** A를 B에 전부 걸다
• **提高~门槛** ~문턱을 높이다

실력 다지기

잘못된 어법이나 표현을 올바르게 고쳐보세요!

1. 自国　⇒ ....

2. 工厂搬走日本　⇒ ....

3. 有如下几个点　⇒ ....

4. 提高经济　⇒ ....

5. 经济愈演愈烈　⇒ ....

6. 巨大经济体　⇒ ....

SNS의 순기능

SNS의 순기능에 대한 본인의 견해를 중국어로 쓰시오.

배경 지식 알기

☐ **소셜 네트워크 / 社交网络**

소셜 네트워크 서비스(SNS)라고도 한다. 인터넷에서 친구, 선후배, 동료 등 지인과의 관계를 강화하고 또 새로운 인맥을 쌓으며 폭넓은 인적 네트워크를 형성할 수 있는 서비스를 일컫는다. 초기에는 주로 친목 도모, 엔터테인먼트 용도로 활용되었으나 이후 비즈니스, 정보공유 등 생산적 용도로 활용되고 있다.

☐ **모멘트 / 朋友圈**

중국의 모바일 메신저 앱 위챗이 제공하는 서비스로 한국의 카카오 스토리와 비슷하다.

용어 익히기

·댓글을 달다 **回帖/跟帖** ·소셜 네트워크 서비스(SNS) **社交网络服务** ·소셜 미디어 **社交媒体** ·웨이보 **微博** ·웨이보족 **脖友们** ·위챗 **微信** ·위챗 퍼블릭 넘버 **公众号** ·응용 프로그램/애플리케이션 **应用程序/应用软件** ·좀비 팔로워/유령 팔로워 **僵尸粉丝** ·트위터 **推特** ·팔로워 **粉丝/跟随者** ·팔로잉 **关注** ·페이스북 **脸谱/脸书** ·포스팅하다 **发帖**

개요 잡기

 **선생님의 팁!**

사회 현상에 대한 분석과 해결책 제시를 요구하는 유형의 문제이다. 다음의 내용이 들어갈 수 있도록 글을 구성하면 좋다. 1. SNS의 발전 현황 2. SNS의 순기능과 구체적 활용 예시 3. SNS의 올바른 활용법

社交网络的好处

　　互联网的广泛应用与社交网络的发展颠覆了人们的日常生活，尤其是以脸谱、推特、微博为代表的社交网络成为了我们生活的一部分。对于社交网络，人们有不同的看法，有人褒，有人贬。不过，本人认为社交网络对人们生活起到积极的作用。

　　首先，社交网络成为了连接人际关系的"桥梁"。人们在加入社交网络时输入个人信息，比如毕业的学校、爱好、职场等等。社交网络基于这种信息，给用户介绍"有缘分"的朋友，这使用户可以寻找小学、中学的同学。

　　其次，社交网络为舆论环境的开放提供了"土壤"。近几年，脸谱、推特成为了形成舆论、表达个人意见的空间。社交网络便于操作，易于表达个人的意见和看法。人们在如此自由的空间里拥有言论自由。在民主主义国家和地区，言论自由是重中之重，因为这可向政界和政府敲响警钟。

　　再次，社交网络促进人与人之间的沟通。如今，明星与粉丝、政界人士与普通人、父母与孩子用社交网络进行沟通的情景司空见惯。在沟通远远不足的韩国社会，社交网络起到了重要的作用。

　　众所周知，新技术是一把双刃剑，关键在于人们如何妥善利用，还如何弥补其存在的漏洞。在社交网络成为大势所趋的情况下，要深入考虑这些问题。

코멘트

점진적인 논리 전개를 위해 내용의 중요성을 고려해 둘째(首先) 단락과 셋째(其次) 단락의 위치를 바꿔야 한다.

단어

• **颠覆** 뒤엎다 • **个人信息** 신상정보 • **言论自由** 표현의 자유 • **重中之重** 가장 중요하다 • **敲响警钟** 경종을 울리다 • **司空见惯** 흔히 있는 일이다 • **众所周知** 주지하다시피 • **双刃剑** 양날의 검 • **漏洞** 허점

• 모든 '**对于**'는 '**对**'로 사용할 수 있다. 단, '**对**'는 조동사나 부사 뒤에 위치할 수 있지만 '**对于**'는 안 된다는 점에 유의한다.

• '**本人**'이 아닌 '**笔者**'로 쓰자. '**我**'는 지나친 회화체 표현이고, 논평기사나 학술논문에는 '**笔者**'를 많이 사용한다.

• '표현의 자유'는 '**言论自由**'로, '언론의 자유'는 '**新闻自由**'로 쓴다.

• '**起到～作用**', '**扮演～角色**'를 '起到～角色', '扮演～作用'으로 혼동하여 쓰지 않도록 유의한다.

• 칼이나 검의 양사로 '**把**'를 쓴다.

社交网络的好处

　　互联网的广泛应用与社交网络的发展颠覆了人们的生活，以脸谱、推特、微博为代表的社交网络成为了我们生活不可或缺的一部分。社交网络对人类生活起到的积极作用是不胜枚举的，简单列举如下几点。

　　首先，社交网络提供了一个自由发言的平台，开辟了一个公民表达、参与和互动的新领域。近几年，在独裁专制，缺乏言论自由的国家和地区，人们利用便于操作、易于表达言论的社交网络表达了自己的意志，掀起了民主的浪潮，这是有目共睹的。

　　其次，社交网络成为连接人际关系的"桥梁"。通过社交网络可以结交志趣相同的朋友，找回儿时的玩伴、失去联系的同学和友人。

　　最后，社交网络促进了人与人之间的交流与沟通。父母与子女、明星与粉丝、政治人物与平民百姓都在利用社交网络交流、沟通、互动，这已成为了家常便饭。在纵向沟通严重不足的韩国社会，社交网络起到了举足轻重的作用。

　　众所周知，科学技术犹如铜版的两面，有利也有弊，关键在于人们如何趋利避害。社交网络已成为大势所趋，不必因噎废食，但必须防范弊害的发生。

단어

- **不可或缺** 없어서는 안 된다
- **不胜枚举** 일일이 열거할 수 없다
- **独裁专制** 독재통치
- **有目共睹** 누구나 다 볼 수 있다
- **志趣相同** 뜻과 취향이 서로 맞다
- **家常便饭** 흔한 일
- **纵向沟通** 수직적 소통
- **举足轻重** 중대한 영향을 끼치다
- **铜版** 동판
- **趋利避害** 유리한 것만 좇고 해로운 것은 피하다
- **因噎废食** 구더기 무서워 장 못 담그다

핵심구문

- **开辟～新领域** ～새로운 영역을 열다
- **掀起～浪潮** ～물결을 일으키다
- **结交～朋友** ～친구를 사귀다
- **犹如～** 마치 ～와 같다

잘못된 어법이나 표현을 올바르게 고쳐보세요!

1. 公人　➡ __________

2. 继续发展下去科技　➡ __________

3. 形象大大折扣　➡ __________

4. 比以前不同　➡ __________

5. 因社交网络有缺点为理由　➡ __________

6. 智能手机的普遍促进了社交网络的发展　➡ __________

7. 它给一个人日常生活起到的影响力很大　➡ __________

 **unit 06** 난이도 ★★★☆☆

과학기술과 인류

과학기술이 인간에게 축복인지 재앙인지에 대한 본인의 견해를 중국어로 쓰시오.

 **배경 지식 알기**

□ **4차 산업혁명 / 第四次工业革命**

인공지능, 로봇기술, 생명과학이 주도하는 차세대 산업혁명을 말한다. 증기기관과 기계화로 대표되는 1차 산업혁명, 전기를 이용한 대량생산이 본격화된 2차 산업혁명, 인터넷이 이끈 컴퓨터 정보화 및 자동화 생산시스템이 주도한 3차 산업혁명에 이어 로봇이나 인공지능(AI)을 통해 실제와 가상이 통합돼 사물을 자동적, 지능적으로 제어할 수 있는 가상 물리 시스템의 구축이 기대되는 산업상의 변화를 의미한다.

□ **생체인식 기술 / 生物识别技术**

사용자 신체의 특정 부위를 읽고 분석한 후 기존에 저장된 데이터와 비교해서 본인임을 확인하고 인증하는 기술을 일컫는다. ID카드나 비밀번호와는 달리 개인의 고유 신호를 이용하기 때문에 도난과 분실 염려가 없고 위·변조가 어렵기 때문에 보안분야에서 각광 받고 있다. 또한, 금융서비스, 통신, 정보보안, 의료, 치안관리, 전자상거래 등 분야에도 응용할 수 있다. 음성인식, 지문인식, 홍채인식이 대표적인 생체인식 기술이다.

 **용어 익히기**

• 가상세계 **虚拟世界** • 가상현실(VR) **虚拟现实** • 로봇 **机器人** • 복제/클론 **克隆** • 유전자 재조합식품(GMO) **转基因食品** • 음성인식 **语音识别** • 인공지능(AI) **人工智能** • 자율주행 **无人驾驶/自动驾驶** • 증강현실(AR) **增强现实** • 증기기관 **蒸汽机** • 지문인식 **指纹识别** • 현금 없는 사회 **无现金社会** • 홍채인식 **虹膜识别**

 **개요 잡기**

 **선생님의 팁!**

사회 현상에 대한 비교분석과 찬반 의견 제시를 요구하는 유형의 문제이다. 다음의 내용이 들어갈 수 있도록 글을 구성하면 좋다.

▶ 비교 분석: 1. 과학기술의 발달 상황 2. 과학기술의 장단점 3. 과학기술의 발전 방향
▶ 비교 분석 후 찬성과 반대: 1. 과학기술의 발달 상황 2. 과학기술의 장단점 및 본인의 의견(찬성 혹은 반대) 3. 찬성(축복) 혹은 반대(재앙)에 대한 논거 4. 과학기술의 올바른 발전 방향

과학기술과 윤리 중에 어느 것이 우선시 되어야 하는가? / 과학문명의 올바른 발전 방향에 대한 견해 /
유전자재조합식품에 대한 견해

我对科学技术发展的看法

随着科学技术的日新月异，人类在享受着科学技术带来的便利，同时也承受着其带来的"恶果"。科技发展可谓是一把"双刃剑"。

首先，科技发展给人类生活带来了很多便利。手机的发明代替了写信，让相距甚远的人也可随时互相收发消息，进行交流；火车和飞机的发明，让这个世界变得越来越小，世界各国的往来更加密切；医学的发展，让"不治之症"变成"可治之症"，人类平均寿命也得到了延长。这样看来，科技的发展可谓是老天给人类的祝福。

然而，因科技发展而发生的灾难也不胜枚举。工业污染不断严重，让人类赖以生存的地球岌岌可危；转基因食品的产生虽然让人类一年四季都能吃到想吃的食物，但其安全性却无法保证；克隆技术的发展也许会让不法分子恶意利用克隆技术来危害社会。

话虽如此，但笔者并不认为人类因此需要停止科技的发展。如今，科技发展是顺应时代发展潮流的大势所趋。而在发展科技的同时，我们应该注意它会带来的危害。政府在此方面应制定更为全面的法律制度，避免让不法分子有可乘之机；科学家在进行科学研究的同时，也应守住自己的道德底线，这样才能让科学更好地造福于人类。

코멘트

전반적인 구조와 내용 구성은 좋은 편이다. 아쉬운 점은 첫 번째 단락에서 과학기술이 왜 '一把双刃剑'인지 간략하게 언급했다면 본론에서 이에 대한 논거를 제시할 때 단락 간 연결이 더 좋았을 것이다. 그리고 간결하게 쓸 수 있는 표현을 많이 늘려서 쓰기도 했다. 모범 답안을 통해 어떻게 수정되었는지 살펴보도록 하자.

- '随着'는 '～에 따라서'라는 뜻의 개사로 뒤에 명사형 혹은 절이 수반된다.
  예) 随着时间的推移，事情会有所改善 / 随着全球变暖，北冰洋冰层逐渐融化
- '科技'는 '科学技术'를 줄인 말로 '科技技术'로 쓰지 않도록 유의한다.
- 문장 간 대등한 병렬 구조일 때는 分号(쌍반점)를 쓸 수 있다.
- 중복되는 단어 대신 '其'나 '它'와 같은 지시대명사를 사용하면 문장이 간결해진다.
- '恶意利用'은 '악용하다'의 뜻으로 '恶用'을 쓰지 않도록 유의한다.

我对科学技术发展的看法

科学技术日新月异，人类享受着科学技术带来的便利，但同时也承受着科学技术带来的"恶果"。文明的利器科技是一把双刃剑，可以利人利己，也足以害人害己，关键在于如何妥善利用。

科技发展给人类生活带来了极大的便利。手机的发明替代了书信，天南地北的两个人可以随时随地促膝长谈，瞬时间收发短信；快车和飞机的发明，让地球变成了村庄，让邻国变成了邻居，一国人变成了一家人，世界畅通无阻，人类亲密无间；医学的发展，让"不治之症"变成"可治之症"，现在不是"人生七十古来稀"，而是"人生七十才开始"，年逾百岁也不再是新闻了。科技发展无疑是上帝的祝福。

然而，因科技发展造成的灾难也不胜枚举。工业污染日益严重，人类赖以生存的地球岌岌可危；转基因食品的问世让你夏日也能吃到冬笋，但至于安全问题，谁都不敢打包票；克隆技术的发展也许会让用心不良者克隆出千百个"希特勒"来危害社会。

谁都知道科学技术有利有害，但谁都不能否认科技发展是顺应时代潮流的大势所趋。政府应制定更为全面的法律制度，以免为非作歹者图谋不轨；科学家在埋头于图表和方程时，也应遵守道德底线。这样才能使科学造福于人类，而不成为祸害。

잘못된 어법이나 표현을 올바르게 고쳐보세요!

1. 负作用 ⇒
2. 科技技术 ⇒
3. 比古人相比 ⇒
4. 武器用在战争 ⇒
5. 搞乱生态系统 ⇒
6. 盲目的持乐观态度 ⇒

사이버 범죄

최근 기승을 부리는 사이버 범죄에 대한 본인의 견해를 중국어로 쓰시오.

step 1 배경 지식 알기

□ **사이버 범죄 / 网络犯罪**

사이버 공간을 이용하여 공공복리를 저해하고, 건전한 사이버 문화에 해를 끼치는 행위를 말한다. 빠른 시간 안에 불특정 다수에게 많은 악영향을 미치며 사이버 공간이라는 특성 때문에 범죄 수사에 어려움이 많다.

□ **디도스 공격 / 分布式拒绝服务攻击**

한꺼번에 수많은 컴퓨터가 특정 웹사이트에 접속함으로써 해당 사이트의 서버를 마비시키는 해킹 방법으로 '분산서비스 거부 공격'이라고도 한다. 국내에서는 2009년 7월 7일 디도스 공격에 의해 청와대·국회·국방부 등 주요 기관의 홈페이지 등 25개 사이트가 일시적으로 다운되는 사건이 발생한 바 있다.

step 2 용어 익히기

· (해커 조직) 어나니머스 **匿名者** · 멀웨어 **马威尔病毒** · 백신프로그램 **杀毒软件** · 사이버 모욕죄 **网络侮辱罪** · 사이버불링 **网上欺凌/网络欺凌** · 사이버 테러리즘 **网络恐怖主义** · 스턱스넷 **震网** · 스파이웨어 **间谍软件** · 악성소프트웨어 **恶意软件** · 악성코드 **恶意代码** · 웜 바이러스 **蠕虫病毒** · 좀비PC **僵尸电脑** · 트로이 목마 **特洛伊木马** · 해커 **黑客**

 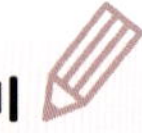

step 3 개요 잡기

사회 현상에 대한 분석과 해결책 제시를 요구하는 유형의 문제이다. 다음의 내용이 들어갈 수 있도록 글을 구성하면 좋다. 1. 사이버 범죄의 정의 및 현황 2. 사이버 범죄의 유형과 그 폐해 3. 사이버 범죄 예방을 위한 대응방안

플러스 주제

글로벌 사이버 전쟁에 대한 견해 / 사이버 학교폭력에 대한 견해 / 사이버 부대 양성의 필요성에 대한 견해

网络犯罪

　　韩国是以IT强国著称，网络普及率名列前茅。然而与之相称，各种网络犯罪泛滥成灾，更为严重的是其政策和管理上漏洞百出。因此不少人利用这一点进行犯罪。例如，盗用或窃取个人信息是最具代表性的例子。而且在网上对明星或知名人士破口大骂也是一种犯罪行为。因此政府及我们社会要尽快对此采取行之有效的对策方案。

　　首先，提高国民对网络犯罪的警惕。从现在的情况来看，许多网民在某一个网站注册的时候，要提供个人信息，其实这意味着网民暴露在犯罪威胁之中。因为其过程中个人信息很可能被流出到别有用心的人手上，所以应该所有网民要注意这一点，注册时慎之又慎。

　　其次，只靠国民的意识不能解决网络犯罪问题，所以政府及有关部门出手采取更加严密的措施。而且若违法的话，适用于严格的法律。

　　再次，培养专业人士。目前，有关专业人士非常不足。再加上，目前的犯罪手段日趋高度化，然而现在的人力跟不上犯罪手段的发展速度。因此，要培养接受高度训练的专门人才。

　　随着网络技术的日新月异，人类也享受空前的便利，但与此同时也面临着网络犯罪这一新的问题。问题在于网络是以匿名为主的，所以很难区分犯罪分子。因此，即使不少网民上了当或面临着危险，但在大部分的情况下束手无策。从而为了防止这种犯罪，不仅需要每个人的注意，但更重要的是更加严格的举措。因为事实证明，只能依靠国民的意识，无法解决问题。我觉得，只有这样，才能减少犯罪，使韩国发展成为名副其实的IT强国。

- '가장 대표적인 예'를 중국어로 쓸 때 '**代表性**' 앞에 반드시 '**最具**'를 써야 한다.
- '**对**'는 '~을 향하여/~에 대해'의 뜻으로 동작의 대상을 가리킨다. 중작 시 빠뜨리지 않도록 유의한다.
- '~에 노출되다'라고 쓸 때 '**暴露在**' 뒤에 '(**之**)**中**'와 같은 방위사를 잊지 않고 쓰도록 한다.
- '**解决~问题**'와 '**消除~现象**'의 구문을 쓸 때 동사를 혼용하지 않도록 유의한다.

网络犯罪

　　韩国以IT强国著称，网络普及率名列世界之冠。然而有阳光，就有阴影。韩国的网络政策乏善可陈，网络管理漏洞百出，不法分子为非作歹，各种网络犯罪泛滥成灾。盗用或窃取个人信息已司空见惯，在网上对明星或知名人士指名道姓地公开辱骂和人身攻击也不乏其例。对于这些问题政府应尽快采取行之有效的对策方案。

　　首先，提高全社会对网络犯罪的防范意识，不被网络违法行为所侵害。在网站注册时，要填写用户名、姓名、年龄、性别、身份证号码、密码、邮箱、职业、职务、学历、婚姻状况等相关信息，但这很可能被非法泄露，导致人身、财产和个人隐私受到严重侵害。因此，网民要时刻警惕，才能远离网络违法犯罪。

　　其次，需要政府的严格立法与执法。网络犯罪已成为一个利益丰厚、容易操作，而且风险极低的行当，仅靠防范意识难以解决网络犯罪问题。建议政府立法要严，执法要严，必须对查处的网络犯罪进行更加严厉的惩罚，以最大限度地减轻国民损失。

　　最后，培养专业人才，有效打击网络犯罪。道高一尺，魔高一丈，网络犯罪日趋高度化，以目前的人力资源难以做到有效的防范与打击。因此，有必要加强有关部门人员的训练，培训相关知识，提升执法能力。

　　网络技术一日千里，人类正在享受着空前的便利。但网络是个虚拟空间，有一句俗话说"在网络世界里，没有人知道你是一条狗。"行走在这样绝对虚拟和匿名的世界里，处处暗藏着圈套与凶险，即使吃了亏，受了害，也束手无策。因此，不仅需要个人提高警觉，也需要可靠的法律法规与执法单位的监督与保护。衷心希望网络世界面向阳光，走出阴影，希望韩国成为名副其实的IT强国。

실력 다지기

잘못된 어법이나 표현을 올바르게 고쳐보세요!

1. 解决社会弊端　⇒ ....

2. 在现代社会上　⇒ ....

3. 最代表性例子　⇒ ....

4. 被黑客受到攻击　⇒ ....

5. 新一个IT格局　⇒ ....

인공지능과 통역

인공지능이 인간 통번역사를 대체할 수 있을지 본인의 견해를 중국어로 쓰시오.

배경 지식 알기

□ **딥러닝(Deep Learning) / 深度学习**

컴퓨터가 사람처럼 스스로 학습할 수 있도록 인공 신경망을 기반으로 한 기계 학습 기술을 말한다. 딥러닝 기술을 적용하면 컴퓨터가 스스로 인지, 추론, 판단을 한다.

□ **머신러닝(Machine Learning) / 机器学习**

인간의 학습 능력과 같은 기능을 컴퓨터에서 실현하는 기술을 말한다. 딥러닝은 머신러닝의 하위 개념이다. 머신러닝은 데이터를 기반으로 컴퓨터가 스스로 새로운 알고리즘을 만드는 것이고, 딥러닝은 이를 위한 한 가지 방법이다.

□ **알파고(AlphaGo) / 阿尔法围棋(阿法狗)**

알파고는 구글 딥마인드가 개발한 인공지능(AI) 바둑 프로그램이다. 알파고는 2016년 이세돌 9단과 세기의 바둑대결을 펼치면서 전 세계의 이목을 끌었다. 경기 전에 이세돌 9단이 우세할 것이라는 의견이 지배적이었지만, 알파고가 4대 1의 대승을 거두면서 한국은 물론 전 세계에 엄청난 충격을 몰고 왔다.

용어 익히기

· 구글 **谷歌** · 기계번역 **机器翻译/自动翻译** · 도착어 **目标语言** · 모국어 **母语** · 빅데이터 **大数据** · 인간과 인공지능의 대결 **人机大战** · 인공 신경망 **人工神经网络** · 체스 **国际象棋** · 출발어 **源语言**

개요 잡기 

사회 현상에 대한 예측과 찬반 의견 제시를 요구하는 유형의 문제이다. 다음의 내용이 들어갈 수 있도록 글을 구성하면 좋다. 1. 인공지능의 등장과 이로 인한 인간 사회의 변화(통역시장 언급) 2. 기계통역과 인간통역의 장단점 3. 인공지능이 인간통역을 대체할 수 있는지 여부와 그 이유

인공지능의 발전은 인류에게 축복인가 재앙인가 / 인공지능이 인류 사회에 가져올 변화 / 인공지능으로 인한 일자리 패러다임의 변화 / 인공지능과 인간, 과연 누가 누구를 지배할 것인가?

翻译行业是否会被人工智能取代?

단어

• **围棋** 바둑 • **战胜** 승리하다
• **李世石** 이세돌 •《**雪国列车**》설국열차 • **一塌糊涂** 엉망진창이다 • **总而言之** 결론적으로 말하자면

　　2016年，在引起全球关注的人工智能和人类围棋大赛中，人工智能"阿法狗"战胜了顶级棋手李世石9段。此后，不少人担心，在不久的将来人工智能会不会抢走人类的饭碗? 但我们要亲眼看到在电影《雪国列车》中的自动翻译机，恐怕还很遥远。

　　第一，如何给对方传达讲话人的意思和情绪。自动翻译程序中的信息大多以单词为主。我们在谷歌网上使用翻译功能时，如果输入比较长的句子，不难发现翻译出来的句子一塌糊涂。

　　第二，语言是一个很复杂的领域。翻译语言时我们需要的不仅是丰富的单词量和准确的发音，还需要充分了解对方国家的文化、传统和思想等。只有这样，才能理解每一个单词以及文章所含有的真正意义，才能提供优质的翻译服务。人工智能翻译程序能否把诗歌、小说之类的文学作品翻译好令人怀疑。

　　第三是因为翻译不是通过文字，而是通过语音在现场起到举足轻重的作用。它不仅需要超强的语言能力，还需要把握现场氛围，准确传达发言者的情绪。人工智能在这方面的翻译远远达不到人类的水平。

　　总而言之，人工智能在近几年内不会成为专业翻译的对手。或许我们真正要担心的是如何提高自己的翻译水平。

코멘트

전반적으로 글의 구성이나 논지가 뚜렷한 글이다. 아쉬운 점은 첫 번째 단락에서 인공지능과 이세돌과의 바둑대전을 언급하다가 갑자기 인공지능이 인간의 일자리를 빼앗지는 않을지 우려된다고 연결한 점이다. 따라서 연결고리를 좀 더 구성하는 게 좋다. 그리고 세 번째 단락에서 필자가 말하고자 하는 논지를 알아볼 수는 있으나 중국어 표현이 다소 복잡해 보인다. 모범 답안을 통해 어떻게 수정되었는지 살펴보도록 하자.

• '很多人'과 '不少人'을 쓸 때 불필요하게 '的'를 넣지 않도록 한다.　예) 很多的人 (X) / 不少的人 (X)

• '了解'는 '明白(이해하다)'나 '弄清楚(명확히 알다)'의 뜻이고, '理解'는 '了解'의 뜻 외에도 '从道理上的了解(도리적으로 이해)'나 '见解(생각)'의 뜻을 포함하고 있다. 쓰임새를 잘 파악해 혼동하지 않도록 유의하자.
　예) 了解你的情况 / 了解中国文化 / 理解你的心情 / 理解你的处境

• '在〜方面' 뒤에 방위사 '上'을 중복해서 쓰지 않도록 유의한다.

谈人工智能的翻译

今年进行的人工智能和人类围棋大赛引起了全球人的关注。在大赛中人工智能"阿法狗"战胜了顶级棋手李世石9段。人工智能让人大开眼界，同时也引发一种担忧：人工智能异军突起会危及到哪些行业？而有人将翻译行业列为第一个被取代的职业。但专家们异口同声地说，目前由人工智能来取代译员和翻译家是不可能的，我们离如同在电影《雪国列车》中的自动翻译机的问世还很遥远。

人工智能要成为优秀的译员和翻译家有如下几个难点：

第一，如何传情达意。其实翻译最重要的是母语的语言驾驭能力和结合两国文化的语言内在含义的转化把握能力。但是自动翻译程序中的信息大多以单词为主，如何处理隐喻、反讽手法、微表情等言外之意？

第二，翻译是创造性思维。翻译是一个极为复杂的综合领域，要具备高度灵活性、准确性、创造力和理解能力，在这基础上还要深度了解两个国家的文化、传统和思想，才能提供优质的翻译服务。人工智能翻译程序能否把含有哲学意义的诗句和遵循音律的歌词翻译好令人怀疑。试想一下，你愿意看一本由机器翻译的《红楼梦》吗？

第三，要把握现场氛围。口译，不仅需要超强的语言能力，还需要把握现场氛围，准确传达发言者的情绪。人工智能在这方面是可望而不可及的。

总而言之，那些繁重的、重复的工作将会被人工智能逐步代替，但翻译是有创造性、艺术性的工作，要看到人工智能翻译的《红楼梦》，要听到人工智能即席翻译还遥遥无期。

단어

- **大开眼界** 시야를 넓히다 • **异军突起** 새로운 세력이 갑자기 출현하다 • **异口同声** 이구동성 • **传情达意** 감정과 의미를 전달하다 • **驾驭能力** 컨트롤 능력 • **隐喻** 은유 • **反讽** 반어적인 풍자 • **微表情** 미세표정(micro-expression) • **言外之意** 말의 숨은 뜻 • **可望而不可及** 기대할 수는 있지만 이루기는 어렵다 • **遥遥无期** 기약도 없이 아득하다

핵심구문

- **引起〜关注** 〜관심을 불러일으키다
- **引发〜担忧** 〜우려를 불러일으키다
- **将A列为B** A를 B로 분류시키다
- **离〜遥远** 〜와 아득히 멀다
- **遵循音律** 음률을 지키다
- **由〜翻译** 〜가 번역하다
- **把握〜氛围** 〜분위기를 파악하다
- **传达〜情绪** 〜감정(정서)을 전달하다
- **被〜代替** 〜가 대체하다

실력 다지기

잘못된 어법이나 표현을 올바르게 고쳐보세요!

1. 要理解问题发生的原因 ➡ ....
2. 要投入投资 ➡ ....
3. 翻译器便利携带 ➡ ....
4. 把一个语言翻译另一个语言 ➡ ....
5. 合适利用在科技领域 ➡ ....

인터넷 중독

인터넷 중독의 폐해와 예방에 대한 본인의 견해를 중국어로 쓰시오.

 ## 배경 지식 알기

□ **거북목증후군 / 短信脖子病(短信脖)**

오랫동안 눈높이보다 낮은 모니터를 내려다보는 사람들의 목이 거북목처럼 앞으로 구부러지는 증상을 말한다. 나이가 들수록, 근육이 없을수록 잘 생기지만 컴퓨터를 많이 하는 요즘에는 연령, 성별과 관계없이 나타난다. 이런 자세는 통증을 비롯한 다양한 문제를 일으키는데 이러한 문제들을 모두 거북목증후군이라고 부른다.

□ **노모포비아 / 无手机焦虑症**

No, Mobile(휴대폰), Phobia(공포)를 합성한 신조어로 휴대폰이 없으면 불안감을 느끼는 증상을 말한다.

□ **스몸비 / 智能手机僵尸**

스마트폰을 들여다보며 길을 걷는 사람들로 Smart phone(스마트폰)과 Zombie(좀비)의 합성어다. 이들은 스마트폰 사용에 몰입해 주변 환경을 인지하지 못하고 걸어 다녀 사고의 위험이 크다.

 ## 용어 익히기

• 경추질환 **颈椎病** • 금단현상 **脱瘾症状/戒断综合症** • 모바일 게임 중독 **手游瘾** • 손목터널증후군 **腕管综合症** • 수그리족 **低头族** • 아바타 **虚拟人物/网络化身** • 유병률 **发病率** • 인터넷 게임 중독 **网游瘾** • 인터넷 중독 **网络成瘾症/网瘾** • 인터넷 중독자 **网虫** • 주의력결핍 과잉행동장애(ADHD) **注意力缺陷多动症** • 휴대폰 의존증 **手机依赖症**

 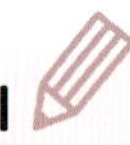 ## 개요 잡기

사회 현상에 대한 분석과 해결책 제시를 요구하는 유형의 문제이다. 다음의 내용이 들어갈 수 있도록 글을 구성하면 좋다. 1. 인터넷 보급과 이에 따른 부작용 2. 인터넷 중독의 심각성 3. 인터넷 중독의 원인과 해결책

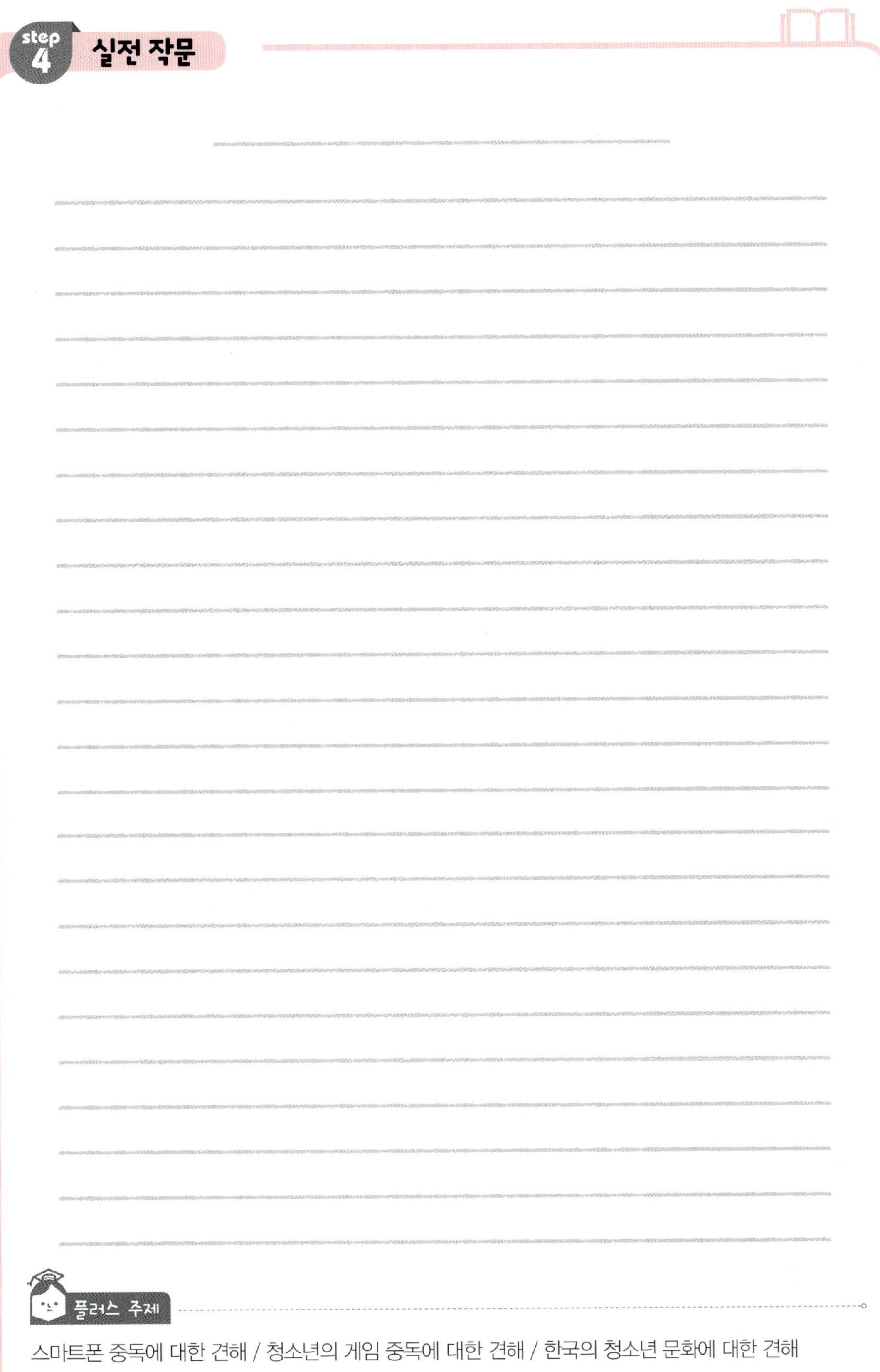

플러스 주제

스마트폰 중독에 대한 견해 / 청소년의 게임 중독에 대한 견해 / 한국의 청소년 문화에 대한 견해

我对青少年网络成瘾问题的看法

随着社会的变化，人们已经通过网络相互连接，网络成为了人们生活中必不可少的一部分。儿童和青少年也不例外。他们用社交网络与朋友保持联系，借助网上的资料完成作业等。但是有些儿童和青少年缺乏自我控制能力，逐渐沉迷于上网，造成网瘾。为了解决这一问题，社会各界都应付出不懈的努力。

首先，在家庭中，父母要付出努力。父母不能对有网瘾的孩子生气或试图控制他。例如，有些父母为了使孩子戒掉网瘾，切断家里所有网络。但这样的做法只会得到适得其反的效果。孩子不仅会去网吧等其它地方继续上网，还会关闭心门，开始远离父母。父母要通过对话的方式对孩子解释网瘾的危害，让孩子客观地看待自己，并要得到孩子减少上网时间的承诺，让孩子对自己说的话负起责任来。

其次，学校应付出努力。儿童和青少年频繁上网往往是为了缓解压力。学校应通过心理辅导了解他们在哪些方面受多大的压力。除此之外，学校还要不断地给孩子介绍新的兴趣爱好，鼓励学生组织户外活动小组，让他们在课余时间自主参加摄影、爬山等活动。

总而言之，既然网络给我们带来了诸多方便，我们不能因噎废食，一味要求儿童和青少年完全停止使用网络。社会各界应指导他们正确的网络使用方法，培养他们良好的网络使用习惯。

코멘트

전반적인 구성과 내용의 충실도가 좋은 편이다. 중국어 표현을 중국인의 언어 습관에 맞춰 썼다면 더 좋았을 것이다. 모범 작문을 통해 어떻게 수정되었는지 살펴보도록 하자.

단어

- **必不可少** 없어서는 안 된다
- **借助** 힘을 빌리다 **·自我控制能力** 자기통제력 **·沉迷** 깊이 빠지다 **·戒掉** 끊다 **·切断** 끊다 **·远离** 멀리하다 **·缓解** 완화하다 **·心理辅导** 심리상담 **·户外活动** 야외활동 **·课余时间** 방과 후 수업

- '**必不可少**'의 유사어로 '**不可或缺**'가 있다.
- '연락하고 지내다'는 '维持联系'가 아닌 '**保持联系**'로 쓴다.
- '**负起责任来**'에서 방위사의 위치에 유의한다.　예) 抬起头来 / 携起手来
- '**组织**'는 명사 '조직'으로도 쓰지만 동사 '조직하다'로도 쓴다.
- 결론 도입부에 '**总而言之**'를 쓸 수 있다.
- '**要求**'는 명사 '요구'로도 쓰지만 동사 '요구하다'로도 쓴다.

모범 작문

青少年网络成瘾

　　网络是现代人生活中不可或缺的一部分，对青少年也不例外。但是缺乏自我控制力和辨别能力的青少年整日沉溺在虚拟世界里，无法自拔，已俨然成为一大社会问题。解决青少年网络成瘾问题需要政府、社会、学校和家庭共同努力。

　　首先，网络成瘾的青少年大部分是在现实生活中与父母缺乏沟通、在学校朋友不多的孤独的孩子，他们往往逃到网络虚拟世界中得到安慰。如果强制他戒掉网络，可能会造成情绪上的强烈反弹，所以父母要注意方法，耐心、亲切、和蔼地与孩子交流，帮助他们走出网瘾泥坑。建议采用如下几个办法：安排一个合情合理的上网时间表，把电脑搬到可以看到的地方，鼓励其它活动等。

　　其次，青少年之所以沉迷于网络，主要是因为我们社会严重缺乏适合青少年的娱乐项目。我们有必要提供让青少年尽情享受的文化空间，以缓解他们的学习压力，帮助他们体验多种文化。政府和学校要展开各种活动与宣传，并提供财政支持，营造社会气氛，以使青少年的娱乐文化朝多元化方向发展。

　　青少年是国家的未来，他们只有在大人的关怀和关爱下，才能茁壮成长。我们要向那些整天在虚拟空间扮演虚拟人物，哭笑无常的青少年伸出温暖的臂膀，告诉他们正确的网络使用方法，帮助他们培养良好的网络使用习惯。愿每一个孩子健康成长，每一个家庭幸福健康。

单어

- **辨别能力** 분별력 • **整日** 온종일 • **无法自拔** 헤어나오지 못하다 • **俨然** 흡사 ~와 같다 • **和蔼** 부드럽다 • **茁壮成长** 건강하게 자라나다 • **哭笑无常** 울었다 웃었다 하다

핵심구문

- **沉溺在~** ~에 깊이 빠지다
- **造成~反弹** ~반발을 초래하다
- **走出~泥坑** ~늪에서 빠져나오다
- **采用~办法** ~방법을 취하다
- **安排~时间表** ~시간표를 짜다
- **沉迷于~** ~에 빠지다
- **尽情享受** 만끽하다
- **缓解压力** 스트레스를 해소하다
- **展开宣传** 홍보를 펼치다
- **营造~气氛** ~분위기를 조성하다
- **伸出臂膀** 팔을 뻗다
- **培养~习惯** ~습관을 기르다

실력 다지기

잘못된 어법이나 표현을 올바르게 고쳐보세요!

1. 网络中毒　　⇒ ....

2. 中毒网络　　⇒ ....

3. 如果让孩子不能再上网　⇒ ....

4. 有感兴趣　　⇒ ....

5. 重新吸烟起来　⇒ ....

unit 10

난민위기

최근 유럽 지역의 심각한 난민 사태에 대한 본인의 견해를 중국어로 쓰시오.

step 1 배경 지식 알기

□ **셍겐조약 / 申根公约**

유럽연합(EU) 회원국 간 체결된 국경 개방 조약이다. 회원국 간 국경을 철폐하고 출입국 수속을 없애기 위한 것으로 회원국 국민을 자국민과 동등하게 대우할 것을 규정하고 있다. 현재 26개국이 가입해 있으며 외국인도 한 국가에서 비자를 받으면 셍겐조약국 내에서 자유로이 다닐 수 있다.

□ **시리아 사태 / 叙利亚危机**

2011년 3월 시리아 바샤르 알 아사드 대통령의 퇴출을 요구하는 반정부 시위에서 시작되어 수니파와 시아파 간의 종파 갈등까지 겹쳐 일어난 내전이다. 주변 아랍국 및 서방국가 등 국제사회의 개입, 미국과 러시아의 국제 대리전 등으로 비화되어 현재까지도 계속되고 있다. 이로 인해 전란을 피해 주변국으로 이동하는 대규모 시리아 난민 사태가 발생했다.

step 2 용어 익히기

· 난민고등판무관 **难民高级专员**　· 난민보트 **难民船**　· 난민캠프 **难民营**　· 대리전 **代理人战争**
· 밀입국 **偷渡入境**　· 밀입국 알선 브로커 **蛇头**　· 보트피플 **船民**　· 유엔난민고등판무관실(UNHCR)
联合国难民事务高级专员办事处　· 추방 **驱逐出境**

step 3 개요 잡기

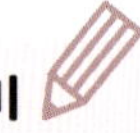

 **선생님의 팁!**

사회적 과제에 대한 분석과 해결책 제시를 요구하는 유형의 문제이다. 다음의 내용이 들어갈 수 있도록 글을 구성하면 좋다. 1. 시리아 난민 사태와 유럽의 난민 수용 상황 2. 유럽이 난민 수용에 대해 취해야 할 태도와 그 이유 3. 난민 문제 해결책

step 4 실전 작문

플러스 주제

시리아 사태 해결을 위한 방안 / 이민자 수용에 대한 견해 / 중국의 탈북자 강제송환과 인권문제

我们应该如何解决难民问题

最近非法难民涌向欧洲大陆的现象日益突显，使欧洲各国大伤脑筋。对此，世界各国**强烈批评**欧洲国家的应对方案不到位。然而，笔者认为难民问题错综复杂，并不是开放边境就可以解决的。因此，全世界要从多方面着手解决该问题。

只强迫欧洲各国**接收**更多难民并不是治本之策。众所周知，不断涌入的非法难民给欧洲大陆带来了巨大负担，如**本国**居民的就业难、犯罪率激增等。加上，这几年欧洲地区的经济原本就低靡不振，如滚雪球般增加的难民问题处理费用已使这些国家陷入财政困难。可见，仅依靠欧洲国家的应对措施是难以为继的。

从本质上看，除了欧洲地区以外，美国等其他西方国家的责任也不可小觑。因为，日益猛增的难民是西方国家对叙利亚等中东或非洲地区发动战争的产物。关键是这些地区的战火停止，难民问题也就会自然而然地得到解决。

因此，笔者认为世界各国不应对难民问题置之不理，而要积极出面解决该问题。最重要的莫过于停止中东和非洲地区的战争。为此，各国都要采取有效的措施，如积极介入叙利亚内战问题等。另外，各国要通过联合国等机构来共同探讨难民问题。

단어

- **大伤脑筋** 골머리를 앓다
- **到位** 규정된 위치에 도착하다
- **错综复杂** 매우 복잡하다
- **治本之策** 근본책
- **如滚雪球般** 눈덩이처럼 불어나다
- **难以为继** 지속하기 어렵다
- **不可小觑** 얕보아서는 안 된다
- **莫过于~** ~보다 더한 것은 없다
- **探讨** 연구 토론하다

코멘트

단락 구성은 좋으나 논리 구성이 아쉽다. 첫 번째 단락에서 유럽 각국이 난민에 대한 대응책이 미비하다고만 설명했는데 구체적인 내용을 언급했다면 좋았을 것이다. 두 번째 단락은 세 번째 단락과 구조를 맞춰서 '从表面上看'으로 시작했으면 좋았겠고, 갑자기 유럽 각국의 대응책으로는 유지가 어렵다는 말을 넣어 앞뒤 논리 전개가 맞지 않게 된 점도 아쉽다. 세 번째 단락에서는 심층적 원인을 분석하다가 결론에 해당하는 내용이 들어갔다. 네 번째 단락에서는 시리아 난민 사태의 대내외적 해결책을 같이 명시하면 좋다. 모범 작문을 통해 어떻게 수정되었는지 살펴보도록 하자.

- '강력히 비난하다/강력히 규탄하다/강력히 항의하다'는 **'强烈批评 / 强烈谴责 / 强烈抗议'**로 쓴다.
- **'接收'**는 유형(有形)의 빈어와 호응하며 주동적 의미가 크고, **'接受'**는 무형(無形)의 빈어와 호응하며 수동적 의미가 크다.
  예) 接收短信 / 接受教育
- '자국'은 '自国'가 아니라 **'本国'**로 쓴다.
- '从~上看'을 '在~看来'와 혼용하지 않도록 유의한다. **'从~来看'**은 '어떤 각도에서 보다', **'在~看来'**는 '~입장에서 보다'라는 뜻이다.

难民何去何从

　　"难民潮"这个词意味着难民的涌入就如潮水，短时大量、混乱无序、源源不断……涌向欧洲大陆的"难民潮"，给欧洲各国带来了一场危机。一些欧洲国家穷于应对，收紧难民过境政策，却遭到国际社会和舆论的批评。不过"难民潮"并不是敞开门户就可以解决的，而是一个错综复杂的棘手问题。

　　从表面上看，这几年欧洲地区陷入严重的债务危机自顾不暇，无力承担难民安置。除此之外，也存在一些"难言之隐"。大量难民涌入后，将对欧洲的就业、社会稳定和安全都会产生一定影响。这些明里暗里的顾虑，让一些欧洲国家开始对难民说"不"。

　　从更深层次来看，以美国为首的西方国家难辞其咎。西方国家引发的西亚北非的内战和乱局使人们为躲避战火和失控的安全局面，选择逃难。而地理上接近、安定富裕且有着开放、包容传统的欧洲成为了这些难民的首选之地。

　　解铃还须系铃人，以美国为首的西方国家不应对难民问题袖手旁观。西方国家不应将自己的价值观强加于人，要停止蛮横干涉，积极推动西亚北非地区的和平，从源头上减少难民的大量流出。欧盟必须充分发挥作用，督促其成员国尽快达成共识，公平分摊难民，确保各成员国做好难民接待工作。此外，世界各国和联合国等机构也应提供人道主义援助。

- **源源不断** 연이어 이어지다
- **收紧** 엄격하게 통제하다 · **棘手问题** 까다로운 문제 · **自顾不暇** 자기 자신도 미처 돌보지 못하다 · **明里暗里** 유형무형으로
- **难辞其咎** 책임을 피할 수 없다 · **首选之地** 가장 선호하는 곳
- **解铃还须系铃人** 결자해지
- **强加于人** 남에게 강요하다
- **蛮横干涉** 횡포를 저지르며 간섭하다

- **遭到〜批评** 〜비난을 받다
- **敞开〜门户** 〜문호를 열다
- **产生〜影响** 〜영향을 끼치다
- **以〜为首** 〜을 위시로 하다
- **发挥〜作用** 〜역할을 하다
- **达成共识** 공감대를 형성하다/ 합의하다
- **提供〜援助** 〜원조를 제공하다

잘못된 어법이나 표현을 올바르게 고쳐보세요!

1. 一件事件 ⇒ ....　　**2.** 数百名死亡 ⇒ ....

3. 12人被死亡 ⇒ ....

4. 种族差别 ⇒ ....

5. 不愿容纳难民 ⇒ ....

6. 接收建议 ⇒ ....

세계화

세계화에 대한 본인의 견해를 중국어로 쓰시오.

 **배경 지식 알기**

□ **반세계화 / 反全球化**

세계 각국 간 무역과 금융시장의 통합 현상인 세계화에 반대하는 흐름이다. 2008년 글로벌 금융위기가 기폭제 역할을 했고, 브렉시트(Brexit)와 트럼프 현상을 기점으로 거대한 흐름이 되었다. 현재 반세계화에 편승해 보호무역주의, 고립주의, 민족주의, 극우주의 등이 성행하고 있다.

□ **보호무역주의 / 贸易保护主义**

자국 산업의 보호와 발전을 위해 국가가 무역 활동에 적극적으로 개입하여 수입 금지·보호 관세 부과 등을 통해 외국 상품의 수입을 억제하는 것을 일컫는다.

□ **남남협력 / 南南合作**

개발도상국 간의 국제적인 협력을 뜻한다. 개도국이 주로 남반구에 위치하고, 선진국이 북반구에 위치하기 때문에 개도국을 남으로, 선진국을 북으로 지칭한다. 따라서 남북협력(南北合作)은 개도국과 선진국 간의 국제적인 협력을 의미한다.

 **용어 익히기**

- 개발도상국 发展中国家　· 고립주의 孤立主义　· 다자주의 多边主义　· 무역장벽 贸易壁垒　· 민족주의/포퓰리즘 民粹主义　· 반덤핑 反倾销　· 불확실성 不确定性　· 브렉시트 英国脱欧/英国退欧　· 비관세장벽 非关税壁垒　· 비정부기구(NGO) 非政府组织　· 상계관세 反补贴关税/抵销关税　· 세계무역기구(WTO) 世界贸易组织　· 일방주의 单边主义

 **개요 잡기** 

선생님의 팁!

사회 현상에 대한 찬반 의견 제시를 요구하는 유형의 문제이다. 다음의 내용이 들어갈 수 있도록 글을 구성하면 좋다. 1. 세계화 현황과 반세계화 바람 2. 세계화의 필요성 여부에 대한 견해와 그 이유 3. 앞으로 나아갈 방향

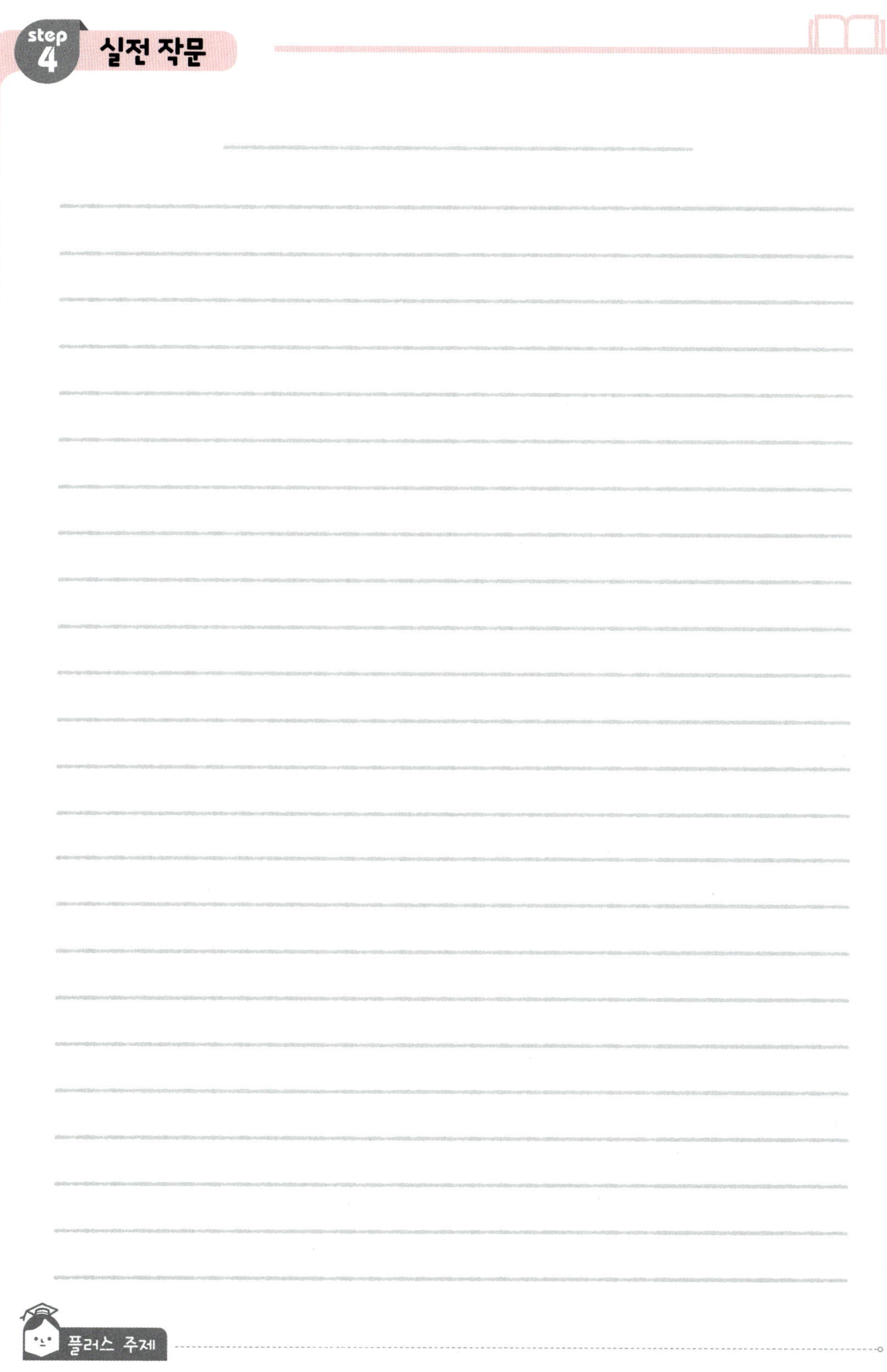

플러스 주제

민족주의와 극우주의 확산에 대한 견해 / 보호무역주의에 대한 견해

我对最近掀起的反全球化浪潮的看法

全球化和自由贸易已经成为了不可阻挡的大势所趋。但是这几年全球经济低迷、恐怖袭击、种族歧视等全球性难题正威胁着全球化。因此贸易保护主义等反全球化趋势逐渐抬头。

其实，过去一段时间全球大多数国家都相信，全球化能带来更多的经济利益。然而，只有发达国家才能享受经贸合作关系所带来的优惠，其他发展中国家却无法分得相应的蛋糕，因此很多国家面临贫富差距拉大、内需市场萎缩等严重危机。如今美国等不少发达国家也对全球化持消极态度，这导致了全球化潮流逐渐被阻挡。

虽然全球化造成了贫富差距等诸多不利影响，但笔者认为，它还是无法阻挡的大势所趋。因为全球各国在经济、政治、文化等诸多领域相互依存度日益紧密，而且世上没有任何国家可以一枝独秀，仅靠国内市场就能实现持续发展。当然，我们不能把全球化的弊端抛在脑后，而应该改善不平等和不均衡的结构。就是说，全球各国应该平等享受全球化的利益，进而使各国国民平等分配全球化所带来的"蛋糕"。

如今，反全球化趋势的抬头意味着全球化的过程中出现很多弊端。所以我们要倾听这一"警钟"，让全球化发挥其应有的作用。

단어

- **不可阻挡** 막을 수 없다 ・ **经济低迷** 경기침체 ・ **恐怖袭击** 테러공격 ・ **种族歧视** 인종차별 ・ **一枝独秀** 홀로 출중하다 ・ **弊端** 폐단 ・ **倾听** 경청하다

코멘트

앞부분의 논리 전개가 아쉽다. 첫 번째 단락에서 세계화가 위협받았기 때문에 보호무역주의와 반세계화가 대두되었다는 건 논리적으로 맞지 않다. 그리고 두 번째 단락에서 세계화로 인해 선진국만 이익을 누리는 이유에 대한 설명이 부족하다. 모범 답안을 통해 어떻게 수정되었는지 살펴보도록 하자.

- '인종차별'은 '人种歧视'로 쓰지 않도록 유의한다.
- '보호무역주의'라는 뜻으로 '保护贸易主义'로 쓰지 않도록 유의한다.
- '반세계화'는 '反世界化'가 아닌 '**反全球化**'로 쓴다.
- '**只有**' 구문의 후속절에는 '**才**'가 수반된다.
- '**蛋糕**'는 '(이익의) 파이'라는 뜻도 있다.　예) 做大 "**合作蛋糕**"
- '**消极**'는 '소극적이다'라는 뜻 외에 '부정적이다'라는 뜻도 있다.
- '**造成~影响**'의 유사어로 '**产生~影响 / 带来~影响**'을 쓸 수 있다.

全球化

　　全球化和自由贸易如同一辆车闸失灵的列车疯狂行驶，任凭谁都无法阻挡。但这几年出现的全球经济低迷、恐怖袭击、种族歧视却成为了一道一道的屏障，火车在碰撞中减速慢行。如今美国等不少发达国家贸易保护主义逐渐抬头，也与全球化逆驶而行，全球化火车似乎将脱轨翻车。

　　多少年来全球化和自由贸易被视为一帖万灵丹。支持者宣称无论是经济发展水平较高的国家，或是贫困的发展中国家都能药到病除，刺激GDP增长、改善人民生活水准。但经济全球化真的这么灵吗？经过多年观察发现，全球化是以发达国家为主导的，他们往往凭借强大的经济实力、先进的科技手段和制定国际规则的便利，冲击着发展中国家的经济主权，通过全球化向发展中国家转嫁危机，使穷国愈穷，富国愈富，扩大了南北两极分化和贫富差距。

　　全球化造成的负面影响如同洪水猛兽，但全球化和自由贸易之路仍是势在必行。因为各国之间在经济、政治、文化等诸多领域相互依存度日益紧密，世上没有任何一个国家可以独善其身、闭关锁国实现持续发展。当然，我们不能把全球化的弊端抛在脑后，应不断协调来创造公共利益，改善不平等和不均衡的结构。

　　历史证明，人类的发展不是直线前进的，有时必须为了走直路而走弯路，为了前进而后退。立己后立人，利己后利人。各国应在利国基础上构建和谐的外部贸易环境，帮助消除极贫现象，而这善良的利己主义最终将有助于世界的和平与发展。

단어

- **车闸** 브레이크 · **失灵** 효력을 잃다 · **屏障** 장벽 · **万灵丹** 만병통치약 · **药到病除** 약효가 좋다
- **经济实力** 경제력 · **洪水猛兽** 엄청난 재앙 · **势在必行** 피할 수 없는 추세이다 · **独善其身** 자기만 생각하고 집단을 생각하지 않다 · **闭关锁国** 쇄국 정책을 시행하다 · **走弯路** 우회하다

핵심구문

- **如同~** 마치 ~같다
- **任凭~都** ~을 막론하고
- **与~逆驶而行** ~와 역행하다
- **向 A 转嫁 B** A에게 B를 전가하다
- **把~抛在脑后** ~을 까맣게 잊다
- **构建~环境** ~환경을 조성하다
- **消除~现象** ~현상을 해소하다

실력 다지기

잘못된 어법이나 표현을 올바르게 고쳐보세요!

1. 若他被当选　⇒ ....

2. 反世界化　⇒ ....

3. 物价增加　⇒ ....

4. 要铭记在心这一点　⇒ ....

5. 做出不断地努力　⇒ ....

6. 人种歧视　⇒ ....

한일관계

경색 국면에서 벗어나지 못하는 한일관계에 대한 본인의 견해를 중국어로 쓰시오.

 **배경 지식 알기**

□ **독도영유권 분쟁 / 独岛争端**

대한민국이 1948년 정부 수립 이후부터 실효적인 지배를 하고 있는 독도에 대해 일본이 영유권을 주장하면서 비롯된 분쟁을 말한다.

□ **소녀상 / 少女像**

일본군 위안부 문제의 피해를 상징하는 조형물이다. 2011년 12월 14일 민간단체 한국정신대문제대책협의회가 중심이 되어 서울 종로 주한 일본 대사관 앞에 처음 설치한 것을 시작으로 국내외에 30여 개가 있다.

□ **야스쿠니 신사 / 靖国神社**

청·일전쟁과 러·일전쟁 등 근대 일본이 일으킨 전쟁에서 숨진 군인들의 영령을 기리는 시설이다. 태평양전쟁 A급 전범 14명이 합사되어 있어 일본의 과거 식민지 지배와 침략전쟁을 정당화하고 미화하는 시설이라는 비판을 받고 있다.

 **용어 익히기**

- 강제징용 **强征** · 검정 교과서 **审定教材** · 다케시마의 날 **竹岛日** · 실효지배 **实际控制/实效支配** · 역사왜곡 **歪曲历史/篡改历史** · 영유권 **领土主权** · 위안부 **慰安妇** · 한일 공동방문의 해 **韩日旅游年** · 한일 월드컵 **韩日世界杯足球赛** · 한일의정서 **韩日议定书** · A급 전범 **甲级战犯**

 **개요 잡기**

국제 관계에 대한 분석과 해결책 제시를 요구하는 유형의 문제이다. 다음의 내용이 들어갈 수 있도록 글을 구성하면 좋다. 1. 한일관계 현황 2. 한일 양국의 애증관계(관계 발전의 필요성과 장애물) 3. 경색 국면 타파를 위한 해결책

독도영유권 분쟁에 대한 한국의 대응방안 / 일본의 역사왜곡에 대한 한국의 대응책 / 일본의 우경화와
한국의 대응방안

韩日关系

　　韩日两国在地缘上、文化上和经济上都有密切关系，但因为两国之间存在的历史问题，两国的合作关系始终不尽如人意。最近，在两国的经济关系不断紧密之际，两国又因独岛问题而发生了矛盾。这种趋势不仅会给两国国内带来不利影响，还会影响东北亚稳定的格局。

　　如果韩日两国关系照目前情况继续恶化，两国国内经济、政治和社会动荡不安是不言而喻的。对韩国来说，日本是韩国的主要贸易伙伴，如果两国关系进一步恶化，韩国的出口情况会受到相当大的打击，尤其是以"韩流"为代表的文化领域受到的影响不可忽视。在政治方面，在即将举行大选之际，在野党利用韩日关系来打击执政党的可能性较大。如果这样，韩国政界会有多混乱不堪设想。在社会方面，韩日国民围绕历史问题存在的不良情绪会进一步恶化。这种极端的情绪会进一步拉大韩日之间的距离，这种趋势不符合全球化时代。

　　显而易见，韩日两国关系的恶化给两国都带来不利影响。因此，两国政府和国民都要齐心协力解决问题。首先在国民方面，两国国民都不应只靠感情对待这一问题，大家都应该认识到韩日关系恶化带来的后果及其严重性。两国国民都应持客观、谨慎、理性的态度。其次在政府方面，两国政府应该把政治、经济问题与像独岛问题的历史问题区分开来，以不同的态度对待。日方不应以其经济实力来迫使韩国改变在历史问题上的立场。韩国也不应由于经济问题而看日本政府的脸色。这样的话，两国在各种问题上都能找出答案。

코멘트

첫 번째 단락에서 한일 양국의 협력관계가 기대에 못 미친다고 쓴 점이 아쉽다. 경제관계는 긴밀하나 정치관계가 정체되어 있다고 명확하게 말했으면 글의 흐름이 좋았을 것이다. 두 번째 단락에서는 한일 양국 관계 악화가 한국에 끼치는 영향을 경제, 정치, 사회로 나눠서 쓰려고 했는데 경제 분야에서 '在经济方面'을 쓰지 않아 글의 구조가 깨졌다. 모범 답안을 통해 어떻게 수정되었는지 살펴보도록 하자.

• '有密切关系'와 '密切相关'을 혼동해서 쓰지 않도록 유의한다. '相关'은 동사이므로 '有密切相关'으로 쓸 수 없다.

• '가능성이 크다 / 가능성이 작다'는 '可能性大 / 可能性小'로 쓴다. '可能性多 / 可能性少'로 쓰지 않도록 한다.

• '把A与B区分开来'는 'A와 B를 분리하다'의 뜻으로 '분리'를 뜻하는 보어 '开来'를 사용하는 점에 유의한다.

韩日关系

韩国和日本隔海相望，地缘的接近和文化的相近，使两国的命运注定交织在一起。但是由于历史和现实的原因，韩国和日本的关系发展并不是一帆风顺的。韩国和日本尽管政治关系滞后，但在经济上却相互依赖。这些年来，过去的政治敌意和未解决的历史问题远不及对经济合作的兴趣。但是正值两国关系在经济上紧密交织之际，围绕独岛的归属问题却再度激化。

领土争端使日韩两国关系严重倒退，陷入了冰点。这不仅给两国带来诸多不利，还会影响东北亚的稳定。在经济方面，日本是韩国主要的贸易伙伴国，两国关系无法突破僵局，出口必将遭到严重打击，也会给如火如荼的"韩流"泼一把冷水。在军事方面，两国都是美国的军事同盟国，守望相助。但两国再僵持下去，联合战线必将产生裂缝。在政治方面，韩国大选即将来临，这一场外交纷争将成为居心叵测的政客的政治筹码，扰乱民心。在社会方面，旧恨未解，新仇又结，两国国民感情伤痕日益加深，恩怨难以化解。

"只有永远的利益，没有永远的朋友"，这一句老话是在国际上国家间交往的缩影。虽然韩国和日本有着各式各样的争端和冲突，但争端之外有合作才是正常的国际关系。韩国和日本的对峙将致两败俱伤。冤家宜解不宜结，两国不能感情用事，应客观、谨慎、理性地看待问题。日本不该仗着经济实力来向韩国施压，韩国也不必投鼠忌器，顾虑经济得失看日本的脸色。两国政府应把经济问题与领土争端区分开来，经济归经济，领土争端归领土争端，就事论事，才能解开死结，突破瓶颈。

- **隔海相望** 바다를 사이에 두고 바라보다 · **一帆风顺** 순조롭다
- **冰点** 결빙점 · **如火如荼** 기세가 등등하다 · **守望相助** 위험이 닥쳤을 때 서로 돕다 · **居心叵测** 속셈이 음흉하다 · **两败俱伤** 쌍방 모두 피해를 보다 · **冤家宜解不宜结** 원수지간에 갈등을 풀어야지 심화시켜서는 안 된다 · **感情用事** 감정적으로 대하다 · **投鼠忌器** 손해 볼까 봐 꺼리다
- **就事论事** 있는 그대로 논하다

- **突破～僵局** ～경색 국면을 타파하다
- **泼一把冷水** 찬물을 끼얹다
- **产生～裂缝** ～균열이 생기다
- **化解～恩怨** ～원한을 풀다
- **解开～死结** ～매듭을 풀다
- **突破～瓶颈** ～걸림돌을 없애다

잘못된 어법이나 표현을 올바르게 고쳐보세요!

1. 有密切相关　　➡　..

2. 改变错误　　➡　..

3. 日本人记者　　➡　..

4. 负责任自己的选择　　➡　..

 unit **13** 난이도 ★★★☆☆

한반도 통일

한반도 통일에 대한 본인의 견해를 중국어로 쓰시오.

 **배경 지식 알기**

□ **햇볕정책 / 阳光政策**

화해와 포용을 기본 태도로 남북 간 교류와 협력 증대를 추구해 북한을 개혁·개방으로 유도한다는 대북정책이다. 김대중 대통령이 1998년 4월 3일 런던대학교 연설에서 처음 사용한 말로, 겨울 나그네의 외투를 벗게 하는 것은 강한 바람이 아니라 따뜻한 햇볕이라는 이솝우화에서 인용했다.

□ **한반도 신뢰프로세스 / 半岛信任进程**

박근혜 정부의 대북 정책이다. 튼튼한 안보를 바탕으로 남북 간 신뢰를 형성함으로써 남북관계를 발전시키고 한반도에 평화를 정착시켜 통일 기반을 구축하는 것을 목표로 한다.

 **용어 익히기**

• 개성공단 **开城工业园区** • 경협사업 **经济合作交流项目** • 공동경비구역(JSA) **共同警备区** • 금강산관광사업 **金刚山旅游项目** • 북방한계선(NLL) **北方界线** • 비무장지대 **非武装地带/非军事区** • 상호불가침조약 **互不侵犯条约** • 연평도 포격사건 **延坪岛炮击事件** • 전시준비태세 **备战状态** • 정전협정 **停战协定** • 천안함 사건 **天安号事件** • 판문점 **板门店** • 핵확산금지조약(NPT) **《核不扩散条约》**

 **개요 잡기**

사회적 과제에 대한 찬반 의견 제시를 요구하는 유형의 문제이다. 다음의 내용이 들어갈 수 있도록 글을 구성하면 좋다. 1. 남북 분단 현황 및 통일에 대한 한국인의 반응 2. 한반도 통일에 대한 의견(찬성 혹은 반대) 및 그 이유 3. 앞으로 나아갈 방향

플러스 주제

개성공단 재가동에 대한 견해 / 금강산관광 재개에 대한 견해 / 남북 주민 간의 이질감 해소 방안에 대한 견해 / 늘어가는 탈북자 문제에 대한 견해

韩半岛统一

단어

· **令人遗憾** 유감스럽다 · **漠不关心** 아무런 관심이 없다 · **利大于弊** 이익이 폐단보다 많다 · **经济鸿沟** 경제적 격차 · **迎刃而解** 문제가 쉽게 해결되다

　　最近，谈起统一问题大多数国民对此持消极态度令人遗憾。南北韩被迫分裂60年，北韩居民是我们的兄弟姐妹，但是目前韩国人都把这一事实放在脑后，漠不关心。不过，韩半岛统一从全球的角度来看，这是不可阻挡的大势所趋，也是必须得以实现的国家课题。

　　首先，从经济方面来看，南北统一利大于弊。当然，实现统一后由于南北韩的经济鸿沟会出现经济不景气的情况。但是考虑到北韩拥有的自然资源和他们的人力资源，这都有助于统一后的整体经济增长。

　　其次，如果实现和平统一，我们就可以大幅减少军备预算。目前，南北韩处于对峙状态，因此每年投入不少的预算应对北韩。

　　最后，从国际方面来看，南北韩统一有助于东北亚地区的和平与稳定局面。近年来，北韩的挑衅行为和核问题严重威胁韩国、东北亚乃至全球安全。中美日等世界主要国家对此予以关注的原因在于防止北韩的突发性行动。如果实现和平统一的话，这样的问题和担忧会迎刃而解。

　　因此，韩国应该向国民大大宣传统一的正当性和必要性，早日实现韩民族统一。

코멘트

전체적인 구성 비율이 좋지 않고 결론도 성급하게 마무리되었다. 그리고 두 번째 단락에서 갑자기 통일 찬성의 이유가 열거되어 첫 번째 단락과의 논리 전개가 매끄럽지 못하다는 인상을 준다. 모범 답안을 통해 어떻게 수정되었는지 살펴보도록 하자.

· '**谈起**'는 '**谈到 / 谈及**'로도 쓸 수 있다. 여기서 '**起**'는 동작이 어떤 사물에 관계됨을 나타낸다.　**예) 说起 / 提起 / 问起 / 回忆起**

· '영토분단'의 '분단'은 '**分断**'이 아닌 '**分裂**'로 쓴다.

· '북한주민'은 '**北韩国民**'이 아닌 '**北韩居民**'으로 쓴다.

· '**得以**'는 '~할 수 있다'라는 뜻의 단어로 뒤에 이음절 동사를 반드시 수반한다.　**예) 得以成功 / 得以解决**

· '인적자원'은 '**人的资源**'이 아닌 '**人力资源**'으로 쓴다.

· '**乃至**'은 '더 나아가/심지어'라는 뜻의 접속사이며 '**乃至于**'로 쓰기도 한다.

韩半岛统一

　　南北韩和平统一是我们民族梦寐以求的夙愿。北韩居民与我们同属一个民族，情同手足，却被迫分裂60年，这是国家民族莫大的悲哀。但眼下越来越多的年轻一代，似乎对统一问题毫无兴趣，甚至"敬而远之"，实在令人心寒。要知道南韩和北韩都将韩半岛统一纳入了各自宪法，南北韩统一是必须实现的国家课题，也是必然趋势。

　　要早日实现韩半岛和平统一的原因如下：

　　首先，从经济方面来看，南北韩统一是一本万利。南北韩统一后，韩国要为南北韩的经济鸿沟付出一定的代价，但我们会成为拥有7500万人口的"大国"，将韩国的资本和技术与北韩的人力和自然资源结合起来，必将实现韩半岛繁荣发展。在10年内达到整体实力与日本相提并论的水平也不是不可能的。

　　其次，从军事方面来看，南北韩统一后将大幅削减国防预算。韩国节省开支，缩减国民福利来支撑国防费已有数十年之久，一年的国防开支规模之大在全球屈指可数。南北韩统一后，不仅可以减少庞大的军备预算，还将解除数百万年轻人的"兵役之灾"，不必浪费他们的黄金岁月。

　　最后，从国际方面来看，南北韩统一有助于东北亚地区的和平与稳定。近年来，北韩的挑衅行为和核问题严重威胁着韩国、东北亚乃至全球安全。南北韩化干戈为玉帛等于是解除定时炸弹，改"邪恶轴心"为"和平轴心"，将实现东北亚和亚洲的共融、共享、共赢、共荣。

　　坚持一个韩半岛，早日结束长期分裂和两国民众的痛苦疏离，谋求共同繁荣，这是我们的最终目标。衷心希望在我有生之年能亲眼看到和平统一的那一天。

단어

- **梦寐以求** 꿈 속에서도 바라다
- **夙愿** 숙원 · **情同手足** 정이 형제처럼 두텁다 · **敬而远之** 꺼리어 멀리하다 · **心寒** 실망하여 마음이 아프다 · **一本万利** 적은 노력으로 큰 효과를 거두다 · **相提并论** 한데 섞어 논하다 · **屈指可数** 손꼽을 정도이다 · **化干戈为玉帛** 전쟁을 평화로 바꾸다
- **定时炸弹** 시한폭탄 · **邪恶轴心** 악의 축

핵심구문

- **对~毫无兴趣** ~에 전혀 관심이 없다
- **将A纳入B** A를 B에 포함시키다
- **为A付出B的代价** A를 위해 B의 대가를 치르다
- **将A与B结合起来** A를 B와 결합시키다
- **节省~开支** ~지출을 줄이다
- **缩减~福利** ~복지를 줄이다
- **浪费~岁月** ~세월을 허비하다
- **改A为B** A를 B로 바꾸다

잘못된 어법이나 표현을 올바르게 고쳐보세요!

1. 原因有如下 ⇒ ....

2. 感动世界人 ⇒ ....

3. 可以打破一系列问题 ⇒ ....

4. 政策没有那么效果 ⇒ ....

5. 过着非常艰难 ⇒ ....

6. 平和统一 ⇒ ....

unit 14 난이도 ★★★☆☆

한류의 지속적인 발전

한류의 지속적인 발전을 위한 본인의 견해를 중국어로 쓰시오.

step 1 배경 지식 알기

□ 한류 / 韩流

1996년 한국 드라마가 중국에 수출되고, 뒤이어 한국 가요가 알려지면서 아시아를 중심으로 한국의 대중문화가 큰 인기를 얻게 된 현상을 일컫는다. 중국에서 한국 대중문화에 대한 열풍이 일기 시작하자 2000년 2월 중국 언론에서 이러한 현상을 표현하기 위해 한류라는 용어를 사용하여 널리 알려졌다.

□ 한한령 / 限韩令

중국 내에서 한국에서 제작한 콘텐츠 또는 한국 연예인이 출연하는 광고 등의 송출을 금지하는 것으로 금한령(禁韓令)이라고도 한다. 중국 정부에서 공식적으로 인정하지는 않았지만 2016년 7월 한국의 사드 배치가 확정된 후부터 이에 대한 보복 조치로 적용되고 있다.

step 2 용어 익히기

· K-pop 韩国流行音乐　· 가을동화 《蓝色生死恋》 · 강남스타일 《江南风格》 · 겨울연가 《冬季恋歌》 · 관광명소 旅游景点　· 금한령 禁韩令　· 대장금 《大长今》 · 랜드마크 地标　· 말춤 骑马舞　· 문화콘텐츠 文化内容　· 사랑이 뭐길래 《爱情是什么》 · 애니메이션 영화 动画片/动漫片/卡通片　· 창조산업/크레비즈 创意产业　· 한류 팬 韩流迷/哈韩一族　· 한류우드(Hallyuwood) 韩流坞　· 혐한류 嫌韩流

step 3 개요 잡기

선생님의 팁!

사회 현상에 대한 분석과 발전 방향 제시를 요구하는 유형의 문제이다. 다음의 내용이 들어갈 수 있도록 글을 구성하면 좋다. 1. 한류의 현황 2. 한류의 지속적인 발전이 필요한 이유와 그 방안

플러스 주제

문화 산업의 중요성과 국가에 끼치는 영향에 대한 견해 / 한류의 성공 비결에 대한 견해 / 한국에서 불고 있는 한풍(漢風)에 대한 견해

如何发展韩流?

十年前播出的《大长今》，使韩国的传统美食引起世人关注；最近，韩国歌手PSY的《江南风格》受到世人的广泛关注，从而世人对韩流的关心也与日俱增。其实，以前的韩流在东南亚地区深受欢迎，但PSY的《江南风格》热潮波及欧美。这对韩国来说，是一个很好的消息。我们要以《江南风格》为契机，把韩国的优秀文化传播到全世界。

为此，我们应从以下两方面作出努力。

第一，要推进韩流的多元化和创新。PSY的《江南风格》在欧美地区受到关注的主要原因在于《江南风格》的舞蹈。《江南风格》的舞蹈具有独特性和创造性。这种舞蹈引起了人们的好奇心。如果韩国继续创造出这种多元化、富有创造性的文化内容的话，韩流会扩散到全世界。

第二，要推进积极的营销活动。随着网络和信息通信技术的发达，我们可利用的营销途径也日益增加。社交网站是一个典型的例子。因此，我们妥善利用这种多样的途径，会获得相当的营销效果，那么韩流也会更上一层楼。

目前，我们生活在高度全球化的时代。在这一时代，文化的传播更容易更快捷。我们要抓住这一时机，把韩流传播到全世界。韩流的影响力等于韩国的国家力量。因此，我们应重视文化的发展战略。

단어

· **播出** 방영하다 · **与日俱增** 나날이 증가하다 · **波及** 파급되다 · **独特性** 독특함 · **好奇心** 호기심 · **营销** 마케팅하다 · **更上一层楼** 진일보하다

코멘트

글의 흐름에 비해 중국어 표현이 다소 밋밋하여 전달하고 싶은 내용을 잘 연결하지 못한 점이 아쉽다. 예를 들어 첫 단락에서 '예전의 한류가 동남아 지역에 머물렀다면 강남 스타일 열풍은 구미(歐美) 지역까지 휩쓸었다'를 전달하고자 했으나 단순한 서술형으로 전개하여 내용의 연결성이 다소 떨어졌다. 마지막 단락에서도 '한류의 영향은 한국의 국가역량과 같다'라고 썼는데 좀 더 심층적인 의미 전달을 못해서 아쉽다. 모범 작문을 통해 어떻게 수정되었는지 살펴보도록 하자.

· 책 제목, 노래 제목, 영화나 드라마 제목, 보고서 제목 등에 **书名号**(책 이름표)를 사용한다.

· 유사어로 '**引人注目 / 引人瞩目**' 등의 표현도 있다.

· **分号**(분점)은 문장을 병렬할 때 사용한다. 여기서는 10년 전 한류와 현재의 한류를 대조하여 병렬했다.

· '**受到**'와 '**收到**'를 혼동하지 않도록 유의한다.　**예)** 受到影响 / 受到表扬 / 收到信号 / 收到礼物

· '**受~关注**'의 구문을 '被'와 쓰지 않도록 유의한다.　**예)** 被人深受关注 (X)

如何发展韩流？

　　电视剧《大长今》走红亚洲以及中东、欧洲等60多个国家，使得韩国饮食和韩服等韩国传统文化也开始走向世界，同时带动了旅游、餐饮等行业蓬勃发展。近日传来喜讯，韩国歌手PSY的《江南风格》热潮波及欧美，红遍全球，使韩流冲出亚洲，走向世界。打铁要趁热，我们要以《江南风格》为契机，不仅要在娱乐领域席卷全球，也要将韩国的传统文化推广到全世界。

　　为此，我们应在以下两方面作出努力。

　　第一，鼓吹多元化和创新精神。《江南风格》之所以让世人如痴如狂，是靠鸟叔别具风格的舞蹈。这告诉我们一个简单的道理，只有不断创新，才能走向世界。而且要将这一种创新精神从电影电视剧扩大到音乐、饮食、韩服、韩国文字，以及整个韩国的传统文化。

　　第二，产品与营销并重。产品与营销，在文化产业是缺一不可的，《江南风格》的成功就是一个典型的例子。社交网络助推《江南风格》红遍全球，没有视频网站和脸书，一切都是不可能的。有人说，文化产品的生命在于营销。要了解市场，制定相应的营销策略，掌握营销技巧，以求获得最大的效益。

　　我们生活在全球化时代，而全球化时代是无限竞争的时代。韩国的资源匮乏，最宝贵的资源是人力资源。因此，我们应重视以人为本的文化产业。韩流是一个成功的典范，它扩大了韩国的影响力，更是创造了大量的经济价值。毫无疑问，这是一股文化"软力量"，是综合国力。韩流到底能走多远，就看我们是否能与时俱进，不断挑战，不断开拓韩流的新方向。

잘못된 어법이나 표현을 올바르게 고쳐보세요!

1. 演艺人　⇒

2. 年纪不少　⇒

3. 附价值　⇒

4. 改变制造环境　⇒

5. 韩国文化产业变得"荒漠"　⇒

외국인 관광객 유치

한국의 외국인 관광객 유치에 대한 본인의 견해를 중국어로 쓰시오.

 **배경 지식 알기**

□ **3차 산업 / 第三产业**

1·2차 산업에서 생산된 물건을 소비자에게 판매하거나 각종 서비스를 제공하는 산업을 말한다. 3차 산업은 사람들의 편리한 생활을 도와주는 활동으로, 상업·금융업·운수업·관광업 등과 같은 서비스업이 포함된다. 참고로 1차 산업은 농업·임업·수산업·목축업·수렵업, 2차 산업은 제조업·광업·건설업·전기수도가스업을 포함한다.

□ **유커 / 游客**

'유커'는 '여행객' 또는 '관광객'을 뜻하는 중국어 '游客'의 발음을 외래어 표기법에 따라 표기한 것이다. 간혹 '유커'를 '요우커'로 표기하는 경우도 있으나 우리나라의 외래어 표기법에 따라 표기하고자 할 때는 '요우커'가 아닌 '유커'로 표기하는 것이 맞다. '유커'는 한국 언론에서 '한국으로 여행 온 중국인 관광객'을 뜻하는 말로 쓰이곤 한다. 그러나 이는 적절치 않은 표현으로 국립국어원은 '유커' 대신 '중국 관광객' 또는 '중국인 관광객'으로 바꿔 쓰는 것을 권장하고 있다.

 **용어 익히기**

• 관광 리플릿 **导游手册** • 관광객 송출국 **旅游客源国** • 관광안내소 **旅游咨询网点** • 단체여행 **团体旅游/跟团游** • 무사증/무비자 **免签** • 수수료/커미션 **回扣** • 시티투어 **城市旅游** • 여행 패키지 **旅游套餐** • 연기 없는 산업 **无烟产业** • 외래관광객/외국인 관광객 **入境游客** • 유스호스텔 **青年旅馆/青年旅舍** • 자유여행 **自由行/自助游** • 자유여행자 **散客** • 패키지여행 **包办旅游/包价旅游** • 한옥 게스트하우스 **韩屋民宿** • 해외여행 **出境旅游**

 **개요 잡기** 

사회 현상에 대한 분석과 발전 방향 제시를 요구하는 유형의 작문이다. 다음의 내용이 들어갈 수 있도록 글을 구성하면 좋다. 1. 관광업의 중요성 2. 한국 관광업 현황 및 문제점 3. 외국인 관광객 유치를 위해 기울여야 할 노력 (정부, 업계, 개인)

관광객의 비매너(추태) 행위에 대한 견해 / 관광업의 중요성에 대한 견해 / 의료관광 활성화를 위한 견해
/ 해외여행을 선호하는 국내 관광객의 발길을 돌리기 위한 방안

如何吸引外国游客

　　随着交通工具的发达和经济水平的提高，越来越多的人选择出境旅游。对一个国家的经济来说，游客的旅游经费在其国家经济中具有非常重要的作用。因此，旅游业已成为不容忽视的国家支柱产业。笔者认为，韩国要持续发展旅游业，应要注意以下几个方面。

　　首先，韩国政府为了向游客提供语言方面的服务，要多培养旅游翻译。这一措施有助于游客了解韩国的文化。

　　其次，韩国企业和旅游公司应开发能够吸引游客的旅游新商品。笔者认为，只靠"南大门"、"东大门"等这些传统市场，不能获得全球游客们的心。因此，相关企业应努力开发既能够展示韩国文化，又能够给游客留下深刻印象的旅游商品。

　　最后，笔者认为，韩国国民也要具备"主人意识"，应向外国人表现出优秀的素质，让外国游客感到韩国人的人情味。

　　笔者认为，如果韩国政府、企业和国民能达成共识，并用行动来改变目前的情况的话，韩国的旅游业必将实现可持续发展。

- **出境旅游** 해외여행 • **经费** 경비/비용 • **不容忽视** 간과할 수 없다 • **支柱产业** 기간산업 • **素质** 소양/자질 • **人情味** 인정/인간미

코 멘 트

전반적인 구조는 잘 잡았으나 내용 보강이 필요하다. 특히 본론에서 한국 관광업이 개선할 점에 대해 좀 더 구체적인 내용을 제시했다면 좋았을 것이다. 모범 답안을 통해 어떻게 수정되었는지 살펴보도록 하자.

- **'越来越'** 뒤에는 형용사나 심리동사가 오며 동사는 올 수 없다.　예) 越来越多 (O) / 越来越增加 (X) / 日益增加 (O) / 越来越喜欢 (O)

- '관광업'은 '观光业'가 아닌 **'旅游业'**로 쓴다.

- **'培养～人才'**, **'养成～习惯'**, **'培育～树苗 / 培育～人才 / 培育～产业'**와 같이 동사의 의미는 비슷하지만 호응되는 단어가 다른 구문에 유의한다.

- **'吸引'**이 '유치하다'라는 뜻일 때는 '관광객', '인재', '투자'와 호응한다.　예) 吸引人才 / 吸引投资

- **'深刻'**는 '(인상이) 깊다/(느낌이) 매우 강렬하다'라는 뜻이다. **'严重**(심각하다)'과 혼동하지 않도록 유의한다.

如何吸引外国游客

随着交通工具的发达和经济水平的提高，越来越多的人选择出境旅游。对一个国家的经济来说，旅游业是第三产业的重要支柱，是经济发展的重要动力之一。旅游业的发展会带来可观的经济效益，而且必然会给旅游地带来社会文化、环境的影响。

韩国要持续发展旅游业，应注意以下几个方面。

首先，改善服务质量，加强管制力度。旅行社为争抢客源纷纷推出超低价旅游商品，但接团后则通过强制游客购物消费等手段来弥补团费损失，这引起了顾客的不满。不良现象不断增多，以致扰乱了韩国旅游市场。政府和民间部门要同心协力，将问题严重的旅行社果断剔除出局，洗刷贱卖旅游造成的"便宜韩国"的不良形象。

其次，开发旅游新商品。韩国旅游竞争力的重点在于购物，但为了拿回扣硬拉着游客去"南大门"、"东大门"等传统市场和免税店的购物旅游不是长远之计。文化体育观光部和旅行社要开发历史文化旅游资源和富有创意的旅游项目，来给游客留下深刻印象。

再来，谋求市场的多元化。韩国旅游业主要依靠中国和日本等特定国家，要尽快摆脱"游客一边倒现象"，将游客来源扩展到美国和东南亚等国家。

最后，让游客"宾至如归"。来到韩国的外国人都是客，身为主人要热情、微笑、周到，让游客感觉到自己受欢迎，让他们成为回头客。

希望政府和旅游业界承担起营销国家旅游品牌，推动经济、社会和可持续发展的重大职责，不断努力提质增效，创造旅游的黄金期，让韩国成为世界旅游强国。

• **可观** 상당하다 • **客源** 관광객 자원 • **接团** 모객 • **同心协力** 한마음으로 협력하다 • **贱卖** 헐값에 팔다 • **长远之计** 장기적인 계획 • **富有创意** 창의력이 풍부하다 • **旅游项目** 관광 프로그램 • **一边倒现象** 쏠림 현상 • **宾至如归** 손님이 자기 집처럼 편안함을 느끼다 • **周到** 세심하다 • **回头客** 단골손님 • **提质增效** 품질과 효율성을 높이다

• **推出～商品** ～상품을 내놓다
• **弥补～损失** ～손실을 메우다
• **引起～不满** ～불만을 야기하다
• **以致～** ～에 이르다
• **扰乱～市场** ～시장을 어지럽히다
• **将～剔除出局** ～을 퇴출하다
• **洗刷～不良形象** ～나쁜 이미지를 없애다
• **留下深刻印象** 깊은 인상을 남기다

잘못된 어법이나 표현을 올바르게 고쳐보세요!

1. 外国人游客　　⇒ ......

2. 注意以下几点方面　　⇒ ......

3. 消费增加翻一番　　⇒ ......

4. 从事青年旅馆的人　　⇒ ......

5. 随着经济水平的增加　　⇒ ......

6. 三次产业　　⇒ ......

문화유산 보호

한국 문화유산 보호에 대한 본인의 견해를 중국어로 쓰시오.

 **배경 지식 알기**

☐ **유네스코(UNESCO) / 联合国教科文组织**

교육·과학·문화의 보급 및 교류를 통한 국가 간 협력증진을 목적으로 설립된 국제연합(UN) 전문기구이다. 유네스코는 인류가 보존·보호해야 할 유산 중 세계 각국의 문화와 자연유산을 세계문화유산으로, 공동체와 집단의 지식·기술·공연예술·문화적 표현을 인류구전 및 무형문화유산으로, 중요한 기록물을 세계기록유산으로 각각 지정하여 보호하고 있다.

☐ **국보 1호와 보물 1호 / 一号国宝和一号宝物**

한국의 국보 1호는 남대문으로 잘 알려진 숭례문이고, 보물 1호는 동대문으로 잘 알려진 흥인지문이다. 국보는 법령에 의해 국가적인 보물로 지정된 최상급 유물이며, 보물은 유형문화재로 학술적·예술적 가치가 국보 다음으로 높은 문화재이다. 보물로 지정된 수가 국보보다 많으며, 지정번호는 가치의 높낮이를 표시한 것이 아니고 지정된 순서에 따라 붙여진 것이다.

 **용어 익히기**

· 강강수월래 **强羌水越来/羌羌水越来** · 강릉단오제 **江陵端午祭** · 남한산성 **南汉山城** · 문화재청 **韩国文化财厅** · 불국사 **佛国寺** · 석굴암 **石窟庵** · 세계기록유산 **世界记忆遗产** · 세계문화유산 **世界文化遗产** · 수원화성 **水源华城** · 숭례문 **崇礼门** · 아리랑 **《阿里郎》** · 인류구전 및 무형문화유산 **人类口头和非物质遗产** · 종묘 **宗庙** · 창덕궁 **昌德宫** · 판소리 **板索里/韩国清唱** · 팔만대장경 **《八万大藏经》** · 해인사 장경판전 **海印寺藏经板殿** · 훈민정음 **《训民正音》** · 흥인지문 **兴仁之门**

 **개요 잡기** 

 **선생님의 팁!**

사회적 과제에 대한 분석과 해결책 제시를 요구하는 유형의 문제이다. 다음의 내용이 들어갈 수 있도록 글을 구성하면 좋다. 1. 한국 문화유산 보호의 현주소 2. 한국 문화유산 보호의 필요성 3. 문화유산 보호에 대한 대책

71

保护韩国文化遗产的现状

　　作为过去汉阳的关口、现在首尔的象征，在首都中心身经百战的韩国国宝一号——崇礼门就在一夜之间化为灰烬。在面目全非的崇礼门面前，韩国国民目瞪口呆。而且又不是因为战争或自然灾害，而是由于一个70岁老人的报复，"610年的历史"就变成了一片废墟。因此，韩国民众的心情更不可言状。但现在我们不应只哀悼它，尽快行动起来采取措施，要改善从此暴露出来的韩国社会体制上的问题。

　　首先，从短期来看，最迫在眉睫的是文化遗产防灾体制的更新。虽然几年前发生过类似事件，但有关当局连"亡羊补牢"也没有切实做到。一是文化遗产厅要多安排预算，构建防灾体制。以邻国日本为例，上世纪50年代发生一起文化遗产火灾事件后，就构建了完善的防灾体制，而且将事件发生之日制定为"国家防灾日"，到目前为止每年到了1月26日全体国民都参加相关活动。二是防患于未然，消防部门平时应要学习文化遗产的建筑特征。

　　另外，从长期来讲，要提高国民的文化素质。由于国宝一号的烧毁，全体国民都感到悲痛。其实发生该事件之前，谁也没有真正意识到文化遗产的重要性。由于有了崇礼门的"杀身成仁"，我们能够切实感受到它的重要性，因此应该把它的牺牲铭记在心。

　　听说，有人主张尽快复原崇礼门，而且有关当局也主张在2、3年之内能够"修复"。但我们可能忽略了一点——要"修复"的不是一座建筑物，而是整个韩国社会爱护文化遗产之心。

단어

- **汉阳** 한양(조선왕조 도읍지)
- **身经百战** 많은 전투를 겪다
- **化为灰烬** 잿더미가 되다 **·面目全非** 원래 모습을 찾아볼 수 없다 **·目瞪口呆** 아연실색하다
- **不可言状** 형언할 수 없다
- **迫在眉睫** 발등에 불이 떨어지다 **·防灾体制** 방재 체제 **·亡羊补牢** 문제 발생 후 보완을 통해 유사 상황의 재발을 막다 **·防患于未然** 미연에 방지하다 **·杀身成仁** 살신성인 **·铭记在心** 가슴에 새기다

코멘트

전반적인 구조와 내용 구성은 괜찮은 편이다. 아쉬운 점은 한국어의 간섭을 받은 중국어 표현이 곳곳에 보인다. 그리고 두 번째 단락 중 '二是' 부분의 논리 전개가 매끄럽지 못하다. 모범 답안을 통해 어떻게 수정되었는지 살펴보도록 하자.

- **顿号**(모점)는 단어와 단어 혹은 구(小句)와 구의 병렬 관계를 나타낼 때 쓴다.
- **破折号**(줄표)는 바로 앞에서 언급한 내용을 부연 설명하거나 보충할 때 쓴다.
- **双引号**(큰따옴표)는 직접 대화·남의 말(속담·소리) 인용·강조·비유·고유명사·외래어에 쓴다.
- **'亡羊补牢**(시간이 늦지 않음)'는 한국 속담 '소 잃고 외양간 고치다(시간이 늦음)'와 의미가 다름에 유의한다.

保护韩国文化遗产的现状

汉城古城的南门、首尔的象征、国一号国宝——崇礼门一夜之间化为灰烬。这一场火灾震惊全国，很多平民百姓对崇礼门被焚毁感到痛心。荒谬绝伦的是火灾起因竟是一位老翁出于对政府的忿怨而纵火烧毁崇礼门予以报复。这一场火灾再次敲响了警钟，暴露出了政府对文化遗产保护意识不足的问题。文化遗产保护任重道远，要以此为契机，检点相关的制度。

从短期来看，当务之急是认真地检查文化遗产的安全措施，构建科学有效的文化遗产保护体系，同时加大保护力度。这几年多次发生类似事件，但有关当局"吃亏不长智"，"亡羊不补牢"，暴露出了管理和制度上的重大缺陷。因此，文化财厅要构建防灾体系，增加资金投入，以消除各种安全隐患。再者，发生火灾后，文化财厅被批评管理崇礼门不力。消防部门则对火势出现错误判断及未能采取迅速有效措施将火势控制住，被指责只会消极地灭火。相关部门要提高素质能力和依法管理水平，尽职尽责，不得推卸责任。

从长远来看，要提高全社会对文化遗产保护的意识。在此次事件上，很多人都是事后诸葛亮。保护文化遗产"功在当代、利在千秋"，要居安思危，提倡文化遗产保护的重要性，做好防范措施。崇礼门纵火事件是一次惨痛的教训，以后绝不能犯同样的错误。

据悉，有人主张进行全面复原工作，有关当局则声称在两三年之内能够"修复如初"。但我们是否忘记了一点，需要修复的不只是一座建筑物，更重要的是"修复"文化遗产的保护意识。

- **荒谬绝伦** 황당무계하다 • **忿怨** 분노와 원망 • **纵火** 방화하다
- **任重道远** 책임이 무겁다 • **当务之急** 급선무 • **吃亏长智** 아픈 만큼 성숙해지다 • **尽职尽责** 직무와 책임을 다하다 • **事后诸葛亮** 뒷북치다 • **功在当代、利在千秋** 현세대가 공을 들이면 후대가 그 혜택을 누린다 • **居安思危** 언제든지 위험에 대처하도록 준비하다 • **修复如初** 원래대로 복원하다

- **震惊~** ~깜짝 놀라게 하다
- **出于~** ~비롯되다
- **予以报复** 보복하다
- **以此为契机** 이를 계기로
- **加大~力度** ~역량을 강화하다
- **A，以B** B하도록 A하다
- **推卸~责任** ~책임을 떠넘기다

잘못된 어법이나 표현을 올바르게 고쳐보세요!

1. 进行大刀阔斧地改革 ⇒ ....

2. 受到薪水 ⇒ ....

3. 达成目的 ⇒ ....

4. 树立体系 ⇒ ....

5. 大大提高口语水平 ⇒ ....

6. 爱惜文化遗产 ⇒ ....

unit 17 난이도 ★★☆☆☆

N포세대

N포세대가 생겨난 배경과 문제해결에 대한 본인의 견해를 중국어로 쓰시오.

step 1 배경 지식 알기

□ **N세대 / N世代**

1977년부터 1997년 사이에 태어난 세대로 디지털 기술과 함께 성장해서 디지털 기기를 능숙하게 다룰 줄 아는 디지털 문명 세대를 말하며 N은 'Net'의 줄임말이다.

□ **N포세대 / N抛族**

2015년 취업시장 신조어로 어려운 사회적 상황으로 인해 취업이나 결혼 등 여러 가지를 포기해야 하는 세대를 일컫는 말이다. 기존 3포세대(연애, 결혼, 출산 포기), 5포세대(3포세대＋내 집 마련, 인간관계 포기), 7포세대(5포세대＋꿈, 희망 포기)에서 더 나아가 포기해야 할 특정 숫자가 정해지지 않고 여러 가지를 포기해야 하는 세대라는 뜻에서 나온 말이다.

□ **수저계급론 / 勺子阶级论(汤匙阶级论)**

개인의 노력보다는 부모로부터 물려받은 부에 따라 인간의 계급이 나뉜다는 자조적인 표현의 신조어다. 이 계급은 금수저와 흙수저로 나뉘는데, 금수저는 좋은 가정 환경과 조건을 가지고 태어났다는 뜻이다. 흙수저란 부모의 능력이나 형편이 넉넉지 못해 경제적 도움을 전혀 받지 못하는 사람을 뜻하는 것으로 금수저와 상반된 개념이다.

step 2 용어 익히기

- 공시족 公考族/考碗族　· 금수저 金勺/金汤匙　· 기성세대 年长一代　· 니트족(NEET) 尼特族
- 단카이세대 团块世代　· 베이비붐 세대 婴儿潮一代　· 신세대 新生代　· 에코부머 回生潮一代
- 캥거루족 啃老族　· 흙수저 土勺/泥汤匙

step 3 개요 잡기

사회적 현상에 대한 분석과 문제 해결책 제시를 요구하는 유형의 문제이다. 다음의 내용이 들어갈 수 있도록 글을 구성하면 좋다. 1. N포세대의 정의와 등장 배경 2. 국가에서 청년의 중요성 3. N포세대 증가가 가져오는 사회적 문제 4. N포세대 문제 해결책

플러스 주제

수저계급론에 대한 견해 / 캥거루족 증가로 인한 사회적 문제 및 해결책 / 사회 양극화 현상에 대한 견해
/ 청년 빈곤 문제에 대한 견해

N抛族

　　青年失业问题是世界各国都面临的棘手问题。世界经济复苏乏力，各国经济都萎靡不振，使得青年失业率居高不下，这种恶性循环早已成为了社会的顽疾。韩国也不例外，除了全球普遍存在的"尼特族"、"啃老族"以外，韩国还有"N抛族"这一新词。

　　所谓的"N抛族"是指，年轻人因找不到工作而不得不放弃恋爱、结婚、生育、人际关系，以及对未来的希望等最基本生活需求的现象。仅看这个词的意思，我们就都可以知道当今社会的年轻人正在承受着多大的压力。问题是这种青年群体的压力不仅仅是青年的问题，也是一种"社会性灾难"。这是因为青年是国家社会与经济发展的中流砥柱，他们失去生活动力就意味着整个国家社会与经济发展暗淡无光。因此，我们迫切需要解决这一"N抛族"问题。

　　不幸的是，虽然全球很多社会经济专家正在千方百计地寻找解决方案，但其效果依然不尽如人意，反而新的问题却接连不断地出现，使解决问题的难度越来越大。然而，笔者还是认为，经济情况好转是克服危机的第一个前提。其实我们都知道搞活经济说起来容易做起来难，很难期待短期见效。不过只要政府和企业去作实质性的努力，哪怕效果微不足道，也可以让年轻人看到一丝希望的曙光。这样的话，可以让他们对未来抱有信心，觉得"我们现在所付出的努力将在不久的将来会有用的"，以此来不再让他们在人生的低谷之中感到挫败感。

　　总之，笔者认为解决"N抛族"问题的起点，是让年轻人找回希望，重新站起来，作为社会一分子扮演好自己的角色。

단어

- **乏力** 힘이 없다 · **萎靡不振** 부진하다 · **居高不下** 고공행진 · **恶性循环** 악순환 · **顽疾** 고질병 · **中流砥柱** 버팀목 · **暗淡无光** 암울하다 · **千方百计** 갖은 방법을 다 쓰다 · **接连不断** 끊임없다 · **见效** 효과가 나타나다 · **微不足道** 하찮아서 말할 가치도 없다 · **挫败感** 좌절감

코멘트

전반적으로 글의 구성과 짜임새가 좋으나 적극적인 해결책을 제시하지 못했다는 아쉬움이 남는다. 모범 작문을 통해 어떻게 수정되었는지 살펴보도록 하자.

- '**恶性循环**'(악순환)의 반대말로 '**良性循环**'(선순환)이 있다.
- '**以及**' 앞에는 문장부호 顿号(모점)가 아닌 **逗号**(쉼표)를 쓴다.
- '**不仅仅是A，也是B**'는 'A일 뿐만 아니라 B이기도 하다'라는 뜻으로 후속절이 좀 더 강조된다.
- '**搞活经济**'는 '경제 살리기/경기진작/경기부양'이라는 뜻으로 '**提振经济 / 重振经济**'로도 쓸 수 있다.

모범 작문

N抛族

　　近来出现了一新词叫"N抛族"。所谓的"N抛族"是指因生活艰辛放弃恋爱、放弃结婚、放弃生育、放弃交友、放弃对未来的希望、放弃一切的族群。"N抛族"这一词如实反映出当今社会的年轻人承受的压力。

　　考名牌大学、就业、结婚、贷款买房、养育儿女，这是上世纪70年代以来大部分人的人生规划。但是2000年以后，优质工作岗位被短期临时工替代的现象越来越严重，一路飙升的房价使得年轻人感到成立一个家庭变得日益困难，年轻人发现通过自身努力改变命运的可能性越来越小，于是人生规划戛然而止。

　　青年是国家的栋梁，他们的前途就是国家的前途，他们的迷惘就是国家的迷惘，他们的绝望就是国家的绝望。不幸的是，政府这些年来千方百计地寻找解决方案，拿出了大大小小的奖励政策与补贴，但不仅无济于事，反而越演越烈，三抛族变为五抛族，五抛族变为了N抛族。

　　毋庸置疑，克服当前这一困局的首要前提是搞活经济，但搞活经济谈何容易。目前重要的是，政府和企业不能再出台华而不实的政策了，要作出实实在在的努力，出台"看得到，摸得到"的惠民政策，让年轻人对明日抱有一丝希望。

　　人是靠希望而活的，在有发展与进步的大环境下，相信"现在付出的努力不是白费的"，就可以丢弃挫败感，重新站起来，力争上游。衷心期望政府与年轻人共同努力，共渡难关，共享美好的明日。

단어

- **优质工作岗位** 양질의 일자리
- **戛然而止** 뚝 멈추다 • **栋梁** 대들보 • **迷惘** 갈팡질팡하다 • **奖励政策** 장려책/인센티브 정책
- **无济于事** 아무런 도움이 못 되다 • **越演越烈** 점점 더 심해지다
- **三抛族** 3포세대 • **五抛族** 5포세대 • **毋庸置疑** 의심할 바 없다 • **谈何容易** 말처럼 쉽지 않다
- **实实在在** 실속있다 • **惠民政策** 国民을 위한 정책 • **力争上游** 앞서가기 위해 노력하다 • **衷心** 진심으로

핵심구문

- **承受～压力** ～스트레스를 감당하다
- **被～替代** ～로 대체되다
- **寻找～方案** ～방안을 모색하다
- **不仅A，反而B** A하기보다 오히려 B하다
- **抱有一丝希望** 일말의 희망을 품다
- **共渡难关** 어려움을 함께 극복하다

실력 다지기

잘못된 어법이나 표현을 올바르게 고쳐보세요!

1. 进去大学　⇒　..
2. N抛世代　⇒　..
3. 改善社会气氛　⇒　..
4. 维护生计　⇒　..
5. 推给个人身上　⇒　........................　6. 竞争剧烈　⇒　........................

경쟁만능사회

경쟁만능주의에 빠진 한국 교육에 대한 본인의 견해를 중국어로 쓰시오.

 **배경 지식 알기**

□ **전인교육 / 全人教育(素质教育)**

지덕체(智德體)의 조화로운 발달을 추구하는 완전한 인간을 양성하기 위한 교육을 말한다. 학문적인 지식, 도덕적인 품성, 신체적인 건강을 모두 갖춘 교양인을 이상적인 인간상으로 보는 교육 방법이다.

□ **배금주의 / 拜金主义**

황금만능주의 또는 물질만능주의라고도 한다. 돈을 삶의 가장 중요한 가치로 여겨 모든 것을 돈과 연관시켜 생각하고, 돈이면 무엇이든 할 수 있다는 돈 제일주의를 일컫는다. 인생의 목적 역시 돈을 모으는 데 두기 때문에 심할 경우에는 돈을 신격화(神格化)하는 현상이 빚어지기도 한다.

 **용어 익히기**

• 공교육 **公共教育** • 과도한 경쟁 **恶性竞争** • 굼뜨면 죽는다 **慢者死/快胜慢汰** • 기러기 아빠 **大雁爸爸** • 대입/수능 **高考** • 독수리 아빠 **雄鹰爸爸** • 명문대 콤플렉스 **名校情结** • 물질만능주의 **物质至上主义** • 사교육비 **课外补习费/课外辅导费** • 선의의 경쟁 **良性竞争** • 선행학습 **超前教育** • 성적 지상주의 **分数至上** • 양심교육 **诚信教育** • 인성부족/인성결핍 **人性缺失** • 입시교육 **应试教育** • 주입식 교육 **填鸭式教育** • 정신교육 **思想教育** • 창의적 인재 **创造性人才** • 펭귄 아빠 **企鹅爸爸** • 편입 **插班** • 학군 **学区**

 **개요 잡기** 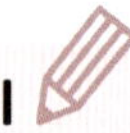

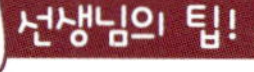 **선생님의 팁!**

사회적 과제에 분석과 해결책 제시를 요구하는 유형의 문제이다. 다음의 내용이 들어갈 수 있도록 글을 구성하면 좋다. 1. 한국 교육의 현주소 2. 한국 교육이 경쟁만능주의에 빠진 이유 3. 한국 교육의 개혁방안 및 나아갈 방향

플러스 주제

더불어 사는 사회에 대한 견해 / 성적 지상주의에 대한 견해 / 오디션 프로그램 열풍에 대한 견해

谈教育

　　一位中国朋友曾经问过，"韩国教育有哪些弊端?"我立即想到的是"填鸭式教育"、"应试教育"、"一考定终身"等词汇，但我经过一番认真的思考后，得出的结论是：煽动学生之间展开激烈竞争的教育模式。这样的模式只能让学生受伤，学生们在学习的过程中难以学到比知识更重要的团结精神、互补、互助等许多精神。这不仅是一个人的悲哀，也是国家的悲剧。

　　我们应认识到竞争教育所带来的弊端，努力转变教育模式。

　　首先，要改变我们的认识。学校不是培养学习机器的场所，更不是上名牌大学的工具。中小学校应该把教育重点放在培养孩子心理素质上，而不是热衷于把学生送到"名校"。家长也应该从长远的角度出发教育孩子。我们已经目睹过许多成绩好的学生步入社会后却变成"低能儿"。

　　其次，教育发达的国家的经验值得借鉴。丹麦等一些国家不太注重孩子学习的知识多不多，最看中的则是孩子的创新能力、团结精神、是否关怀别人。他们认为只有心理素质健全的孩子，才能步入社会后获得成功，为社会作出贡献。

　　我们不要忘记过度竞争只会伤害孩子的心，让社会变得更加冷酷。

코멘트

전반적인 구조는 잘 잡았으나 결론의 문장이 너무 짧아 아쉽다. 앞서 '양적완화 정책'에서 언급했듯이 작문은 서론과 결론의 임팩트가 중요하며, 문장의 완성도를 고려하여 문장 길이를 조절해야 한다. 따라서 결론의 내용 보강이 필요하다. 모범 답안을 통해 어떻게 수정되었는지 살펴보도록 하자.

단어

· 煽动 부추기다 · 中小学校 초중고(교) · 目睹 목격하다 · 看中 눈에 들다 · 关怀 관심을 가지고 보살피다 · 健全 건강하고 온전하다/완전하게 하다

· '立即'는 '立刻 / 马上 / 即刻' 등으로도 쓸 수 있다.

· '更不是~'는 '～더욱이 아니다'라는 뜻으로 후속절을 강조한다.

· '教育'는 명사로도 쓰고 동사로도 쓴다.

· '步入社会'는 '进入社会 / 踏入社会 / 跨入社会'로도 쓸 수 있다.

· '经验'은 주로 좋은 경험에, '经历'는 좋은 경험과 나쁜 경험에 모두 쓴다.　　예) 上述国家的成功经验值得我们参考 / 经历过风浪

· '作出(추상적 사물)'와 '做出(구체적 사물)'를 혼동하지 않도록 유의한다.　　예) 作出努力 / 作出贡献 / 做出成绩 / 做出回答

谈教育

　　"十年树木，百年树人。国之大计，教育为本。"但是谈起韩国教育，很多人都会联想到"填鸭式教育"、"应试教育"、"一考定终身"。其实，在这些表象背后，都是竞争型教育在作祟。竞争型教育堂而皇之地将孩子们压入社会底层。让他们自我否定，让他们自卑，让他们学会仰视。这不仅是个人的悲哀，也是国家的悲剧。

　　我们应认真反思竞争型教育的弊端，进行大刀阔斧的改革。

　　首先，"授之以鱼，不如授之以渔"。学生不是考试机器，学校也不是上名牌大学的跳板。学校不能为了眼前的成绩拔苗助长，我们已经目睹了太多的"小时了了，大未必佳"。孩子们在学校里学习的不应该是"踩着别人的头顶往上爬"，而是终身受用的经验。学校要培养孩子们的自主学习、创新能力、团结精神，来让他们学会生活，学会求知，学会做人。

　　其次，学习发达国家的教育模式，取长补短。一些发达国家的教育"以人为本"，重视全人发展，让孩子在快乐的氛围中学习与成长。孩子们不应在竞争的压力下痛苦学习，"敬学校而远之"。学习是在参与、体验、探索的过程中得到的知识与合群的综合经验，要让学生们快乐学习，德、智、体、群、艺同步发展，离开学校步入社会后作出贡献。

　　教育的目标是为国家培养优秀合格的公民，为民族培养创造性人才，为个体未来的幸福做铺垫。让孩子们将在学校里得到的学习经验和美好回忆带到社会、带给国家，使人生美满，使社会温暖，使国家充满希望。

• **十年树木，百年树人** 나무를 기르는 데 십 년이 걸리고, 인재를 육성하는 데 백 년이 걸린다 • **国之大计，教育为本** 국가 대계(大计)의 근간은 교육이다 • **作祟** 농간을 부리다 • **堂而皇之** 당당하다 • **仰视** 올려다보다 • **大刀阔斧** 과감하다 • **授之以鱼，不如授之以渔** 고기를 잡아주는 것보다 잡는 법을 가르치는 것이 낫다 • **跳板** 발판 • **拔苗助长** 급히 서둘러 일을 그르치다 • **小时了了，大未必佳** 어릴 때 똑똑하다고 커서 꼭 훌륭하게 되는 것은 아니다 • **受用** 쓸 만하다 • **做人** 처신하다 • **取长补短** 장점을 취하고 단점을 보완한다 • **合群** 사람들과 잘 어울리다/떼를 짓다

• **在~背后** ~이면에
• **将A压入B** A를 B쪽으로 눌러 넣다
• **同步发展** 동시에 발전하다
• **培养~人才** ~인재를 육성하다
• **做铺垫** 토대를 마련하다
• **作出贡献** 기여하다

잘못된 어법이나 표현을 올바르게 고쳐보세요!

1. 养成人才　　　　➡
2. 社会低层　　　　➡
3. 激烈地展开竞争　➡
4. 转换认识　　　　➡
5. 做出贡献　　　　➡

고령화 사회

고령화 사회 대비에 대한 견해를 중국어로 쓰시오.

 **step 1 배경 지식 알기**

▫ **고령화 사회 / 老龄化社会**

65세 이상 인구가 전체 인구에서 차지하는 비율이 7% 이상을 고령화 사회 (Ageing Society), 14% 이상을 고령사회(Aged Society), 20% 이상을 후기고령사회 혹은 초고령사회(Post-aged Society)라고 한다.

▫ **실버산업 / 银发产业(银色产业)**

노년층을 대상으로 한 상품과 서비스를 제조 혹은 판매하거나 제공하는 것을 목적으로 하는 산업을 일컫는다.

▫ **우피족&푸피족 / 富有的老年人和贫困的老年人**

우피족(Woopie: Well-off older people)은 경제적으로 여유를 즐기며 사는 풍요로운 노인을 말하며 푸피족(Poopie: Poorly-off older people)은 생활 형편이 어려운 노인을 일컫는다.

 **step 2 용어 익히기**

• 고령사회 **深度老龄化社会** • 고령자 **高龄人群** • 고연령화 **高龄化** • 독거노인 **独居老人**
• 빈둥지 가구 **空巢家庭** • 명예퇴직 **提前退休** • 실버타운 **银发住宅** • 연금 **养老金** • 정년퇴직
法定退休 • 초고령사회 **超老龄化社会/超级老龄化社会** • 희망퇴직 **自愿退休**

 **step 3 개요 잡기** 

 선생님의 팁!

사회적 현상에 대한 분석과 문제 해결책 제시를 원하는 작문 유형이다. 다음의 내용이 들어갈 수 있도록 글을 구성하면 좋다. 1. 고령화 진행 상황 2. 고령화가 가져오는 문제점 3. 고령인구의 가치와 활용 4. 고령화 사회 대비책

플러스 주제

노인 빈곤 문제에 대한 견해 / 정년 연장에 대한 견해 / 부모 봉양을 법으로 명시한 중국의 '노인권익 보장법'에 대한 견해

老龄化社会

　　老龄化是现在韩国社会所面临的一大挑战。据悉，韩国将于2025年步入超老龄化社会，届时老龄人口将占总人口的20%。韩国的老龄化速度已经超越了主要发达国家。

　　韩国社会对老龄化的担忧之声日益高涨是因为它会改变劳动人口结构和人口赡养比。越来越多的老年人口不仅会增加家庭的负担，还会增加社会的负担。社会的公共服务、保险等各部门将面临巨大压力。不仅如此，过多的老年人口或将成为阻碍国家经济发展的绊脚石。为了应对老龄化问题，我们要采取如下三方面的措施。

　　首先，韩国应提高老龄标准。目前韩国的老龄标准为65岁，如果将其提高至70岁，可缩小享受优惠及福利的年龄范围，从而减轻公共交通、医疗、保险等社会各部门的压力。

　　其次，韩国应延迟退休年龄。如今，老龄化带来的另一个问题是老人贫困率的上升。在"百岁时代"，延迟退休年龄是不可避免的选择。它会减少呆在家里无所事事的老年人口，可以减轻家庭负担，也给老年人注入新的活力。

　　再次，韩国应加强社会福利安全网，政府不能把所有的负担转嫁给家庭来承担。例如，政府可以给老年痴呆症患者及其家庭提供津贴或医疗服务；加强对空巢老人的管理和服务等。

　　韩国的快速老龄化进程已经不可阻挡。为了将其带来的副作用最小化，韩国政府应尽快分析现状，预测未来，并采取"先发制人"的应对方案。

코멘트

문장의 구성이나 내용이 알찬 글이다. 특히 어휘 조합(搭配)이 다양하고 적재적소에 잘 활용해서 썼다. 모범 답안을 통해 어떻게 가다듬어졌고 결론 부분이 어떻게 보완되었는지 살펴보도록 하자.

단어

- **届时** 그때가 되면 · **人口抚养比** 인구부양비 · **退休年龄** 퇴직연령 · **老年痴呆症** 노인성 치매 · **津贴** 보조금 · **先发制人** 먼저 선수를 쳐서 주도권을 잡다

핵심구문

- **面临~挑战** ~도전에 직면하다
- **~之声高涨** ~의 목소리가 높아지다
- **应对~问题** ~문제에 대응하다
- **提高~标准** ~기준을 높이다
- **缩小~范围** ~범위를 축소하다
- **减轻~压力** ~부담을 경감하다
- **延迟~年龄** ~연령을 늦추다
- **减轻~负担** ~부담을 줄이다
- **提供~服务** ~서비스를 제공하다

- '**届时**'가 미래시제이기 때문에 조동사 '**将**'을 누락하지 않도록 유의한다.
- '**把~转嫁给**'에서 '**给**'를 누락하지 않도록 유의한다.
- '**把**'자문에서는 '**把(将)**'의 빈어 뒤에 '**最小化**'처럼 '**~化**'를 사용할 수 있다.

老龄化社会

　　根据联合国定义，当一个国家或地区60岁及以上人口占总人口的比重超过10%，或65岁及以上人口占总人口的比重超过7%时，通常认为这个国家进入了老龄化。韩国的老龄化速度已超越主要发达国家，据预测，到2025年将步入超老龄化社会，届时老龄人口将占总人口的20%。老龄化是韩国面临的"前所未有"的挑战。

　　人口老龄化使劳动年龄人口比重下降,对老人赡养比上升。这不但会加重家庭养老和社会保障负担，还会增加政府用于养老的财政支出。由此看来，人们对老龄化的担忧之声日益高涨是理所当然的。为了应对老龄化问题，我们应该采取如下三方面的措施。

　　首先，提高老龄标准。目前韩国的老龄标准为65岁，如果将其提高至70岁，就可以缩小享受优惠及福利的年龄范围，从而减轻公共交通、医疗、保险等社会各部门的压力。

　　其次，延迟退休年龄。老龄化带来的另一个问题是老人贫困率的上升。在"百岁时代"，延迟退休年龄是不可避免的选择。这将减少在家里无所事事的老年人口，不仅可以减轻家庭养老负担，也可以给老年人注入新的活力。

　　最后，加强社会福利安全网。政府不能将所有的负担交给家庭来承担，要增设养老机构、加强对空巢老人的管理和服务，提供补贴和医疗服务。

　　在旧时代，由于普遍寿命不长，让子女们感叹"树欲静而风不止，子欲养而亲不待"。时至今日，社会已经进入了"子欲尽孝，父母健在"的时代了。我们要贯彻"老吾老以及人之老"的崇高精神，让老年人都享受到晚霞般绚烂的时光。别忘了，他们的今天，就是我们的明天。

- **前所未有** 역사상 유례가 없다
- **赡养比** 노인부양비 • **养老机构** 양로시설 • **树欲静而风不止，子欲养而亲不待** 나무는 고요하게 있고자 하나 바람이 그치지 않고, 자식은 어버이를 봉양하고자 하나 어버이가 기다려 주지 않는다 • **时至今日** 오늘에 이르러 • **子欲尽孝，父母健在** 자식이 효도하고자 할 때 부모가 모두 살아 계시다 • **贯彻** 관철시키다
- **老吾老以及人之老** 우리 집 노인과 남의 집 노인을 모두 공경하다 • **崇高精神** 숭고한 정신 • **晚霞** 노을

핵심구문

- **加重～负担** ～부담을 가중시키다
- **加强～安全网** ～안전망을 강화하다
- **增设～机构** ～기관을 증설하다
- **加强～服务** ～서비스를 강화하다
- **贯彻～精神** ～정신을 관철시키다
- **享受～时光** ～시간을 누리다

잘못된 어법이나 표현을 올바르게 고쳐보세요!

1. 扶养老人　　　⇒ ....
2. 提高体力　　　⇒ ....
3. 全人口数　　　⇒ ....
4. 老人有丰富多彩的经验　⇒ ....

남녀평등

한국 사회의 남녀평등에 대한 본인의 견해를 중국어로 쓰시오.

배경 지식 알기

□ **남녀평등지수 / 性别发展指数**

남녀평등지수는 유엔개발계획(UNDP)이 발표하는 5개 지수 중 하나로 삶의 질을 나타내는 척도이다. 남녀평등 정도를 측정하기 위해 1995년에 개발했다.

□ **유리천장 / 玻璃天花板**

유리천장이란 여성들의 고위직 진출을 가로막는 보이지 않는 장벽을 뜻한다. 개방 사회인 미국에서 힐러리의 대선 패배에 대해 유리천장을 부수는데 결국 실패했다는 기사를 종종 볼 수 있다. 매년 3월 8일 세계여성의 날이 다가오면 영국 경제지 이코노미스트가 경제협력개발기구(OECD) 회원국의 '유리천장 지수'를 발표한다.

□ **페미니즘 / 女权主义**

여성주의를 기반으로 성 평등 사회를 실현하기 위해 벌이는 사회적·정치적 운동과 이론을 일컫는다.

용어 익히기

· 가부장제 **家长制/父权制** · 가사분담 **分担家务** · 경제협력개발기구(OECD) **经济合作与发展组织/经合组织** · 남아선호 **重男轻女** · 남존여비 **男尊女卑** · 성비불균형 **性别失衡** · 성차별 **性别歧视** · 양성평등 **两性平等** · 여성운동 **妇女运动** · 페미니스트 **女权主义者** · 호주제 **户主制度**

개요 잡기

사회적 현상에 대한 분석과 문제 해결책 제시를 요구하는 유형의 문제이다. 다음의 내용이 들어갈 수 있도록 글을 구성하면 좋다. 1. 한국의 남녀평등 현황 2. 남녀불평등이 존재하는 원인 3. 남녀평등 실현을 위한 해결책

플러스 주제

군 가산점제도에 대한 견해 / 여성의 군복무에 대한 견해 / 여성고용할당제에 대한 견해

男女平等

　　最近，韩国首位女总统朴槿惠被罢免。当朴槿惠当选总统时，很多国民都举双手欢迎，认为这是韩国实现男女平等的象征。但是，朴槿惠陷入"亲信干政"丑闻以后，国会居然展示了朴总统的裸照。虽然朴槿惠没有尽职尽责，让"亲信"干预国家事务，但这并不等于我们可以在公开场所公然地展示女总统的裸照。这是严重歧视女性的行为。那么，为实现男女平等，我们社会应该作出哪些努力呢？

　　首先，应该给女性提供更多的工作岗位。现在，韩国正在实施女性工作分配制度。但是，仍有相当多的企业不遵守这一规定，偏好雇佣男性职员。司法部门更是如此。司法部门堪称是社会权力集中的领域，因此，如果在司法部门男性过多的话，就很难保障女性的权利。

　　其次，为实现男女平等最重要的还是改变人们的意识。政府为了让更多女性积极参与社会活动，制定了很多法律法规，但韩国社会依然存在着明显的玻璃天花板。只有所有社会成员改变意识，积极落实男女平等，才能实现真正的男女平等。

　　我们社会的女性占总人口的一半。这意味着如果我们不保障女性的权利，那么多达韩国人口一半的人会受到歧视而被淘汰。因此，我们不能再对女性受到不公平待遇置之不理，袖手旁观。

　　总之，为了实现两性平等，政府、企业和家庭都需要齐心协力：政府要加强相关法律制度；企业不要把女员工当作消耗品；爸爸们要分担家务和育儿责任。

단어
- 罢免 파면하다
- "亲信干政" 국정농단/비선실세
- 女性工作分配制度 여성고용할당제
- 置之不理 내버려 두고 거들떠 보지 않다
- 袖手旁观 수수방관하다
- 齐心协力 합심하여 노력하다

- '罢免'은 자동사와 타동사로 모두 쓸 수 있다.　예) 被罢免 / 遭罢免 / 罢免总统
- '权利'와 '权力'를 혼동하지 않도록 유의한다.

男女平等

朴槿惠遭罢免，从韩国史上首位女总统沦落到众人唾弃。当朴槿惠当选总统时，支持朴槿惠的选民们高呼万岁，流下热泪，认为这标志着韩国即将成为男女平等的先进国家。但是，朴槿惠爆出"亲信干政"丑闻以后，在国会举办的展示会上竟然展出了名为"肮脏的睡眠"的一幅画，画中的人物是竟是裸体的朴槿惠。弹劾总统与展示裸照风马牛不相及，因此，这只能说是女性歧视，是对女性的歧视与暴力。

我们社会处处存在着女性歧视，为实现男女平等，要共同努力。

首先，为女性提供更多的工作岗位，实行同工同酬。韩国在实施女性工作分配制度，但未能落到实处，仍有很多企业不遵守这一规定，偏好雇佣男性员工，男女薪酬不同。这一制度的实行应从司法部门开始。司法部门是维护法律、确保法律正确执行和解决争议的权力集中部门。"司法部门的男性化"意味着女性权利根本无从谈起。

其次，关键在于改变思想。政府为了让女性积极参与社会活动，制定了很多法律法规，但我们社会依然存在着明显的玻璃天花板。改变社会应从改变思想做起，只有所有社会成员改变思想，积极落实男女平等，才能实现真正的男女平等。

"女人占半边天"，不保障女性权利，天下一半的人就受歧视、受虐待。诸多事实表明，男女平等在原则和现实之间还有一段距离。消除这个距离，不但需要女性自立自强，也需要更为切实的制度安排。愿政府、企业、女人和男人共同努力，愿女人的基本权利得到更为切实的保障。

- **众人唾弃** 뭇 사람의 미움을 받다 • **高呼万岁** 만세를 외치다
- **风马牛不相及** 서로 아무 상관이 없다 • **同工同酬** 동등한 임금 • **无从谈起** 말할 방도가 없다
- **女人占半边天** 여성이 세상의 절반을 차지한다 • **自立自强** 자립 자강하다

- **爆出~丑闻** ~스캔들이 터지다
- **举办~展示会** ~전시회를 열다
- **存在~歧视** ~차별이 존재하다
- **实现男女平等** 남녀평등을 실현하다
- **提供工作岗位** 일자리를 제공하다
- **实施~制度** ~제도를 시행하다
- **落到实处** 이행되다
- **遵守规定** 규정을 지키다
- **维护法律** 법률을 수호하다
- **改变思想** 생각을 바꾸다
- **参与社会活动** 사회활동을 하다
- **制定法规** 법규를 제정하다
- **受歧视** 차별 당하다
- **受虐待** 학대 당하다
- **得到~保障** ~보장을 받다

잘못된 어법이나 표현을 올바르게 고쳐보세요!

1. 比率多 ⇒ ....

2. 指数排在靠后 ⇒ ....

3. 国民享有平等权力 ⇒ ....

4. 树立政策 ⇒ ....

5. 建立良好的社会风气 ⇒ ....

노블레스 오블리주

노블레스 오블리주의 중요성에 대한 견해를 중국어로 쓰시오.

 **step 1 배경 지식 알기**

□ 갑질 / 耍威风(以强欺弱/以大欺小)

갑을관계의 '갑'에 어떤 행동을 뜻하는 접미사 '질'을 붙여 만든 말로, 권력의 우위에 있는 갑이 권리 관계에서 약자인 을에게 하는 부당 행위를 일컫는다.

□ 노블레스 오블리주 / 权责并重(贵人行为理应高尚)

노블레스 오블리주(Noblesse oblige)는 프랑스어로 '고귀한 신분(귀족)'이라는 노블레스와 '책임이 있다'는 오블리주가 합해진 것이다. 1808년 프랑스 정치가 가스통 피에르 마르크가 처음 사용한 것으로 '높은 사회적 신분에 상응하는 도덕적 의무'를 뜻한다.

 **step 2 용어 익히기**

- 도덕적 해이/모럴 해저드 道德风险/道德败坏 · 병역거부 拒服兵役 · 병역기피 逃避兵役
- 병역면제 免服兵役 · 사회환원 回报社会 · 상류층 上流阶层 · 솔선수범 以身作则/率先垂范
- 오너 일가 一把手一家人 · 원정출산 国外生育 · 위장결혼 假结婚 · 재벌2세 富二代 · 해외탈세 境外逃税

 **step 3 개요 잡기** 

사회 현상에 대한 분석과 실천방안 제시를 요구하는 유형의 문제이다. 다음의 내용이 들어갈 수 있도록 글을 구성하면 좋다. 1. 노블레스 오블리주의 정의 및 한국 사회의 노블레스 오블리주 실천 상황 2. 노블레스 오블리주의 중요성 3. 노블레스 오블리주 실천방안

플러스 주제

부자의 사회적 역할에 대한 견해 / 한국 사회의 갑질 문화에 대한 견해 / 한국의 기부문화에 대한 견해

权责并重

　　古今中外，一个社会的健康发展都取决于社会高层人士能否尽到其道德义务。最具代表性的例子就是古罗马帝国。古罗马帝国在长达千年的岁月中，能够维持繁荣的秘诀莫过于"贵族精神"。在韩国历史中也有与此相似的文化。那就是"士人文化"。过去韩国许多士人都以身作则、率先垂范，立言立行。

　　然而，如今韩国社会，该"士人文化"早已销声匿迹了。半个世纪以来，韩国成功实现了在全球前所未有的高速经济增长，整个国民都引以为豪。不过，令人慨叹不已的是，韩国国民的意识水平却跟不上经济发展的速度，更别提"贵族精神"了，社会上只充斥着利己主义和物质主义。最典型的例子就是社会高层人士的"耍威风"问题。不久前发生的一家企业董事长辱骂自己司机的事件实在令人愤慨不已。

　　不过正如"上梁不正下梁歪"的俗语那样，构筑道德社会的起点就在于社会高层人士恢复道德意识。只有社会高层人士率先帮助社会弱势群体并树立榜样时，方可形成社会的良性循环。而其先决条件是高层人士树立正确的价值观和培养良好的道德意识。不过人类的天性很自私，所以仅靠要求高层人士培养道德意识，难以实现这一目标。

　　因此，迫切需要建立有关具体的、行之有效的法律制度，以使高层人士能够坚守做人的底线。不仅如此，全社会也要进一步加强为提高道德素质的教育。而在此过程中，除了学校等有关教育机构以外，家庭的作用也是不言而喻的。

　　如果说古罗马帝国一千年的繁荣历史都得益于他们的"贵族精神"，那么罗马帝国的灭亡就可归咎于贵族们的道德沦落。由此可见，如果社会高层人士"道德崩溃"问题得不到改善的话，韩国社会的未来也会毫无希望可言。殷切希望社会高层人士痛定思痛，履行其责任。

단어

- **古今中外** 동서고금 • **高层人士** 고위층 인사 • **道德义务** 도적적 의무 • **古罗马帝国** 고대 로마제국 • **立言立行** 모범이 될 만한 말과 행동을 하다 • **销声匿迹** 사라지다 • **引以为豪** 자랑스러워하다 • **慨叹** 개탄하다 • **利己主义** 이기주의 • **愤慨** 분개하다 • **上梁不正下梁歪** 윗물이 맑아야 아랫물이 맑다 • **榜样** 모범 • **归咎于～** ～탓이다 • **道德沦落** 도덕적 타락 • **殷切** 간절하다 • **痛定思痛** 예전의 아픔을 되새겨보다

핵심구문

- **树立～价值观** ～가치관을 세우다
- **培养～意识** ～의식을 함양하다
- **建立～制度** ～제도를 마련하다
- **坚守～底线** ～마지노선을 지키다
- **加强～教育** ～교육을 강화하다

코멘트

전반적으로 글의 구성이 좋다. 단, '귀족정신'과 '선비정신'이 글에서 나오긴 했지만, 주제에 맞게 '노블레스 오블리주' 단어를 한 번쯤 언급하고 그 뜻을 짚어주었으면 더 좋았을 것 같다. 모범 작문을 통해 위의 글을 어떻게 가다듬었는지 살펴보도록 하자.

- '**A取决于B**'는 'A가 B에 의해 결정된다'는 뜻으로 A와 B의 위치가 바뀌지 않게 유의한다.
- '～는 더 말할 것도 없다'라는 뜻으로 '**更别提～**'라는 표현을 썼다.
- '**正如**'는 '**就像**'과 같은 말이다.
- '**方可**'는 '**才可以**'의 뜻이다.
- '**得益于～**'는 '～덕분이다'라는 뜻으로 도움이 된 주체를 '**得益于**' 뒤에 쓴다.
- '**毫无～可言**'는 '～이 없다고 말할 만 하다'라는 뜻으로 '～이 절대 없음'을 강조한 말로 용법에 유의한다.
- '**履行～责任**'은 '책임을 다하다'라는 뜻으로 '**尽～责任**'으로도 쓸 수 있다.

权责并重

　　古今中外，一个社会的健康发展取决于社会领导阶层能否尽到道德义务。古罗马帝国就是一个最具代表性的例子，古罗马帝国的千年繁荣与兴旺该归功于"权责并重"的精神。韩国也有与此媲美的"士人风骨"，韩国士人以身作则、率先垂范，以自己的言行发挥了领导作用。

　　半个世纪以来，韩国经济实现了举世罕见的高速增长，国人引以为豪。物质文明发达了，但"士人风骨"却荡然无存。社会领导阶层财大气粗、仗势欺人，社会上充斥着利己主义和物质主义。

　　正所谓"上有所率，下有所进；上有所行，下有所仿"。构筑道德社会的起点在于社会领导阶层的道德意识和身体力行，唯有社会领导阶层扶贫助弱，奉献自己，方可形成社会道德的良性循环。

　　"己欲立而立人，己欲达而达人"。社会领导阶层要树立正确的价值观和培养良好的道德意识，为人楷模，领导社会。不过自私是人的本性，仅诉诸于道德，是理想，是无法实现的理想。因此，当务之急是建立具体的、行之有效的法律制度，以使社会领导阶层能够坚守做人的底线。除此之外，全社会也要进一步加强道德素质的教育。

　　古罗马帝国兴于"权责并重"，亡于道德沦丧。社会领导阶层的"道德崩溃"意味着社会无希望可言。殷切希望社会领导阶层痛定思痛，履行其责。

• **兴旺** 흥성하다 • **媲美** 필적하다 • **风骨** 기개 • **举世罕见** 이례적이다 • **荡然无存** 하나도 남지 않고 완전히 없어지다 • **财大气粗** 부자가 되면 콧김부터 세어진다 • **仗势欺人** 세력을 믿고 남을 괴롭히다 • **上有所率，下有所进；上有所行，下有所仿** 윗사람이 모범을 보여야 아랫사람이 본받는다 • **身体力行** 몸소 체험하고 힘써 실천하다 • **扶贫助弱** 빈곤층과 약자를 돕다 • **己欲立而立人，己欲达而达人** 자신이 우뚝 서려면 타인을 먼저 일으켜 세우고, 자기 뜻을 이루려면 타인의 성공을 먼저 도우라 • **为人楷模** 타인의 모범이 되다

• **归功于~** ~덕분이다

• **实现高速增长** 고도성장을 하다

• **唯有A，方可B** A해야만이 B하다

• **兴于~** ~로 흥하다

• **亡于~** ~로 망하다

실력 다지기

잘못된 어법이나 표현을 올바르게 고쳐보세요!

1. 成立价值观　⇒ ....

2. 成立美好社会　⇒ ....

3. 造成良好的环境　⇒ ....

4. 影响力多　⇒ ....

5. 施暴公司职员　⇒ ....　　**6.** 对他骂人　⇒ ....

unit 22 난이도 ★★★★☆

다문화 사회

한국의 다문화 사회에 대한 본인의 견해를 중국어로 쓰시오.

step 1 배경 지식 알기

□ 용광로 문화 / 大熔炉

여러 민족의 고유문화들이 그 사회의 지배적 문화 안에서 변화를 일으키고 서로에게 영향을 주어서 새로운 문화를 만들어가는 것을 말한다. 즉, 다양한 문화가 한데 어우러지면서 고유의 문화적 성질이 변하는 것을 일컫는다.

□ 샐러드볼 문화 / 沙拉碗

국가라는 큰 그릇 안에서 여러 민족의 문화가 샐러드 같이 하나의 새로운 문화를 만들어 가는 것을 말한다. 즉, 여러 민족의 고유문화들이 국가라는 샐러드볼 안에서 각자의 고유한 맛으로 샐러드의 맛을 만들어가는 것을 비유한 것이다.

step 2 용어 익히기

· 국제결혼 **跨国婚姻/涉外婚姻** · 다문화가정 **多文化家庭/多元文化家庭** · 문화장벽 **文化隔阂**
· 박애정신 **博爱精神** · 법 앞에 평등 **法律面前人人平等** · 소외계층/취약계층 **弱势群体** · 약자
弱小者 · 자아정체성 **自我认同感** · 집단따돌림/왕따 **集体排挤/集团排斥/集体孤立** · 한부모
가정 **单亲家庭** · 혼혈아 **混血儿**

step 3 개요 잡기

사회적 과제에 대한 분석과 해결책 제시를 요구하는 유형의 문제이다. 다음의 내용이 들어갈 수 있도록 글을 구성하면 좋다. 1. 한국의 다문화 사회 현황 2. 다문화 사회에 대해 미성숙한 한국 사회의 문제점 3. 조화롭게 공존하는 다문화 사회 건설을 위한 노력

플러스 주제

늘어나는 다문화가정 자녀에 대한 견해 / 다문화가정의 이혼율 증가에 대한 견해 / 외국인 노동자 인권 현황에 대한 견해 / 외국인 범죄 증가에 대한 해결책

多元文化社会

在全球化步伐日益加快的今天，"多文化家庭"与日俱增。在我们的周围"多文化家庭"司空见惯，已成为一种被社会普遍接受并认可的家庭模式。"多文化家庭"的出现使我们的社会变得更加丰富多彩的同时，由于家庭成员之间存在一些思想、风俗习惯等的差异常常发出不和谐音，给社会带来一种混乱与矛盾。

韩国在多文化趋势方面还有不少地方亟待改善。

第一，对多元文化家庭、移民妇女、外国劳动者的偏见、歧视和冷眼相待。自古以来，韩国是由韩民族来组成的单一民族国家，韩国人对待外国人时，还是带着一些成见，甚至有些人跟外国人一起学习或工作时感到不舒服而表现出抵触情绪。不少韩国人的这种态度使在国内生活的外国人感到失落感而难以适应韩国生活。

第二，多元文化家庭的女性所感到的最大困难是沟通问题。她们韩语水平不够，无法融为家庭成员。

在全球化社会，"多文化家庭"日益剧增是不可避免的现象。社会成员应要以更加开放的态度，帮助他们成为一个健康的社会成员。我们要以海纳百川的精神看待他们，不能冷眼看待。政府和社会也要为他们提供各种社会教育机会并制定完善的制度，让他们为韩国社会助一臂之力。

단어

• **不和谐音** 불협화음 • **亟待** 시급히 요하다 • **冷眼相待** 차갑게 대하다 • **自古以来** 예로부터 • **成见** 선입견 • **抵触情绪** 거부감 • **海纳百川** 마음이 바다처럼 넓다 • **助一臂之力** 일조하다

코멘트

서론에서 다문화가정에 대한 사회적 시각의 문제를 언급하지 않고 다문화가정 구성원 간에 나타나는 문제를 짚은 점과 본론의 전개 방식이 아쉽다. 본론 서두에서 시급한 개선이 필요한 부분이 적지 않다고 말한 다음 두 가지만 언급한 것은 논리적이지 못하다. 그리고 본론의 첫째(第一) 부분에서 명사형으로 나열해 문장을 이해하기 어려웠고, 둘째(第二) 부분에서는 소통 문제에 관한 문장이 짧고 구체적이지 않아서 설득력이 떨어진다. 모범 답안을 통해 어떻게 수정되었는지 살펴보도록 하자.

• '다문화가정'은 한국에서 형성된 중국어 표현으로 '**多文化家庭 / 多元文化家庭**' 모두 사용 가능하다. 그러나 '다문화 사회'는 '**多元文化社会**'로만 사용한다.

• '**司空见惯**'의 유사어로 '**比比皆是 / 屡见不鲜**'이 있다.

• '**成员**'은 '구성원/회원/멤버'라는 뜻으로 쓰인다. '가족구성원'을 '**家庭构成员**'으로 쓰지 않도록 유의한다.

• '**妇女**'는 '부녀자'가 아닌 '여성'이라는 뜻이다.

• '**由~组成**'의 유사구문으로 '**由~构成**'이 있다.

多元文化社会

　　全球化带动人群跨国流动，每个社会或多或少早已是多元文化社会。涉外婚姻家庭的剧增和外籍劳工的大量流入，使韩国迅速朝着多元文化社会的方向发展。不同种族的出现为我们社会注入了活力、增添了异彩，但也带来了混乱与矛盾。

　　要走向和谐相处的多元文化社会，任重而道远，必须付出更多努力。

　　首先，要对移居韩国的外国人一视同仁。韩国是单一民族国家，以"单一民族"为荣的韩国人，对多元文化家庭、移民妇女、外国劳动者抱有偏见，冷眼相待。这种歧视性态度很容易造成社会矛盾。"多元文化"一词包含的意义就是让我们尊重异国文化，消除偏见，构建兼容并包的多元文化社会。

　　再者，分析涉外婚姻家庭破裂的原因，语言沟通是最大考验。俗话说"相爱容易相处难"，涉外婚姻跨越民族、种族、宗教、文化、习俗、地域的藩篱，难上加难。如果无法克服语言障碍，别说是融入异国社会，融为家庭成员恐怕也不易。因此，必须帮助他们学习韩语，消除一道无形的隔阂。

　　海纳百川，有容乃大。我们要走向世界一定要有海纳百川的宽广胸怀和包容接纳的开放气魄。对外国移民者所持的看法和态度是衡量一个社会的成熟度和开放度的指标之一。愿我们早日实现超越肤色、文化、语言障碍，无偏见，宜居的"多元文化社会"。

• **或多或少** 어느 정도 • **和谐相处** 조화롭게 공존하다/더불어 살다 • **一视同仁** 차별 없이 동등하게 대하다 • **兼容并包** 모든 것을 두루 포함하다 • **相爱容易相处难** 사랑하기는 쉬워도 함께 지내기는 어렵다 • **难上加难** 설상가상이다 • **气魄** 기백/패기

• **朝~的方向发展** ~쪽으로 발전하다

• **注入活力** 활력을 불어넣다

• **增添异彩** 다채롭게 하다

• **付出~努力** ~노력을 쏟다

• **以~为荣** ~을 자랑스럽게 여기다

• **跨越~藩篱** ~울타리를 뛰어넘다

• **消除~隔阂** ~장벽을 없애다

잘못된 어법이나 표현을 올바르게 고쳐보세요!

1. 对外开放的步伐日益快速　➡ ....

2. 多文化社会　➡ ....

3. 解决偏见　➡ ....

4. 移民人　➡ ....

5. 遵重异国文化　➡ ....

동성결혼

동성결혼의 합법화에 대한 본인의 견해를 중국어로 쓰시오.

step 1 배경 지식 알기

□ **동성결혼 / 同性婚姻**

생물학적·사회적으로 같은 성별을 가진 두 사람이 법률적·사회적으로 하는 결혼을 말한다. 20세기 후반부터 성 소수자(LGBT) 운동이 활발히 일어나면서 2001년 네덜란드가 세계 최초로 동성애자 커플의 결혼을 합법화했고, 이후 벨기에(2003년), 캐나다·스페인(2005년), 노르웨이·스웨덴(2009년), 포르투갈·아이슬란드·아르헨티나(2010년), 영국(2014년), 아일랜드·미국(2015년) 등이 동성결혼을 합법화했다.

□ **성 소수자 / 性少数群体(彩虹族群)**

레즈비언(Lesbian), 게이(Gay), 양성애자(Bisexual), 트랜스젠더(Transgender)를 통칭하는 말로, 영문 앞글자를 따서 LGBT라고도 한다.

□ **레인보우 깃발 / 彩虹旗**

동성애 문화를 상징하는 대표적인 표식이다. 1978년 샌프란시스코의 화가 길버트 베이커가 디자인한 것으로, 분홍은 성, 빨강은 삶, 주황은 치유, 노랑은 햇빛, 초록은 자연, 하늘색은 예술, 파랑은 조화, 보라는 영혼을 상징한다.

step 2 용어 익히기

· 게이 **男同性恋者** · 동성애 **同性恋** · 레즈비언 **女同性恋者** · 양성애자 **双性恋者** · 위헌 **违宪** · 트랜스젠더 **变性人/跨性别者** · 평등권 **平等权/平等权利** · 행복추구권 **追求幸福的权利** · 합헌 **合宪**

step 3 개요 잡기

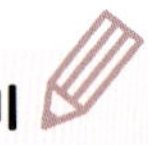

사회 현상에 대해 찬반 의견 제시를 요구하는 유형의 문제이다. 다음의 내용이 들어갈 수 있도록 글을 구성하면 좋다. 1. 동성결혼 논란과 현황 2. 동성결혼 합법화 추세와 배경 3. 동성결혼에 대한 의견(찬성 혹은 반대) 및 그 이유 4. 동성결혼이 나아갈 방향

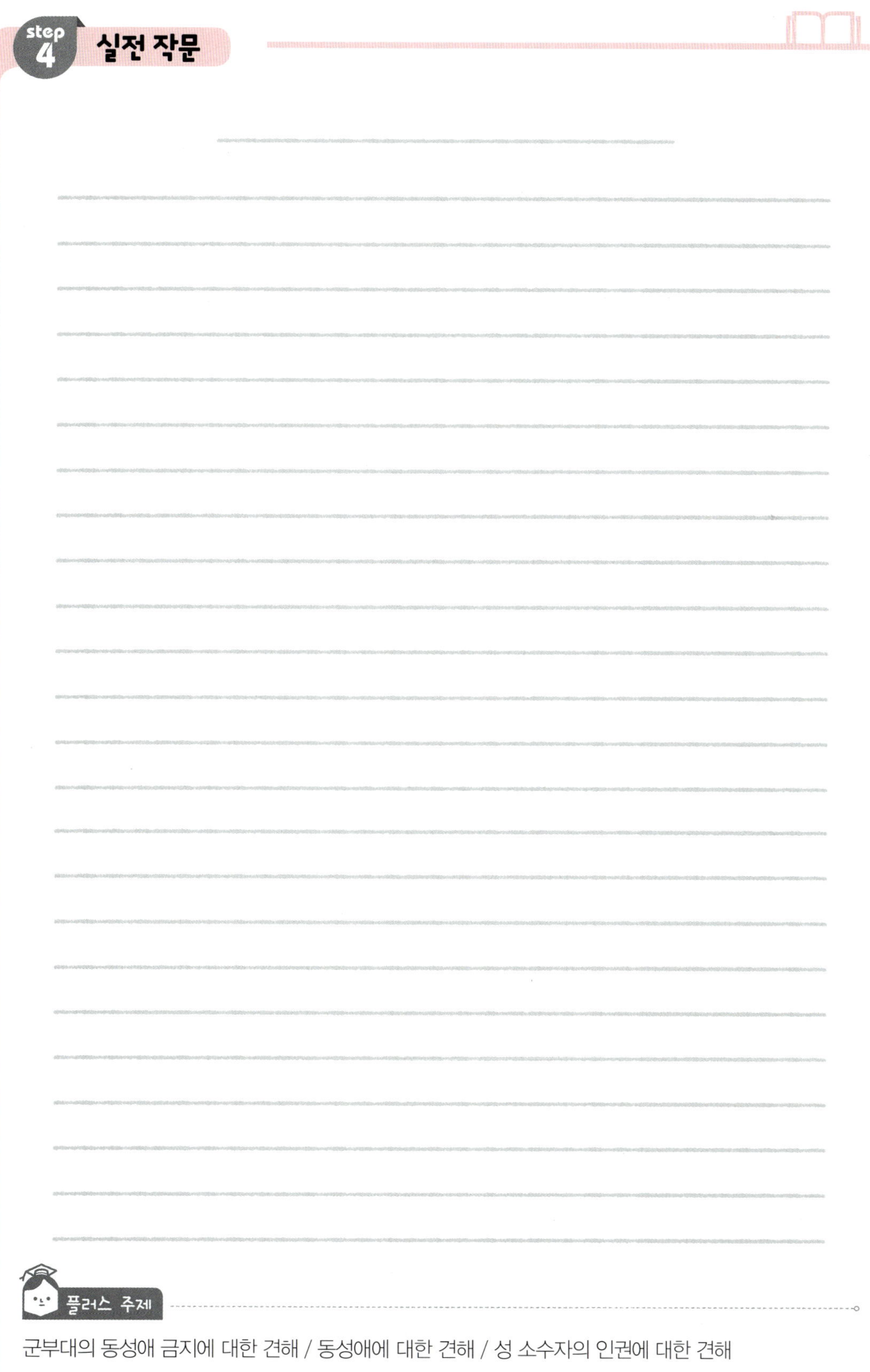

플러스 주제

군부대의 동성애 금지에 대한 견해 / 동성애에 대한 견해 / 성 소수자의 인권에 대한 견해

我对同性婚姻的看法

　　同性之间的婚姻是一个争论不休的问题。围绕该问题，韩国宪法明确规定同性恋婚姻是违法的。但笔者反对韩国宪法上的规定，其原因如下。

　　首先，世上每个人都有自己的天性和本性。如同一个女性喜欢一个男性一样，同性之间的恋爱也是人的本性，是一个很自然的事情。社会和国家不应以维护社会秩序为借口歧视或压迫他们。虽然男女之间的爱在社会上很普遍，不过，同性恋之间的爱也应受人尊重，他们也是社会一分子，社会应以积极的态度包容他们，而不应排斥他们。

　　其次，同性之间的婚姻已成为不可阻挡的时代潮流，包括欧洲国家在内，越来越多的国家和地区将同性婚姻合法化。在这样的国际环境下，如果韩国一意孤行，排斥同性恋的话，韩国的国际形象将会大大降低。

　　总之，韩国应早日通过修改相关法案，允许同性间的婚姻。每个人都要改变意识，以积极的态度对待他们，而不要戴有色眼镜看待他们。政府、社会、个人都要齐心协力，为共建一个和谐社会而全力以赴。

단어

- **围绕** 둘러싸다 · **宪法** 헌법
- **一意孤行** 자기 고집대로 하다
- **戴有色眼镜** 색안경을 끼고 보다 · **全力以赴** 전력투구하다

코멘트

서론에서 동성결혼에 대한 논쟁이 어떻게 전개되었는지와 동성결혼 합법화의 세계적 추세에 대해 언급했으면 좋았을 것이다. 모범 답안을 통해 어떻게 수정되었는지 살펴보도록 하자.

- '**其原因如下**'는 '**如下**'의 문장성분에 따라 쓰임이 다르니 유의하도록 한다.
  예) 其原因如下 (O) / 原因有如下几点 (O) / 原因有如下 (X)
- '국가'를 중국어로 쓸 때 홍콩, 마카오, 타이완을 고려하여 '**国家和地区**'로 써야 한다.
- '**명사＋化**'의 구조로, '합법화하다'라는 뜻의 동사로 쓰였다. 예) 武器化(명사＋化) / 硬化(형용사＋化) / 老化(형용사＋化)
- '**在～下**'는 '**在～＋방위사**' 형식의 구문으로, '**在～的情况下 / 在～的背景下**' 등 어떤 조건 속에 있음을 나타낼 때 쓴다.
- '법을 개정하다'를 '**改正法案 / 改正法律**'로 쓰지 않도록 유의한다.

同性婚姻

同性之间的婚姻是一个争论不休的问题。同性恋权利支持者主张婚姻是所有人享有的平等权利，因此同性婚姻是受宪法保护的。但目前在世界上多数国家与社会都认为"一男一女"是婚姻的基石，是绝不能改变的。韩国宪法明确规定同性婚姻是违法的。但在2015年美国已成为全球第21个承认同性婚姻的国家，韩国也应重新考虑同性婚姻。其原因如下。

首先，性取向的问题很大程度上是基因决定的，同性之间的恋爱也是天性和本性，国家和社会不应以维护社会秩序为借口歧视、压迫他们。人生来平等、自由，一对同性恋者因为相爱选择了"结婚"，却不能享有合法婚姻下的诸多权利，这是不平等的。"男女之爱"是多数，但不是唯一，民主国家不能以多欺少，多数人剥夺少数人的权利。

其次，随着社会的进步，越来越多的人认同同性恋者有在婚姻上受法律保护的权利。同性婚姻已成为不可阻挡的时代潮流，包括欧洲国家在内，越来越多的国家将同性婚姻合法化。如果只是以同性恋违反自然规律、不道德、让人反感为理由歧视同性恋者，剥夺他们的权利，那才是违反自然规律、不道德、不民主、不平等。

在爱之前，大家都是平等的。我们要让每一个人都可以自由去爱，追求幸福。期望韩国政府早日修改法律，允许同性婚姻。

단어

- **基石** 초석 • **承认** 인정하다
- **性取向** 성적 취향 • **压迫** 억압하다 • **生来** 태생적으로 • **以多欺少** 다수가 소수를 차별하다
- **认同** 인정하다/동일시하다

핵심구문

- **享有~权利** ~권리를 누리다
- **受~保护** ~보호를 받다
- **维护~秩序** ~질서를 유지하다
- **剥夺~权利** ~권리를 빼앗다
- **违反自然规律** 자연의 섭리에 어긋나다
- **修改法律** 법을 개정하다

실력 다지기

잘못된 어법이나 표현을 올바르게 고쳐보세요!

1. 不久的有一天 ➡ ....

2. 同性婚 ➡ ....

3. 为了权利进行打官司 ➡ ....

4. 韩国受到儒家思想 ➡ ....

5. 容易被其他男性遭到歧视 ➡ ....

6. 变得合法化 ➡ ....

묻지마 범죄

묻지마 범죄의 발생 원인과 해결책에 대한 견해를 중국어로 쓰시오.

step 1 배경 지식 알기

□ **묻지마 범죄 / 随机犯罪(无差别犯罪/无动机犯罪)**

피의자와 피해자와의 관계에 아무런 상관관계가 존재하지 않고 아무 이유 없이 불특정 대상을 상대로 행해지는 범죄를 말한다.

□ **사이코패스 / 精神变态者**

반사회적 인격장애증을 앓고 있는 사람을 가리킨다. 평소에는 정신병질이 내부에 잠재되어 있다가 범행을 통해서만 밖으로 드러나기 때문에 주변 사람들이 알아차리지 못하는 것이 특징이다.

□ **소시오패스 / 反社会者**

사회를 뜻하는 소시오(Socio)와 병리 상태를 의미하는 패시(Pathy)의 합성어로 반사회적 인격장애의 일종이다. 잘못된 행동이란 것을 알면서도 반사회적인 행위를 한다는 점에서 잘못된 행동이라는 개념 자체가 없는 사이코패스와 구분된다.

step 2 용어 익히기

- 다중인격장애 **多重人格症** · 반사회적 인격장애 **反社会型人格障碍** · 범죄를 일으키다 **作案**
- 악질 강간 상습범 **恶性强奸惯犯** · 엄격한 법 집행 **严格执法** · 연쇄살인범 **连环杀人犯** · 원한
- **仇怨** · 종신형 **终身监禁** · 형량 **量刑** · 흉악범 **凶犯**

step 3 개요 잡기

사회 현상에 대한 분석과 해결책 제시를 요구하는 유형의 작문이다. 다음의 내용이 들어갈 수 있도록 글을 구성하면 좋다. 1. 한국 사회의 묻지마 범죄 상황과 심각성 2. 묻지마 범죄의 발생 원인 3. 묻지마 범죄 예방책

강력 범죄자 정보 공개에 대한 견해 / 정신질환자 증가 현상에 대한 견해 / 형사처벌 연령 하향조정에 대한 견해

谈无差别犯罪

　　最近在韩国社会接二连三地发生"无差别犯罪"，使韩国社会陷入恐慌之中。所谓"无差别犯罪"是指，在没有什么特别动机的情况下实施的犯罪。这是在没有动机的情况下发生的，所以我们社会的任何人都可以成为这一犯罪的受害者。这种犯罪已成了韩国的社会问题。那么，发生这种犯罪的原因何在？我们该如何解决这一问题？

　　追究这种"无差别犯罪"的原因并非易事，但我们可以把原因概括为两种：政府的应对不善和现代人的精神不健康。首先，每当发生类似的事情，政府的应对措施始终不健全，毫无效果，对预防"无差别犯罪"的发生没有起到任何作用。其次，随着进入现代社会，人们的生活节奏日益加快，个人主义进一步蔓延，人与人之间的沟通严重不足，导致人们的精神出现异常，造成了这种残忍的犯罪。

　　显而易见，"无差别犯罪"是一个急需解决的严重的社会问题。政府和国民都要对此作出积极努力。首先，政府要制定强硬的法律，加强法律的管制力度，以降低这种犯罪的发生率。与此同时，也要推进改善国民精神健康的方案，比如在学校和公司等地方设置心理咨询所，以帮助国民通过咨询卸掉其精神上的压力。其次，"无差别犯罪"这种问题，只靠国家的力量并不能彻底解决，因此国民的努力也不可或缺。国民要努力营造充满爱的社会气氛，以从根本上防止人们的精神受损，如多给家人打电话、多见朋友聊天、以笑容对待他人等。

　　目前，"无差别犯罪"威胁着我们的生命安全。只有国家和国民齐心协力，才能彻底解决该问题。

단어

• **接二连三** 연속적으로 • **并非易事** 결코 쉽지 않다 • **概括** 개괄하다 • **应对不善** 대처가 미흡하다 • **受损** 피해를 입다

코멘트

전반적으로 내용이 충실한 편이다. 단, 원인과 해결책을 제시할 때 중국어 습관에 맞춰 중심내용을 먼저 쓰고 이를 뒷받침하는 예시를 제시하면 좋았을 것 같다. 예를 들어 'A B 해서 C해야 한다'가 아닌 'C해야 한다. 그 이유는 A와 B 때문이다'의 구조로 쓰는 것이 좋다. 모범 작문을 통해 어떻게 수정되었는지 살펴보도록 하자.

- '无差别犯罪'에 '无差别杀人'이 포함되지만 거의 유사한 뜻으로 혼용한다.
- '在~情况下'를 쓸 때 '在'를 잊지 않고 쓰도록 유의한다.
- '原因何在'는 '原因是什么 / 原因在哪里'로도 쓸 수 있다.
- '毫无' 뒤에는 명사, '毫不' 뒤에는 동사나 형용사를 수반한다.　예) 毫无关系 / 毫不动摇 / 毫不犹豫
- 성어 '显而易见'은 문장에서 술어로 쓰거나 단독으로 쓸 수 있다.
- '以'는 '~을 위하여'라는 목적을 나타내는 연결사로 문장앞으로 도치시켜 '为~ / 为了~'로 바꾸어 쓸 수 있다.

谈无差别杀人

　　最近接二连三发生的无差别杀人事件，让人们陷入了恐惧和惊慌之中。过去，无差别杀人还只是个别现象，但这些年来，此类案件逐渐增多，已成了社会问题。所谓"无差别杀人"是指犯罪嫌疑人事先没有计划、和被害人没有仇怨，作案完全是临时起意、随机选择作案目标、想杀谁就杀谁的杀人案件。这种犯罪案件具有随机性和不确定性，防不胜防，每个人都可能成为受害者。

　　发生这种犯罪的原因可以概括为两种。首先是个人原因：凶手多是被边缘化的"失败者"。他们在处于失业、家庭离异、婚姻破裂等一系列困难的情况下，个人基本的物质需求、情感需求和精神需求均无法得到满足，加之个人极端的个性等因素，对社会产生仇恨后，受到某种刺激，就会爆发矛盾。其次是社会原因：社会结构不合理，分配机制不公平、贫富差距过大、贪污腐败日益严重，这些都是让人愤世嫉俗的大环境。

　　政府应倡导"堵不如疏"，要重点解决底层群体的困难，畅通解决问题的渠道。与此同时，也要推进改善国民精神健康的方案，在学校和公司设置心理咨询处，通过心理咨询纾解精神压力。另外，加强法律的管制力度，以降低这种犯罪的发生率。

　　无差别杀人，只靠政府是不能解决问题的。生活在这样一个风险社会，我们应提高心理防范、增强法律意识、充分发挥家庭和社会的作用。要知道，无差别杀人，怎么预防都不为过。

단어

• **个别现象** 개별적 현상 • **案件** 안건/사건 • **嫌疑人** 용의자/피의자 • **起意** 나쁜 마음이 생기다 • **随机** 무작위로 • **防不胜防** 막으려 해도 막을 수 없다 • **愤世嫉俗** 세상의 불합리함을 증오하다 • **堵不如疏** 막기보다는 잘 흐르게 하는 것이 낫다 • **不为过** 지나치지 않다

핵심구문

• **陷入～之中** ～에 빠지다
• **被边缘化** 소외되다
• **处于～困难** ～어려움에 처하다
• **得到满足** 충족되다
• **产生仇恨** 원한이 생기다
• **受到刺激** 자극받다
• **爆发矛盾** 갈등이 폭발하다
• **贪污腐败** 부정부패
• **畅通～渠道** ～길을 터주다
• **推进～方案** ～방안을 추진하다
• **纾解～压力** ～스트레스를 해소하다
• **加强～力度** ～을 강화하다
• **提高～防范** ～경계를 강화하다
• **增强～意识** ～의식을 제고하다

실력 다지기

잘못된 어법이나 표현을 올바르게 고쳐보세요!

1. 毫无犹豫　⇒ ……………………………………………

2. 人会犯失误　⇒ ……………………………………………

3. 让孩子不接近　⇒ ……………………………………………

4. 犯同样的犯罪　⇒ ……………………………………………

사형제도

사형제도 존폐에 대한 본인의 견해를 중국어로 쓰시오.

 **배경 지식 알기**

□ **사형제도 / 死刑制度**

사형은 법정 최고형으로 여러 방식으로 집행하는데 한국은 교수형으로 집행한다. 사형에 관해서는 인간 생명의 존엄성, 형벌의 목적을 교화로 보는 입장, 오판의 가능성, 정치적 악용의 가능성 등을 근거로 해서 폐지하자는 주장과 이를 남용할 것은 아니지만 극악한 범죄를 예방한다는 차원에서 완전히 폐지할 수는 없다는 주장이 대립하고 있다. 20세기부터 인권운동 등의 영향으로 많은 국가에서 사형제도를 폐지하고 무기징역으로 전환했다. 한국은 1997년 사형 집행 이후 현재까지 사형을 집행하지 않았다. 국제앰네스티는 이러한 사실을 근거로 한국을 실질적 사형폐지 국가로 분류하고 있다.

 **용어 익히기**

• 교수형 **绞刑** • 국제사면위원회(국제앰네스티) **国际特赦组织** • 눈에는 눈, 이에는 이 **以眼还眼, 以牙还牙** • 무기징역 **无期徒刑** • 사형 폐지 **废除死刑** • 사형 집행 **执行死刑** • 사형수 **死囚** • 억울한 사건 **冤案** • 오판 사건 **错案**

 **개요 잡기** 

선생님의 팁!

사회 제도의 존폐에 대한 찬반 의견 제시를 요구하는 유형의 문제이다. 다음의 내용이 들어갈 수 있도록 글을 구성하면 좋다. 1. 사형제도의 존폐 논란과 세계적인 집행 상황 2. 사형제도 존폐에 대한 의견(찬성 혹은 반대) 및 그 이유 3. 사형제도가 나아갈 방향

플러스 주제

극악무도한 흉악범 처벌에 대한 견해 / 안락사에 대한 견해 / 중국 사형수 장기이식에 대한 견해

死刑制度

一直以来，人们围绕死刑制度的废除问题争论不休，议论纷纷。死刑制度关系到人类生命的尊严，因此我们不能轻易地对待该问题。

目前，韩国也正面临着死刑制度是否应该废除的一大难题。虽然美国和日本等一些国家还在实行死刑制度，而且很多人还相信死刑制度具有遏制犯罪的功效，但笔者认为，死刑制度是应该早就要废除的严重侵害人类尊严的法制。

首先，死刑制度遏制犯罪率的效率并不高。虽然大部分国家已经废除死刑制度，但其国的犯罪率并没有增加。与此相反，美国还在实行死刑制度，但是其犯罪率却有增无减。显而易见，死刑制度的实施无助于降低犯罪率。

其次，有些事件有明确的犯人，而有些事件可能错误地指认罪犯。执行死刑以后才发现真相已经来不及了。

最后，死刑制度严重侵害了人的神圣不可侵犯的尊严性。人的生命是任何人都无法侵害的。虽然犯罪者做了恶行，并对社会造成了严重损害，但我们绝不能由此对他们执行死刑，而且在国际上错误地执行死刑的案例也不少。

因此，我们应尽早废除死刑制度，寻找出取代死刑制度又能够维护人的尊严的法律。只有这样，才能说我们的社会和全世界真正得到了发展，我们正在向更好的未来迈进。

첫 번째 단락에서 사형제도 폐지론이 나오게 된 배경을 설명했으면 좋았을 것이고, 두 번째 단락에서는 사형제 폐지론 주장에 대한 내용이 자세히 언급되지 않아 아쉽다. 그리고 마지막 단락에서 생명의 존엄성을 짚으면서 폐지론을 다시 한번 강조했으면 흐름이 더 좋았을 것이다. 모범 답안을 통해 어떻게 수정되었는지 살펴보도록 하자.

- 명사 '**关系**'에 '**到**'를 붙여 '〜와 직결된다'의 동사로 쓸 수 있다.
- '**地**', '**的**', '**得**'를 혼동하지 말자. '**地**'는 동사/형용사＋地＋술어(동사/형용사), '**的**'는 명사/대명사/동사/형용사＋的＋명사/대명사, '**得**'는 동사/형용사＋得＋보어(동사/형용사)의 형식으로 쓴다.　예) **慢慢地吃 / 他的面包 / 吃得很饱**
- '범죄자'는 '**罪犯/犯罪者**'로 쓴다. '罪犯者'로 쓰지 않도록 유의한다.
- '**侵害**'와 '**侵犯**'을 혼동하지 않도록 유의한다.　예) **侵害人身安全 / 侵犯隐私权**
- '**任何人**'은 부사 '**都**'를 수반한다.

단어

- **争论不休** 논쟁이 그치지 않다 · **议论纷纷** 의견이 분분하다
- **有增无减** 늘어나기만 하고 줄지 않다 · **无助于** 도움이 되지 않다 · **指认** 지목하다 · **神圣不可侵犯** 신성불가침

死刑制度

死刑制度有着悠久的历史，它是一个被认为具有最大威慑力的刑罚。但随着社会的进步，人类文明的发展，死刑的存废逐渐成为争论不休的焦点。目前，韩国也正面临着一大难题——死刑在韩国的存与废。

支持死刑制度的人主张，杀人者"罪大恶极"、严重扰乱社会秩序，废除死刑会使凶残犯罪增加。果真如此吗？死刑制度关系到人类生命的尊严，不可妄加断言。

首先，死刑制度遏制犯罪率的效率不高。虽然大部分国家已废除死刑制度，但犯罪率并没有增加。与此相反，美国实行死刑制度，但其犯罪率却有增无减。显而易见，死刑制度不像人们所说有助于降低犯罪率。死刑是最严厉的惩罚，但它不是万能的。

再者，冤假错案无法挽回。有很多人无罪或者罪不该死，却被判处死刑。人死不能复生，一旦嫌疑人死去，即使冤案昭雪，也无法挽回。死刑的风险正在于此，死刑不可不废。

最后，死刑冒犯人类的尊严。人的生命具有绝对的尊严，是神圣不可侵犯的。在任何情况下，任何人都无法侵害。死刑实质是以国家为名义，以公权力剥夺犯罪分子生命的做法。借正义的名义杀人的思想与人类的价值观相悖。死刑不是伸张正义。

生命是人一切权利的基础，无论以哪种方式剥夺人的生命都是违反人道的。"以暴治暴"是历史的倒退，是文明的困境。只有废除死刑制度，才能推进人权保护事业的发展与前进。

- **威慑力** 위협력 · **罪大恶极** 극악무도하다 · **凶残犯罪** 흉악범죄 · **妄加断言** 멋대로 단언하다 · **冤案昭雪** 억울한 사건의 누명을 벗다 · **倒退** 퇴보하다

- **扰乱～秩序** ～질서를 어지럽히다
- **被判处死刑** 사형 선고를 받다
- **冒犯～尊严** ～존엄성을 해치다
- **具有～尊严** ～존엄성을 지니다
- **以～名义** ～을 명분으로
- **剥夺～生命** ～생명을 앗아가다
- **借～的名义** ～를 빌미로
- **与～相悖** ～와 위배되다

 실력 다지기

잘못된 어법이나 표현을 올바르게 고쳐보세요!

1. 做错误　⇒ ....
2. 做了犯罪后　⇒ ....
3. 凶恶犯罪　⇒ ....
4. 处罚力度很小　⇒ ....
5. 失去珍惜的生命　⇒ ....
6. 保护社会稳定　⇒ ....
7. 韩国社会对死刑引起了很大争议　⇒ ....

unit 26 난이도 ★★★★☆

청년실업

청년실업 문제에 대한 본인의 견해를 중국어로 쓰시오.

step 1 배경 지식 알기

□ **고용 없는 성장 / 无就业增长**
국가 경제는 전체적으로 성장해 생산이 늘어나는데 고용이 늘어나지 않는 현상을 말한다.

□ **기술적 실업 / 技术性失业**
기술 진보에 따른 자본의 유기적 구성의 고도화로 일어나는 실업을 일컫는다. 노동절약형 기술 진보의 영향을 집중적으로 받는 산업에서 발생하는 고용의 감소로 인한 실업을 말한다.

□ **마찰적 실업 / 摩擦性失业**
산업 간 또는 지역적으로 노동자가 일자리를 바꾸거나 이사를 하고 경제적 활동을 재배치하면서 노동력의 수요와 공급이 일시적으로 불균형상태를 이루는 정상적이면서 회피 불가능한 실업을 일컫는다.

□ **청년실업 / 青年事业**
청년실업은 주로 15세에서 29세(또는 34세) 사이 청년세대의 실업을 의미한다. 한국은 2000년 이후 '만성적인 청년실업'의 문제에 봉착했다. 청년실업은 선진 자본주의 국가들로 구성된 경제협력개발기구(OECD) 회원국 대부분이 겪고 있을 정도로 자본주의가 고도화되면서 보편적으로 나타나는 문제이기도 하다.

step 2 용어 익히기

- 경기적 실업 **周期性失业** ·구조적 실업 **结构性失业** ·단순 노동력 **低端劳动力** ·비정규직 노동자 **非正式员工** ·실업수당 **失业补贴** ·은둔형 외톨이/히키코모리 **宅男** ·인력난 **用工荒** ·자발적 실업 **自愿性失业** ·잠재실업 **隐性失业** ·정규직 노동자 **正式员工** ·지식근로자 **知识工人** ·청년 인력 부족 **青工荒** ·학력 인플레 현상 **学历膨胀现象**

step 3 개요 잡기

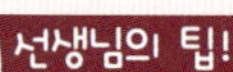 선생님의 팁!

사회적 현상에 대한 분석과 문제 해결책 제시를 원하는 작문 유형이다. 다음의 내용이 들어갈 수 있도록 글을 구성하면 좋다. 1. 청년실업 현황 2. 청년실업으로 인한 사회문제 3. 청년실업 문제 해결책

플러스 주제

공시족 열풍에 대한 견해 / 일자리 창출에 대한 견해 / 중소기업의 구인난 문제에 대한 견해 / 학력 인플레 현상에 대한 견해

如何解决青年失业问题

目前，韩国青年失业人口达100万人，其中有三、四十万人仍然依靠父母生活。如果这种现象得不到改善，韩国的可持续发展就无从谈起。韩国的青年失业问题是因经济不景气等各种因素而导致的，这一严重的青年失业问题可能会带来不少的社会问题，对低生育率问题的改善也起不到好的作用。

朴槿惠在执政初期曾承诺过，要改善韩国的经济情况。可是，四年过去了，韩国经济似乎仍在原地踏步。虽然韩国政府一直在增加青年就业岗位上下功夫，但是尚未拿出奏效的解决方案。下届总统选举即将来临，各党派的总统候选人应该重视青年失业问题，找出行之有效的对策方案。下届总统必须付诸行动，因为这关系到韩国未来的命运。

另一方面，青年失业问题的出现也反映出当今韩国教育问题重重。例如对效率很低的英语教学进行投资、私教育泛滥成灾、不正当竞争促使一些学生的竞争力下降，在走向社会之后找不到维持生计的工作，因而沦落到青年失业行列等。因此，教育当局要把一些根深蒂固的问题解决好，对缓解尼特族问题助一臂之力。

青年失业问题不容小觑，这关乎韩国未来的命运，对韩国社会的可持续发展问题有直接的影响。韩国新政府，即总统候选人应重视该问题，拿出有效的应对方案。

단어

- **原地踏步** 제자리걸음을 하다
- **下功夫** 공을 들이다 • **奏效** 효과가 있다 • **付诸行动** 실천에 옮기다 • **教学** 수업/교육 • **维持生计** 생계를 유지하다 • **沦落** 전락하다 • **根深蒂固** 고질적이다
- **不容小觑** 만만치 않다 • **关乎** 관련되다

코멘트

문장 흐름이 매끄럽지 못해서 끊기거나 내용 연결이 갑자기 전환되는 부분이 있어서 내용을 이해하기 어려웠던 점이 아쉽다. 예를 들어 부당한 경쟁이 일부 학생의 경쟁력을 떨어뜨린다는 부분에서 의미 전달이 모호하고 누가 사회 진출을 해서 일자리를 찾기 어려운지 등의 주체를 자세하게 언급하지 못했다. 그리고 교육 당국이 고질적인 문제를 해결해야 니트족 문제를 해결한다고 했는데 앞부분에는 니트족 언급이 없다가 갑자기 화제가 전환되어 내용 흐름에 영향을 주었다. 모범 답안을 통해 어떻게 수정되었는지 살펴보도록 하자.

- '**达**'는 '(수치/수량/금액이) ~에 이르다/~이다'라는 뜻의 동사로 '**为 / 达到**'로도 쓸 수 있다.
- '**尚**'과 '**未**'는 서면어에서 잘 나오는 어휘로 각각 '**还**'와 '**没/不**'의 뜻이다.
- '**拿出**', '**找出**', '**关系到**', '**沦落到**', '**解决好**' 등 결과보어의 쓰임이 돋보이는 곳이 있다. 유심히 살펴보고 작문할 때 응용할 수 있도록 한다.
- '**下届总统**'은 '**下任总统**'으로도 쓸 수 있다.
- '**付诸行动**'은 '**付诸实践**'으로도 쓸 수 있다.

青年失业

　　不久前，韩国青年失业人口首破100万人，失业率再创新高，而其中有三四十万人是仍未"断奶"、得靠父母供养的啃老族。就业是民生之本，是每个社会成员的基本权利。青年失业不仅是经济问题和社会问题，也是事关国家稳定的重大政治问题。

　　朴槿惠总统在执政初期信誓旦旦地承诺重振韩国经济，然而四年后，韩国经济仍裹足不前。政府一直在增加青年就业岗位，但是很多人批评现在的青年就业政策只是"先增加岗位再说"，没有提出任何从根本上解决问题的方案，最后还是竹篮子打水一场空。下届总统选举即将来临，对各党派的总统候选人来说，青年失业问题将成为逐鹿中原的关键点，谁能拿出立竿见影的解决方案，谁就可以问鼎天下。

　　另一方面，四十万啃老族也反映出韩国教育的彻底失败。以应试为主导，只追求分数，脱离实际的哑巴英语，泛滥成灾的课外辅导，在这样的情况下，无一技之长的学生们离开校园进入社会之后，高不成，低不就，沦为终日无所事事的族群。这些长期以来形成的顽疾，教育当局不改革、不扭转，青年失业就无法根治。

　　政府应致力于通过教育改革培养创意型人才和对科学技术进行投资，打造公正的市场。另外，政府必须制定双管齐下的解决对策，中长期而言要改变产业结构，同时还要进行短期援助，提高中小企业工人的工资，以改变年轻人挤破财阀窄门的风气。青年失业问题关乎国家未来的命运，政府、企业、民间必须共同努力，才能打好这一场"就业保卫战"。

단어

- **断奶** 젖을 떼다 • **信誓旦旦** 굳게 맹세하다 • **裹足不前** 앞으로 나아가지 않다 • **竹篮子打水一场空** 허탕치다 • **逐鹿中原** 천하를 다투다 • **立竿见影** 즉시 효과가 나타나다 • **问鼎天下** 천하를 차지하다 • **应试** 시험 대비 • **一技之长** 뛰어난 내주 • **高不成，低不就** 요구가 비현실적이어서 맞지 않다 • **无所事事** 할 일이 없다 • **双管齐下** 두 가지를 병행하다 • **挤破** 꽉 눌러 터뜨리다 • **财阀窄门** 대기업의 좁은 취업관문 • **就业保卫战** 취업전쟁

핵심구문

- **靠~供养** ~에 기대서 살다
- **不仅是 A，也是 B** A일 뿐만 아니라 B이기도 하다
- **事关~** ~와 관계되다
- **重振经济** 경제 살리기/경기부양
- **脱离实际** 현실과 동떨어지다
- **进入社会** 사회에 진출하다
- **打造~市场** ~시장을 조성하다
- **制定~对策** ~대책을 마련하다
- **提高工资** ~임금을 인상하다
- **改变~结构** ~구조를 바꾸다
- **改变~风气** ~분위기를 바꾸다

실력 다지기

잘못된 어법이나 표현을 올바르게 고쳐보세요!

1. 下最大努力　⇒　..

2. 采取方案　⇒　..

3. 第19代总统选举　⇒　..

4. 两级分化严峻　⇒　..

unit 27

안전불감증

한국 사회에 만연한 안전불감증에 대한 본인의 견해를 중국어로 쓰시오.

배경 지식 알기

☐ **안전불감증 / 安全麻木症(安全疲劳症/安全麻痹症)**

안전에 대해 무감각하고 안전한 상황이 아닌데 안전하다고 느끼거나 안전에 대한 기본상식이 없는 것을 말한다. 기술이 첨단화된 현대사회에서 사고와 재해를 방지하는 기술과 기반이 나를 보호해준다는 맹목적인 믿음과 나만은 안전할 것이라는 개인주의적 사고방식이 결합하면서 생겨났다.

☐ **하인리히 법칙 / 海恩法则**

큰 사고가 일어나기 전에 반드시 유사한 작은 사고와 사전 징후가 선행한다는 경험적인 법칙이다. 1931년 미국 보험회사 직원 하인리히는 수많은 산업재해 자료를 분석한 결과, 평균적으로 한 건의 큰 사고 전에 29번의 작은 사고가 발생하고 300번의 잠재적 징후들이 나타난다는 사실을 밝혀냈다. 그래서 하인리히 법칙을 흔히 '1:29:300의 법칙'이라고도 한다.

용어 익히기

· 긴급대응 매뉴얼 **应急预案** · 냄비근성 **三分钟热情/三分钟热度** · 대형 참사 **大规模惨案/恶性事故** · 먹거리 안전 **食品安全** · 부실시공 **豆腐渣工程** · 불량식품 **黑心食品** · 붕괴사고 **坍塌事故/倒塌事故** · 빨리빨리 문화 **"快文化"** · 삼풍백화점 **三丰百货店** · 성수대교 **圣水大桥** · 세월호 **世越号** · 싱크홀 **地陷** · 안전점검 **安全检查** · 잘못된 의식 **不良意识**

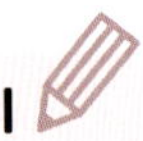

개요 잡기

 **선생님의 팁!**

사회적 과제에 대한 분석과 해결책 제시를 요구하는 유형의 문제이다. 다음의 내용이 들어갈 수 있도록 글을 구성하면 좋다. 1. 한국의 안전불감증 실태 2. 안전불감증의 원인 3. 안전불감증 개선방안

플러스 주제

고층빌딩 화재 및 지하철 사고 예방에 대한 견해 / 살충제 계란 파동에 대한 견해 / 한국 사회의 안전교육에 대한 견해

我对"安全麻木症"的看法

不久前，韩国庆州发生了有史以来最大规模的地震。除了庆州以外，包括首尔在内的全国各地都有明显的震感，余震也持续不断，整个国民一下子就陷入了恐慌之中。据悉，当地震发生时，一些学校的老师让学生们原地待命继续上自习。可见，人们对地震防范的意识有多薄弱。

其实，这并不是个案，而是每分每秒都在韩国不断发生的"安全麻木"问题。仅在两年来发生过许多因"安全麻木症"而引发的事故。该问题为什么还得不到改善呢？首先，从国家层次的安全教育还不到位。每次发生特大安全事故，我们都不约而同地呼吁要加强安全教育，但过一两周，人们就把事故忘得干干净净，不再关注安全问题的重要性，更别提什么安全教育了。这种"三分钟热情"的态度就是酿成这种"安全麻木症"恶果的罪魁祸首。其次，每个国民在安全事故方面都抱有"侥幸心理"，认为这些事故和自然灾害是"他人瓦上霜"。不过，从此次庆州地震中可以看出，在自然灾害面前，人人都是"平等"的，老少妇孺无一例外，都逃不了灾害的魔手。

为了克服韩国社会积存多年的顽瘴痼疾——安全麻木症，国家还是要加强安全教育，并大力推进防灾措施，如强化抗震设计并必须把它列入城市规划的基本项目；多建设避险场所；重建灾难监测及预报系统，以此来及时向国民通报灾难信息等。但更重要的是每个国民都改变意识，积极参与安全教育活动，时刻保持警惕，若发生问题，就及时报警和避险。

如果说以前是个"人命关天"的时代，那么当下已经是"人命关人"的时代了，即我们身边发生的大多数事故其实都可以提前防范或者可以通过预防将受害程度最小化。希望每个人都将这个朴素的道理铭记在心，共同努力打造安全社会。

단어

• **庆州** 경주 • **有史以来** 유사 이래로 • **原地待命** 제자리에서 명령을 기다리다 • **不约而同** 우연히 일치하다 • **罪魁祸首** 주범 • **侥幸心理** 요행 심리 • **他人瓦上霜** 남의 집 기와의 서리 • **老少妇孺** 남녀노소 • **无一例外** 예외가 없다 • **顽瘴痼疾** 고질병 • **抗震设计** 내진 설계 • **城市规划** 도시계획 • **避险** 위험을 피하다 • **监测** 관측하다 • **人命关天** 인명은 하늘이 관장하는 것이어서 누구도 함부로 할 수 없다

코멘트

전반적인 구조와 내용 구성은 좋은 편이다. 다만 '他人瓦上霜'을 '자신에게 일어나지 않을 일'이란 의미로 사용했는데 '他人瓦上霜'은 '자신과 무관한 일'이란 뜻이다. 중국어 성어나 시와 사(诗词)를 차용할 때는 정확한 의미와 용법을 알고 써야 한다. 중국어 표현이 어떻게 가다듬어졌는지 모범 답안을 살펴보도록 하자.

• '包括首尔在内的'는 '首尔等'으로도 쓸 수 있다.

• '从国家层次'는 '국가적 차원'이라는 뜻으로, '从国家层面'으로도 쓸 수 있다.

• 성어 '不约而同'과 '不谋而合'는 용법이 다르니 주의하자.
  예) 大家不约而同地伸了懒腰 (O) / 你的想法和我的想法完全一样，真可说是不约而同 (X) / 他俩的想法竟然不谋而合 (O) / 老师一进教室，学生们就不谋而合地站起来 (X)

• '最小化'와 '最少化'를 혼동하지 말자. '将~最小化'는 '尽量减少~ / 最大限度地降低~'로도 쓸 수 있다.

• '将~铭记在心'은 '把~铭记在心/铭记~'로도 쓸 수 있다.

谈"安全麻木症"

庆州发生5.8级地震，这是韩国有监测记录以来震级最强的一次地震。除了庆州以外，包括首尔在内的全国各地都有明显的震感，余震持续不断，搞得人心惶惶。据悉，在发生这次地震时，一些学校的老师让学生们原地待命继续上自习。可见，对安全教育的忽视、安全意识的薄弱、防范技能的缺乏是在我们社会蔓延的顽疾。

所谓的"安全麻木症"为何得不到改善呢？首先是安全教育不到位。每次发生重大安全事故后，呼吁要亡羊补牢，要加强安全教育，但事过境迁，就将安全教育抛至九霄云外。其次，对安全事故抱有"侥幸心理"。很多人认为安全事故和自然灾害不会发生在自己身上。然而，在自然灾害面前"人人平等"，老少妇孺无一例外，谁都逃不了灾害的魔掌。

灾难的发生是不可避免的，但有效的措施可以预防和减轻灾害所造成的损失。政府与有关部门要彻底根治我们社会的顽瘴痼疾——"安全麻木症"。为此，要加强安全教育，大力推进防灾措施，强化抗震设计并列入城市规划的基本项目，增设应急避险场所，重建灾难监测及预报系统。

海恩法则指出：每一起严重事故的背后，必然有29次轻微事故和300起未遂先兆以及1000起事故隐患。安全来自警惕，事故源于麻痹。自然灾害不可怕，可怕的是我们心中的灾害，防御灾害还是要从我们每个人自己做起。

단어

- **震级** 진도(震度) • **人心惶惶** 인심이 흉흉하다 • **事过境迁** 일이 지나가고 상황도 변하다 • **根治** 근절하다 • **轻微** 경미하다 • **未遂** 미수에 그치다 • **先兆** 전조 • **麻痹** 무감각해지다

핵심구문

- **将~抛至九霄云外** ~을 까맣게 잊어버리다
- **逃不了~魔掌** ~손아귀에서 벗어나지 못하다
- **减轻~损失** ~손실을 줄이다
- **列入~项目** ~항목에 포함시키다
- **重建~系统** ~시스템을 재구축하다
- **源于~** ~에서 비롯되다
- **防御灾害** 재해를 막다
- **从~做起** ~부터 하다

실력 다지기

잘못된 어법이나 표현을 올바르게 고쳐보세요!

1. 安全冷淡症 ⇒

2. 防震设计 ⇒

3. 尚未不足 ⇒

4. 5.8规模的地震 ⇒

외모지상주의

한국 사회에 만연한 외모지상주의에 대한 본인의 견해를 중국어로 쓰시오.

 **배경 지식 알기**

▫ **루키즘 / 外貌至上主義**

외모가 개인의 우열과 성패를 가름한다고 믿어 외모에 지나치게 집착하는 경향 또는 사회 풍조를 말한다. 우리말로는 외모지상주의 또는 외모 차별주의로 번역한다. 한국에서는 2000년 이후 루키즘이 사회 문제로 등장했는데, 조사 결과 한국 여성들이 세계에서 가장 많이 성형 수술을 받는 것으로 나타났다. 다이어트 열풍에 휩쓸려 무리하게 살을 빼다가 죽음에 이른 경우도 보고되고 있다.

 **용어 익히기**

• 내적인 미 **内在美** • 동안 **娃娃脸** • 루저 **屌丝** • 몸짱 **健美身材** • 미인 선발대회 **选美大赛**
• 베이글남 **小鲜肉** • 베이글녀 **小嫩肉** • 비주얼 **颜值** • 쁘띠성형 **微整形** • 성형일번지 **整容一条街** • 성형수술 열풍 **整容热** • 엄친녀 **白富美** • 엄친아 **高富帅** • 외적인 미 **外在美**

 **개요 잡기** 

선생님의 팁!

사회 풍조에 대한 고찰을 통해 분석과 해결책을 제시하는 작문 유형이다. 다음의 내용이 들어갈 수 있도록 글을 구성하면 좋다. 1. 한국 사회의 외모지상주의 실태 2. 외모지상주의가 만연한 원인과 그에 따른 영향 3. 외모지상주의 풍조에 대한 개선방안

동안 및 몸짱 열풍에 대한 견해 / 미인 선발대회에 대한 견해 / 어린이 화장품 판매에 대한 견해 / 취업 성형 열풍에 대한 견해

我对韩国人外貌至上主义的看法

随着时间的推移，人类对美的价值观不断发生变化。到目前为止，女人苗条的身材，男人健壮的肌肉就成了现代社会最美的标准。实际上，我们在电视上可以看到被粉丝"崇拜"的许多演员都拥有出众的外貌和身材。如果普通人通过适当的运动和饮食调节，力图得到颇有魅力的长相，那就无可厚非。但这种欲望沦为外貌至上主义，引起了许多问题。

那么，这种外貌至上主义所带来的后果是什么？

首先，这会导致人们过度激烈地竞争来拥有更美的外貌。为了长得更美丽，有些人除了体育运动以外，还要以不正常的方法达到自己的目标，如吃药减肥、做危险较高的手术等。据悉，一位外国女模特因强度大的减肥而死亡。这一消息引起了很大的反响。这些事件为外貌至上主义已经蔓延的我们社会敲响了警钟。

其次，这使人们对幸福的标准发生变化。过去韩国贫穷时，人们往往认为，健康、稳定的家庭生活、圆满的人际关系等较为朴素的东西就是衡量幸福的尺度。但随着工业化和全球化的迅速扩散，衡量幸福的尺度逐渐变为财产、薪水和外貌等物质性价值。这种现象不仅给现代的中老年和青少年，还给后一代人留下物质万能主义和外貌至上主义。我们不应对此置之不理。

其实，每个人想的最重要的价值都各不相同。但值得注意的是，我们要通过教育和宣传等各种方式抑制外貌这一价值高于其他价值，否则现代人的外貌会变成千篇一律，我们社会里其他更重要的价值失去其影响力。结果，我们会生活在以外貌等表面的东西来判断别人的时代。

• **健壮** 건장하다 • **粉丝** 당면/팬
• **饮食调节** 음식조절 • **力图**
힘써 도모하다 • **颇有魅力** 상당
히 매력이 있다 • **无可厚非** 크게
비난할 바가 못 된다 • **反响** 반
향 • **朴素** 소박하다 • **衡量** 가늠
하다 • **各不相同** 제각기 다르다
• **千篇一律** 천편일률적이다

문장의 구성 비율은 좋으나 서두에서 개인이 외모를 중시할 수밖에 없는 사회적 배경에 대한 설명이 없고 문제의 핵심을 간파하지 못하고 겉도는 것이 아쉽다. 모범 답안을 통해 어떻게 수정되었는지 살펴보도록 하자.

• '**适当**'은 한국어 '적절하다'에 해당한다. '적당하다'와 구분하도록 하자.
• '**以**'는 '**用**'의 용법으로 쓸 수 있다.
• '**达到**'는 주로 상황을 나타내는 빈어와, '**到达**'는 주로 구체적인 장소를 나타내는 빈어와 호응한다.
  예) 达到目的 / 到达仁川机场
• '**值得**'에 인칭대명사를 쓸 때 위치에 유의한다. '我们值得注意'가 아닌 '**值得我们注意**'로 쓴다.

모범 작문

外貌至上主义

　　"这是一个看脸的时代"，我们社会处处显示出对于自己外貌的重视和"一切向脸看齐"的价值取向。一个人的外貌会影响到他的工作、收入甚至前途，因此越来越多的年轻人为了争取更好的恋爱机会、就业机会以及社会地位而选择减肥和整容。其实"看脸"是无可厚非的，但问题在于"只看脸"，这就引起了许多问题。

　　首先，韩国外貌至上主义的社会氛围鼓励年轻女性想方设法变得更瘦更美，为了拥有更靓丽的外貌，别说是常年吃减肥药，甘愿冒手术风险的也大有人在。然而整容手术失败导致的毁容、不可逆的面部神经伤害和心理阴影等极端案例也层出不穷。

　　其次，外貌至上主义反映出深层的社会问题。外貌至上主义是"男性至上主义"，也是"歧视主义"，同时也反映出了社会的浮躁和道德上的问题。也有人批判说，以貌取人的风气使整个社会沉迷于美色。女性视矮个男人为"失败者"，对长相俊美的男性趋之若鹜，男性见到年轻貌美的女性魂不守舍，整个国家都被美色所迷惑。

　　爱美是人的天性，但美的形式很多，外貌不是唯一的美。一味地追求华而不实的外在美，也是一种病症。我们要知道通过"比美"彰显自己存在感的做法，远不如深层发掘自身优点和潜力来得实在。这需要舆论和媒体正确引导社会的价值取向。现在该是反思我们社会蔓延的"外貌至上主义"的时候了。

단어

- **价值取向** 가치성향 ・ **想方设法** 갖은 방법을 쓰다 ・ **靓丽** 아름답다 ・ **甘愿** 기꺼이 ・ **大有人在** 그와 같은 사람이 많다 ・ **层出不穷** 끊임없이 나타나다 ・ **毁容** 얼굴을 망가뜨리다 ・ **浮躁** 경박하다 ・ **以貌取人** 외모로 사람을 판단하다 ・ **趋之若鹜** 떼지어 몰려들다 ・ **魂不守舍** 넋이 나가다 ・ **华而不实** 겉만 번지르르하다

핵심구문

- **向脸看齐** 얼굴만 보다
- **争取~机会** ~기회를 잡다
- **引起~问题** ~문제를 일으키다
- **别说~** ~은 말할 것도 없고
- **冒~风险** ~위험을 무릅쓰다
- **反映出~问题** ~문제를 반영하다
- **沉迷于~** ~에 빠지다
- **被~所迷惑** ~에 홀리다
- **彰显~存在感** ~존재감을 드러내다
- **远不如~** ~보다 훨씬 못하다

 **실력 다지기**

잘못된 어법이나 표현을 올바르게 고쳐보세요!

1. 越来越增加　⇒　...

2. 外国人患者　⇒　...

3. 被人们深受欢迎　⇒　...

4. 要深思考虑　⇒　...

unit 29 난이도 ★★★☆☆

자살문제

날로 심각해지는 한국의 자살문제에 대한 본인의 견해를 중국어로 쓰시오.

step 1 배경 지식 알기

□ **세계자살예방의 날 / 世界预防自杀日**

매년 9월 10일로 전 세계에 생명의 소중함과 자살문제의 심각성을 널리 알리고 대책을 마련하기 위한 날이다. 세계보건기구(WHO)와 국제자살예방협회(IASP)가 2003년에 제정했다.

□ **SOS 생명의 전화기 / SOS生命电话**

자살 예방을 위해 서울시와 생명보험사회공헌재단이 2011년부터 투신사고가 빈번한 다리에 설치하기 시작했다. 마포대교, 한남대교, 한강대교, 원효대교에 각각 4대씩 설치해 운영 중이며 핫라인을 통해 365일 24시간 자살 예방 통합서비스를 제공한다.

step 2 용어 익히기

- 감정노동자 **情绪劳动者** · 계약직 **合同工** · 국제자살예방협회(IASP) **国际自杀预防协会** · 모방자살 **效仿自杀** · 베르테르 효과 **维特效应** · 세계보건기구(WHO) **世界卫生组织** · 심리상담 **心理咨询** · 심리적 방어선 **心理防线** · 우울증 **抑郁症/忧郁症** · 자살하다 **自杀/自寻短见/走上不归路** · 자살예방센터 **自杀预防中心** · 투신자살 **跳楼自杀**

step 3 개요 잡기

 **선생님의 팁!**

사회적 과제에 대한 고찰을 통해 분석과 해결책을 제시하는 작문 유형이다. 다음의 내용이 들어갈 수 있도록 글을 구성하면 좋다. 1. 한국의 자살문제 실태 2. 한국의 자살률이 높은 이유 3. 자살문제의 해결책

플러스 주제

자살, 개인의 문제인가, 사회의 문제인가 / 노인 자살에 대한 견해 / 청소년 자살에 대한 견해

我对自杀的看法

众所周知，韩国是在经合组织成员国中自杀率最高的国家。韩国自杀率为何居高不下？现代人自杀的原因何在？为了解决这一问题，我们应作出哪些努力？

首先，从国家层次应该尽力解决就业难问题。在最近发布的韩国自杀率报告中，尤为明显的一点就是年轻人的自杀率呈逐步上升趋势。笔者认为，其根本原因在于年轻人的就业难问题。目前，很多年轻人虽然拥有高学历、优秀能力和各种资格证，但市场对人才的要求日益提高，导致年轻人失去立足之地。他们无法承受这些精神和经济上的压力而选择极端方式来回避问题。因此，国家应创造更多的工作岗位，为他们提供用武之地。

其次，我们应该营造宽容失败的社会氛围。在韩国，无论是小学生还是上班族，我们对失败都采取"零容忍"态度，甚至把他们当作一个"失败者"。但是，这种态度会给他们带来巨大的心理压力，让他们走上不归路。因此，我们应有宽容失败的成熟心态。

总而言之，为了有效地解决日益严重的自杀问题，国家和国民都要齐心协力，共同努力。希望通过上述努力，韩国人能够找回自信，更有勇气地跨越人生的一道道难关。

单어
· **成员国** 회원국 · **立足之地** 발붙일 자리 · **用武之地** 능력을 발휘할 수 있는 곳 · **零容忍** 무관용

코멘트

내용 구성이 아쉽다. 서론에서 '현대인 자살의 원인은 무엇일까'라는 질문을 던진 후 구체적인 원인을 제대로 언급하지 않은 점이 보완이 필요해 보인다. 본론에서는 자살 원인을 일목요연하게 제시하면 논리 구조가 훨씬 좋았을 것이다. 모범 답안을 통해 어떻게 수정되었는지 살펴보도록 하자.

· '보고서'를 '报告书'가 아닌 '**报告**'로 쓰도록 유의한다.

· '**呈～趋势**'는 '～추세를 보이다'라는 뜻으로, '**呈现～趋势 / 呈现出～趋势 / 出现～趋势**'로도 쓸 수 있다.

· '**导致**'는 '야기하다/초래하다'라는 뜻으로, 안 좋은 결과를 야기할 때 주로 사용한다. 유사어로 '**造成**'이 있다.

· '**无论A还是B，都C**'는 'A나 B를 막론하고 C하다'라는 뜻으로, '**无论**'은 후속절의 '**都 / 也**'와 호응한다.
  예) 这部曲屏手机，无论是颜值还是系统体验，都是时尚年轻人的首选

· '**找回自信**'은 '**重拾自信**'으로도 쓸 수 있다.

谈自杀

众所周知，韩国的自杀率在经合组织成员国中位居首位——每10万人中就有28.9人自杀身亡。如今，自杀不仅是个人问题，也已成为严重的社会问题。在一个相对富裕的国度里，自杀率如此之高，令政府与社会学家困惑不已。自杀率剧增的原因究竟何在？为解决这一问题，我们应作出哪些努力？

在最近发布的自杀率报告中，尤为明显的一点是年轻人的自杀率呈逐步上升趋势。20-30岁的人群自杀主要是由于经济不振，求职困难，或多次失业，因而生活陷入贫困之中。再者，激烈的竞争社会营造出"只许成功，不许失败"的氛围，人们对大大小小的失败都采取"零容忍"态度，烙上"失败者"的烙印，让挫败者不堪压力走上不归路。除此之外，家庭崩溃、对自杀过于宽容，甚至美化自杀的社会风气也是问题。

大部分的人都只要能看到一线希望，就不会放弃生命。一旦渡过最黑暗、最痛苦的难关，就可恢复稳定。政府应创造更多的工作岗位，实施扶贫政策，同时积极采取措施，建立自杀预防中心或提供心理咨询服务，让有轻生念头的人明白自杀绝不是摆脱生活压力的可行的退路。我们社会和家庭也有责任营造良好的社会风气，关怀周边人，照顾被孤立和受挫折的人。

别忘了，人生最大的财富就是有人在身边鼓励你：失败了不要紧。

단어

- **困惑不已** 곤혹스럽기 그지없다
- **挫败** 꺾다/좌절과 실패 • **家庭崩溃** 가정 붕괴 • **扶贫** 빈민을 구제하다 • **轻生** 목숨을 가벼이 여기다/자살하다 • **退路** 퇴로 • **不要紧** 괜찮다

핵심구문

- **位居首位** 1위를 차지하다
- **每A中就有B** A당 B꼴로
- **烙上~烙印** ~낙인을 찍다
- **不堪压力** 중압감을 견디지 못하다
- **过于宽容** 지나치게 관용적이다
- **渡过~难关** ~난관을 넘다
- **创造~工作岗位** ~일자리를 만들다
- **营造~风气** ~분위기를 조성하다
- **受挫折** 좌절하다

실력 다지기

잘못된 어법이나 표현을 올바르게 고쳐보세요!

1. 自死 ⇒ ....

2. 受到困难 ⇒ ....

3. 年龄少 ⇒ ....

4. 把孩子引导正确的道路 ⇒ ....

5. 能力很高 ⇒ ....   6. 给家人感到痛苦 ⇒ ....

저출산

한국 사회의 저출산 문제에 대한 본인의 견해를 중국어로 쓰시오.

 **배경 지식 알기**

□ **인구절벽 / 人口悬崖**

전체 인구 중 생산가능인구의 비중이 급격히 줄어드는 현상을 말한다. 이 현상이 발생하면 생산과 소비가 감소하는 등 경제활동이 위축돼 심각한 경제위기를 야기할 수 있다.

□ **생산가능인구 / 劳动年龄人口(劳动适龄人口)**

경제활동을 할 수 있는 나이(만 15세~64세)의 인구를 말하며 생산연령인구라고도 한다. 생산가능인구는 일할 의사와 능력이 있는 경제활동인구와 일할 의사가 없는 비경제활동인구로 나뉘며, 경제활동인구는 다시 취업자와 실업자로 나뉜다.

□ **딩크족 / 丁克族**

Double Incomes, No Kids의 이니셜 DINKS에서 유래한 말로, 정상적인 부부 생활을 영위하면서 의도적으로 자녀를 갖지 않는 맞벌이 부부를 일컫는다. 최근에는 딩크족과 애완동물을 뜻하는 펫(Pet)의 합성어인 딩펫족도 등장했다. 이는 아이 없이 애완동물을 기르며 사는 맞벌이 부부를 일컫는다.

 **용어 익히기**

- 1인 가구 **单人家庭/"一人户"家庭/"一人户"** · 경력단절 **工作经历断层** · 골드미스 **剩女** · 남성 전업주부 **家庭主男** · 노인부양지수 **老年人口负担系数** · 두 자녀 정책 **二孩政策/二胎政策** · 딩펫족 **丁宠族/丁宠家庭** · 만혼 풍조 **晚婚潮** · 맞벌이 가정 **双薪家庭/双职工家庭** · 무상보육 **免费保育** · 베이비푸어 **孩奴** · 비혼 **不婚** · 아동수당 **儿童补贴** · 어린이집 **托儿所** · 워킹맘 **职场妈妈** · 육아대디 **奶爸** · 육아휴직 **育儿休假** · 저출산 **低生育率/少子化** · 전업주부 **全职主妇** · 출산기피 **逃避生育** · 출산장려책 **鼓励生育政策** · 출산휴가 **产假**

  **개요 잡기**

 **선생님의 팁!**

사회적 과제에 대한 분석과 해결책 제시를 요구하는 유형의 문제이다. 다음의 내용이 들어갈 수 있도록 글을 구성하면 좋다. 1. 한국의 저출산 현황 2. 저출산 원인과 영향 3. 저출산 극복 방안

플러스 주제

만혼 및 비혼 풍조에 대한 견해 / 인구 감소 해결을 위한 이민정책에 대한 견해 / 1인 가구 증가에 대한 견해

低生育率

目前，韩国低生育率问题日益严重，已成为重大的社会问题。据估计，今年的平均出生人口从去年的1.3人下降到1.1人的可能性很大。

那么，韩国生育率一直下降的原因是什么？第一，养育负担的增加。在韩国一个人出生到上大学所需要的费用高达1亿韩元，人们对养育费用负担很大。因此，只生一个子女的人越来越多，甚至也有不生子女的人；第二，韩国女性生育后很难维持自己的职业生涯。因此，子女出生后女性们只能选择工资较低的工作。对此，女性的不满很大。

韩国社会为了解决这种问题，应该要想方设法积极应对：首先，国家方面要提供养育补贴。比如，政府给养育者或养育机构提供补贴的话，可以减轻家长们的养育负担。如果孩子的祖父母养育孙辈的话，该补贴应该直接给祖父母。这样才能能解决老年人的养老金问题；其次，为了保障女性的职业生涯，企业应该要延长带薪育儿假；最后，一定规模以上的企业要设立托儿所，让女性职员能够安心工作。

解决低生育率问题是决定国家未来发展的重要问题，我们每个人都要对此作出努力。

코멘트

전반적인 구조는 잘 잡았으나 결론이 다소 짧다. 그리고 본론의 저출산 문제 해결책 부분에서 사용한 어휘들이 한정되어 보인다. 모범 답안을 통해 어떻게 수정되었는지 살펴보도록 하자.

단어

• **高达〜** 무려 〜이다/〜나 된다
• **生育** 출산하다 • **职业生涯** 직업 경력/커리어 • **补贴** 보조금/수당 • **孙辈** 손주 • **带薪育儿假** 유급 육아휴직

• '**低生育率**'는 '**少子化**'로도 쓸 수 있다. '**少子化**'는 일본에서 사용하기 시작한 말로, 아이를 적게 낳는 현상을 일컫는다.

• '출산율'은 '**出生率**'로도 쓸 수 있다. '**出产率**'로 쓰지 않도록 유의한다.

• '**一直下降**'은 '**持续下降 / 每况愈下**'로도 쓸 수 있다.

• 한국 화폐 단위 '원'을 '元'으로 쓰지 않도록 유의한다. '**元**'은 중국 화폐 단위이다.

低生育率

随着社会的高速发展，越来越多的夫妻因为生活困难而推迟生育，导致韩国陷入低生育率的怪圈。据估计，今年的平均出生人口很可能由去年的1.3人下降到1.1人。

韩国生育率持续下降，原因是什么？

第一，生得起，养不起。韩国养育负担过重，孩子在婴幼儿期的托管费用和进入学龄期的私教育费用是家庭的主要开支项目，一个人出生到大学毕业需要的费用高达1亿多韩元。因此，单孩家庭居多，多数夫妻没有生育二胎的计划，甚至也有不育家庭。

第二，生了孩子，丢了饭碗。大多数女性在生育孩子的过程中不得不放弃工作。因此，多数女性生育后会选择尽管年薪不高、升职不易但能够事业家庭两不误的职业。

为了解决低生育率问题，有必要采取如下措施：

首先，政府投入资金支援家庭的托儿和育儿教育，并对结婚、生育、子女养育各个环节给予相应奖励。

其次，为了方便女性兼顾家庭和工作，当务之急是提供合适的就业岗位，企业应该要延长带薪育儿假，保留生育妇女的职位。

最后，承担社会职能是企业的责任，具有一定规模的企业要直接办园，企业职工子女优先入园，让女职员无后顾之忧。

这些政策要达到预期的效果，就不能停留在"小恩小惠"上，否则收效甚微。解决低生育率是决定国家未来发展的重大课题，政府必须要付出代价，制定相关福利政策，创造更好的条件。

• **婴幼儿** 영유아 • **托管** 돌봐 달라고 부탁하다 • **学龄** 취학 연령 • **单孩家庭** 한 자녀 가정 • **居多** 다수를 차지하다 • **二胎** 둘째 아이 • **不育** 아이를 낳지 않다/불임 • **升职** 승진하다 • **两不误** 두 마리 토끼를 잡다 • **环节** 마디/단계/부분 • **兼顾** 동시에 돌보다 • **后顾之忧** 뒷걱정 • **预期的效果** 소기의 성과 • **小恩小惠** 작은 선심 • **收效甚微** 효과가 미미하다

• **陷入~怪圈** ~악순환에 빠지다
• **丢饭碗** 실직하다
• **给予奖励** 장려금을 주다
• **达到~效果** ~효과를 얻다
• **付出代价** 대가를 치르다
• **创造~条件** ~여건을 조성하다

잘못된 어법이나 표현을 올바르게 고쳐보세요!

1. 出生政策 ⇒ ....

2. 效果没有明显 ⇒ ....

3. 养育休假 ⇒ ....

4. 年轻人夫妻 ⇒ ....

5. 回来公司 ⇒ ....   **6.** 一个家庭有就一个孩子 ⇒ ....

학교폭력

학교폭력에 대한 본인의 견해를 중국어로 쓰시오.

step 1 배경 지식 알기

□ **사이버불링 / 网上欺凌(网络欺凌)**

사이버공간에서 이메일이나 휴대폰, SNS 등을 활용해 특정 대상을 지속적이고 반복적으로 괴롭히는 행위를 일컫는다.

□ **스쿨폴리스제도 / 校园警察制度**

학교폭력으로부터 학생들을 보호하고 학교폭력에 효과적으로 대응하기 위해 전직 경찰 등 전문 인력을 학교에 상시 배치해 학교 폭력 관련 업무를 전담하게 하는 제도이다.

□ **일진회 / 校园帮派**

일진회(一陣會) 혹은 일진은 일본에서 유래한 폭력 단체로 흔히 대부분의 학교 내에 존재하는 폭력 조직을 일컫는 말로 쓰인다. 폭력의 우열로 서열을 정해 놓고 일진, 이진으로 우선순위를 나타낸다.

step 2 용어 익히기

• 가해자 **加害者** • 감시카메라(CCTV) **监控录像机/监控摄像头** • 공갈 **恐吓** • 괴롭히다 **欺凌** • 미성년자 **未成年人** • 사춘기 **青春期** • 약탈하다 **掠夺** • 일탈행위 **离轨行为** • 중퇴 **辍学** • 폭행하다 **施暴** • 피해자 **受害者** • 학교폭력근절 종합대책 **《根除校园暴力综合对策》** • 협박 **要挟**

step 3 개요 잡기 

사회 현상에 대한 해결책 제시를 요구하는 유형의 문제이다. 다음의 내용이 들어갈 수 있도록 글을 구성하면 좋다.
1. 학교폭력 실태와 심각성 2. 학교폭력 유형 및 발생 원인과 그 폐해 3. 학교폭력 문제 해결책

플러스 주제

가정폭력에 대한 견해 / 데이트폭력에 대한 견해 / 왕따 문제에 대한 견해

校园暴力

　　近期，遭受校园暴力的中学生与日俱增，甚至中学生选择自杀等消息也不绝于耳。校园暴力如此严重，政府和学校却没拿出一个适当的措施，这令人愤怒。众所周知，青少年是国家的未来，政府和社会有必要重视青少年的健康成长并予以保护。

　　首先，学校要建立青少年咨询平台，政府要周密地进行监管。青少年的自我控制能力有限，遭到困难时需要别人的帮助，被同学排斥并遭受暴力的中学生更需要帮助。校园暴力的危害性在于，不仅给学生留下身体上的伤害，更是留下精神上的伤害。作为青少年的教育机构，学校应每时每刻关注学生的精神状态。问题在于，虽然校园咨询平台早已开设，然而其运营和作用并不理想。因此，政府应组织专门监管校园咨询的部门并予以重视。

　　其次，应加强并完善事后赔偿和处罚体系。很多时候遭到暴力的学生及其家长向学校反映，但学校只想掩盖问题，不给出一个合理的处理方案，反而威胁受害学生及其家长不要公开事件。这无疑是极为不合理、不公正、不符合人道主义的行为。政府应出台更为完善的法律法规，让受害学生维护自己的权利，并对进行暴力的学生予以适当的处罚，不能把校园暴力视作一个学校单独进行处理的事情，进而对校园暴力提高危害意识，减少校园暴力的发生。

　　总之，已发生的一系列校园暴力事件充分证明了目前校园暴力管理的薄弱性。政府要完善相关法规的同时，学校、家长及全社会应提高警惕，努力营造没有暴力的健康的校园气氛，提高道德意识。

단어

- **不绝于耳** 소리가 끊임없이 귓가에 맴돌다 · **愤怒** 분노하다 · **咨询** 상담하다 · **排斥** 배척하다 · **事后赔偿** 사후배상 · **掩盖** 숨기다 · **完善** 완벽하게 하다 · **薄弱性** 취약성

코멘트

전반적으로 내용이 충실한 편이나 중국어 표현이 늘어지는 느낌이다. 모범 작문을 통해 어떻게 가다듬어졌는지 살펴보도록 하자.

- '**中学生**'은 '중·고등학생'을 통칭한다. '중학생'은 '**初中生**', 고등학생은 '**高中生**'이다.
- '**众所周知**'는 관형어로도 쓰이고 문장 앞에서 단독으로도 쓰인다.　예) 这是众所周知的事实
- '**予以**' 뒤에 이음절 명사나 동사가 수반된다.　예) 予以保护 / 予以重视
- '**被**'와 '**遭到**'를 함께 쓰지 않도록 유의한다.　예) 被老师遭到批评 (X)
- 여기서 '**反映**'은 '상황·의견을 상급 기관이나 관련 부서에 보고하다'라는 뜻으로 학교 측에 '항의한다'는 뉘앙스가 담겨 있다.

校园暴力

　　近期，中学生的校园暴力事件频频曝光，暴力程度愈演愈烈，受欺凌的学生选择自杀的消息也不绝于耳。"校园暴力何时休"已经是整个社会的呼声，但政府和学校拿不出一个有效管理的措施，令人心寒。青少年是国家的未来，政府和社会有必要重视青少年的健康成长并予以保护。

　　首先，学校要建立心理咨询室，政府要加强监督考核。学生们的解决问题能力是有限的，遭遇困难时需要有人帮扶。校园暴力的危害，显性的身体伤害事小，隐性的心理伤害事大，必将成为无法抹去的创伤。目前校园的心理咨询室，领导不力、工作不实，形同虚设。政府要严厉预防青少年犯罪工作，使学生有说话的地方，有倾诉的对象，有解决问题的途径。

　　其次，取缔校园帮派，严管重疏，加强法制教育。现在学生们拉帮结派，黑帮侵入校园问题愈趋严重。校方早已心知肚明，却装作视而不见，听而不闻。不铲除校园帮派，杜绝校园暴力就无从谈起。政府要完善法律法规，学校要加强对学生的法制教育，对施暴学生加以适当处罚，维护受害学生的权利，提高校园暴力的危害意识，预防校园暴力的发生。

　　总之，我们要坚持"教育、预防和打击"三位一体的综合教育治理模式，从政府、社会、学校、家庭、个人方面来努力，共治校园暴力，还学生一个洁净的校园。

단어

- **频频** 빈번히 · **愈演愈烈** 점점 더 심해지다 · **何时** 언제 · **考核** 심사하다 · **领导不力** 지도력 부족 · **工作不实** 업무 부실 · **形同虚设** 유명무실하다 · **严厉** 엄하다 · **取缔** 단속하다 · **校园帮派** 폭력서클/일진회 · **严管重疏** 엄격하게 관리하고 지도에 힘쓰다 · **拉帮结派** 패거리를 짓다 · **心知肚明** 훤히 알고 있다 · **视而不见，听而不闻** 보고도 못 본 척, 듣고도 못 들은 척하다 · **铲除** 깨끗이 제거하다 · **洁净** 깨끗하다

핵심구문

- **曝光** 폭로되다
- **受欺凌** 괴롭힘을 당하다
- **愈趋~** 점점 ~하다
- **加以~处罚** ~처벌을 하다

실력 다지기

잘못된 어법이나 표현을 올바르게 고쳐보세요!

1. 被学生挨打　　　　　⇒ ....
2. 不认识到严重性　　　⇒ ....
3. 容易联系与朋友　　　⇒ ....
4. 让学生提醒网络暴力的严重性　⇒ ....
5. 从同学得到讲解　　　⇒ ....

지식재산권

지식재산권의 중요성에 대한 견해를 중국어로 쓰시오.

step 1　배경 지식 알기

- **지식재산권 / 知识产权**

  특정인의 이익을 위하여 일정한 법률적 권리나 능력, 포괄적 법률관계를 설정하는 행위를 말한다. 명칭이 지적재산권에서 지식재산권으로 변경되었다.

- **특허 / 专利**

  인간의 지적 창조물 중에서 법으로 보호할 만한 가치가 있는 것들에 법이 부여한 권리이다. 특허권, 실용신안권, 디자인권, 상표권을 총칭하는 무형재산권이다.

- **특허괴물 / 专利海盗**

  개인 또는 기업으로부터 특허기술을 사들여 로열티 수입을 챙기는 회사를 일컫는 말이다.

- **특허풀 / 专利池**

  특허에 대한 공동의 이익을 목적으로 결성한 단체로 회사의 성격을 갖는다. 특히 표준화 대상 기술에 포함된 특허를 대상으로 관련 회사가 모여 풀을 만들고 풀에 포함된 회사는 권리를 상호 공유한다.

step 2　용어 익히기

- 독점성 **专有性**　· 무단전재 **无端转载/非法转载**　· 방송프로그램 포맷 **电视节目模式**　· 변리사 **专利代理人**　· 산업재산권 **工业产权**　· 상표권 **商标权**　· 세계지식재산권기구(WIPO) **世界知识产权组织**　· 실용신안권 **实用新型专利**　· 의장특허권 **外观设计专利**　· 저작권 **著作权**　· 특허권자 **专利权人**　· 특허출원 **专利申请**　· 판권 **版权**　· 표절하다 **剽窃/抄袭**

step 3　개요 잡기

사회적 과제에 대한 견해와 해결책 제시를 요구하는 유형의 문제이다. 다음의 내용이 들어갈 수 있도록 글을 구성하면 좋다. 1. 지식재산권 현황 2. 지식재산권의 중요성 3. 지식재산권 보호를 위한 방안

중국의 한국 방송포맷 베끼기 현상에 대한 견해 / 특허괴물을 둘러싼 논란에 대한 견해 / 특허분쟁에
대한 견해 / 획기적인 발명과 아이디어 창출에 대한 견해

知识产权

目前，韩国的外国人直接投资与其他发达国家相比较少。其原因在于韩国的知识产权保护现状落后，导致外国投资者对韩国市场望而却步。

其实，在韩国知识产权这一单词并不陌生，但人们对此的了解还是不够深。人们利用网络非法下载音乐、电影、图片时，几乎没有人能察觉到这是一种违法行为。如果有人指责这是违法行为，人们会毫不犹豫地说，"这不单单是我一个人的问题，大部分人都通过这种方法下载音乐等内容。"笔者想这就是问题所在。

目前，保护知识产权的观念尚未普及，教育此类知识的教学课程也微乎其微。人们忽视知识产权的重要性和"人人都做，我为何不能做"这种想法就导致知识产权无法得到有力的保护。不过现在比以前好多了，因为许多作家和公司都用诉讼的方式来保护自己的知识产权。在网络上输入"知识产权"时，能看到一些非法下载电影或小说的人被起诉受到法律制裁的新闻。可见，现在韩国社会正在发生变化。

为了有效防止非法占有知识产权，政府与社会要积极参与保护知识产权的工作。为了有效保护知识产权，从小学开始就开设关于保护知识产权的课程，给国人树立一个正确的概念。政府应要制定强而有力的法律规则来制裁非法占有知识产权。如果政府与社会有效配合，加强知识产权保护的工作，相信韩国保护知识产权的情况会进一步改善。

코멘트

논리 구조가 아쉬운 글이다. 글의 흐름이 점진적으로 연결되지 않는다. 서론의 경우 두서없이 외국인 직접투자로 도입부를 시작했는데 지식재산권의 중요성이나 세계적인 추세를 언급했으면 좋았을 것이다. 모범 작문을 통해서 어떻게 수정되었는지 살펴보도록 하자.

- '与～相比'를 '比～相比'로 쓰지 않도록 유의한다.
- '望而却步'는 '꺼린다'는 뜻으로 개사 '对'를 수반한다.
- 비교급 '比'를 쓸 때 '很', '非常', '相当' 등의 정도부사를 쓰지 않도록 유의한다. 예) 我比她很漂亮 (X) / 我比她更漂亮 (O)
- '树立'는 배양을 통해 대상이 확립될 때 사용하며 '이미지', '인격' 등 추상적인 명사를 수반한다.
예) 树立典型 / 树立榜样 / 树立形象 / 树立自信

知识产权

众所周知，未来全球竞争的关键在于经济竞争，经济竞争的实质是科学技术的竞争，科学技术的竞争，归根到底就是知识产权的竞争。经济专家们指出韩国的知识产权保护相对落后，因此外国投资者对韩国市场望而却步。

知识产权是一种类似财产性质的，是企业或个人拥有的权利。在市场经济中谁的知识产权保护得更好，谁就会在市场竞争中赢得一定的优势。因此，知识产权的保护是刻不容缓的，而保护知识产权需要政府、企业和个人共同努力。

现在，尽管大家对知识产权一词并不陌生，但非法下载音乐、电影、图片已成为家常便饭。保护知识产权的第一步是从个人做起，不可明知故犯，认为天高皇帝远，抱着侥幸心理做违法行为。

由于缺乏产权保护意识未申请专利，被国外或别的竞争对手抢先注册而成为别人的知识产权的事件仍然屡见不鲜。加强中小企业知识产权的保护意识是知识产权保护工作的重点。

面对越来越激烈和残酷的市场竞争，如果不做好知识产权保护工作，增强保护意识，在全球经济一体化的国际市场竞争中必将受制于人。因此，政府应做好教育和指导工作，要制定和实施知识产权战略，来保护国家的技术安全，促进企业自主创新能力。

단어

- **归根到底** 결국 **明知故犯** 알면서도 죄를 범하다 **天高皇帝远** 법률과 제도가 미치지 않는 곳 **抢先** 남보다 앞서 행동하다 **屡见不鲜** 흔한 일이다 **残酷** 잔혹하다 **受制于人** 다른 사람의 제약을 받다 **自主创新** 자주 혁신

핵심구문

- **赢得~优势** ~우위를 점하다
- **抱着~心理** ~마음을 품다
- **制定~战略** ~전략을 세우다

실력 다지기

잘못된 어법이나 표현을 올바르게 고쳐보세요!

1. 上传网络 ⇒
2. 制造~的社会环境 ⇒
3. 应处于惩罚 ⇒
4. 人们越来越多喜欢 ⇒
5. 造成经济损害 ⇒

한식의 세계화

한식의 세계화를 위한 본인의 견해를 중국어로 쓰시오.

배경 지식 알기

☐ 한식재단 / 韩食财团

한식의 우수성을 바탕으로 한식을 발전시키고 한식문화의 국내외 확산을 통해 농림축산식품산업, 외식산업, 문화관광산업 등 관련 산업의 발전과 국가 이미지 향상에 기여하고자 2010년에 설립한 농림축산식품부 산하의 공공기관이다. 주요 사업으로는 한식산업 브랜드화, 한식 진흥법 제정 추진, 한식 진흥사업 5개년 추진목표, 한식 랜드마크 건립, 관련 산업 발전 기여 및 연계 협력 강화, 인프라 구축, 전문인력 양성 및 고용창출, 국내 및 해외 우수 한식당 소개, 해외 한식당 협의체 구성 등이 있다.

용어 익히기

· 갈비찜 炖牛排骨/炖牛排 · 궁중음식 宫廷菜/宫廷御膳 · 길거리 음식 街边小吃 · 김치찌개 泡菜汤 · 깍두기 萝卜块泡菜 · 돌솥밥 石锅饭 · 된장찌개 大酱汤 · 떡볶이 炒年糕/辣炒年糕 · 레시피 烹饪方法 · 막걸리 马格利酒/浊酒 · 발효식품 发酵食品 · 배추김치 辣白菜 · 보쌈 包肉菜 · 불고기 烤肉 · 분식 面食 · 비빔밥 拌饭 · 삼겹살 五花肉 · 셰프 厨师 · 소주 烧酒 · 음식문화/식문화 饮食文化 · 인터넷 먹방 吃播 · 잡채 韩式杂菜炒粉丝 · 조리학교 烹饪学校/厨艺学院 · 집밥 家常饭 · 한식 韩餐 · 한정식 韩式套餐 · 호떡 糖馅饼

개요 잡기

사회적 과제에 대한 분석과 해결책 제시를 요구하는 유형의 문제이다. 다음의 내용이 들어갈 수 있도록 글을 구성하면 좋다. 1. 식품 산업의 중요성 2. 한식의 장점과 세계화 잠재력 3. 한식의 세계화를 위해 주력해야 할 점과 나아갈 방향

플러스 주제

음식 관광 활성화에 대한 견해 / 한국 외식산업의 세계 진출에 대한 견해 / 흔들리는 김치 종주국 지위에 대한 견해

"韩餐全球化"

　　继"韩国电视剧潮"席卷亚洲地区之后，"韩餐（韩国料理）"日趋受到世人的广泛关注。李明博总统将"韩餐全球化"定为国家重要的目标之一。那么，我们如何实现"韩餐全球化"呢？　笔者认为应付出以下几个方面的努力。

　　首先，政府对开发适合外国人口味的韩国菜进行投资。据一项调查，外国人最喜欢的韩国菜依次为烤肉、拌饭、辣泡菜。韩国菜的种类很多，但适合外国人口味的菜并不多，只有几种。究其原因，韩国菜是以咸辣为主。因此，我们要开发不辣不咸的菜，以给外国人提供更多的选择机会。

　　其次，应推进韩餐的高级化。在世人的心目中，日本和法国料理是高档的。这有助于提高国家的整体形象。现在，世界各国对韩国的了解并不深。不少人认为，韩国是发展中国家。在此情况下，介绍高档的韩国菜是提升韩国国家形象的良策。

　　最后，应大力宣传韩餐的营养价值。目前，越来越多的人重视食品的营养价值。在这一方面，韩餐具有绝对优势。因为韩餐特别重视食品材料本身的口感和味道。烹饪方法也以拌、焯居多。希望通过上述努力，在全球范围内掀起"韩餐热"。

코멘트

결론이 제대로 완성되지 않아서 아쉽다. '最后'는 본론에 들어가는 내용으로 단락 말미의 내용과 분리가 되었어야 한다. 결론의 단락을 따로 할애하고 내용을 보강해 작성했다면 작문의 구조가 훨씬 좋았을 것이다. 그리고 본론의 경우, 한식의 세계화를 위해 주력할 점 중에서 전문교육기관 및 전문기관 설립, 메뉴의 세분화(고급형, 대중형, 패스트푸드형) 등 좀 더 구체적 방안을 제시할 필요가 있다. 모범 답안을 통해 어떻게 수정되었는지 살펴보도록 하자.

단어

- **席卷** 휩쓸다 · **依次为~** ~순이다 · **究其原因** 그 원인을 살펴보면 · **不辣不咸** 맵지도 짜지도 않다 · **心目** 마음속 · **高档** 고급 · **良策** 좋은 방법 · **口感** 식감 · **烹饪** 조리하다 · **焯** 데치다

- **'继~之后'**는 '~에 이어'라는 뜻으로, 어떤 일이 순서대로 이어서 발생하거나 혹은 어떤 것을 순서대로 나열해 언급할 때 사용한다.　**예)** 中国将超过德国，成为继美国和日本之后的世界第三大汽车市场
- **'目标'**와 **'目的'**를 혼동하지 않도록 유의한다.
- **'适合'**는 동사라서 빈어를 수반하나 **'合适'**는 형용사라서 빈어를 수반할 수 없다.
　예) 这工作适合你来做 (O) / 这工作合适你来做 (X)
- **'依次为~'**는 '~순이다'라는 뜻으로, 순서에 따라 빈어를 배열한다.

"韩餐全球化"

　　食品产业在单一产业中规模位居榜首。目前韩国的饮食文化，配合韩流的冲击力，受到世人的广泛关注。打铁要趁热，我们要积极投入食品产业，将"韩餐全球化"定为国家重要的目标之一。为了实现"韩餐全球化"要做到如下几点。

　　首先，韩餐最大的优势体现在利用多种食材的有机搭配，追求美味、营养均衡的健康饮食。让专家们经过讨论，取其精华、弃其糟粕，编出全球化菜单后，划分为高档餐、大众餐和快餐等三种类型。

　　其次，韩餐未能实现全球化，最大原因是专业培训机构不足。为此将在海外著名烹饪学校开设韩餐讲座，在海外成立韩式料理学校，并实施"国际韩餐料理资格证"考试，以此推广已选出的高档餐、大众餐和快餐。

　　最后，设立推动韩餐全球化的专门机构，总管韩餐全球化的各种工作。为了向全球传播韩餐的优点和相关文化，要设立网站，发行韩餐厅指南册，大力宣传严格筛选出的全球各地的韩餐厅信息和美味佳肴。

　　饮食文化蕴含着一个国家的文化和传统，饮食文化若能成功地走向世界，国家的品牌价值也将随之提高。希望政府将世界10亿人口定为世界韩餐人口，以"让全世界的人每周都要吃一顿韩餐"为目标，在全球范围内掀起"韩餐热"。

단어

• **位居榜首** 1위를 차지하다 • **配合** 보조를 맞추다 • **健康饮食** 웰빙 음식 • **取其精华、弃其糟粕** 사물의 정수만 취하고 찌꺼기는 버리다 • **培训机构** 교육기관/양성기관 • **筛选** 선별하다 • **美味佳肴** 맛있는 음식

핵심구문

• **编出～菜单** ～메뉴를 만들다
• **开设～讲座** ～강좌를 개설하다
• **设立网站** 홈페이지를 개설하다
• **发行～指南册** ～안내 책자를 발행하다
• **蕴含着～文化** ～문화가 깃들어 있다

실력 다지기

잘못된 어법이나 표현을 올바르게 고쳐보세요!

1. 活用各种食材　➡ ....

2. 成立培训机关　➡ ....

3. 含有丰富的文化内涵　➡ ....

4. 吹起汉语热　➡ ....

5. 融合在国际社会上　➡ ....

6. 对外国人进行宣传韩国　➡ ....

7. 回复形象　➡ ....

대체에너지

대체에너지 개발 필요성에 대한 본인의 견해를 중국어로 쓰시오.

배경 지식 알기

□ **대체에너지 / 替代能源**

석유, 석탄, 천연가스 등 화석연료를 대체하는 에너지를 말한다. 원자력, 태양에너지, 수력에너지, 지열에너지, 풍력에너지, 수소에너지, 해양에너지, 바이오매스 등이 이에 속한다.

□ **재생가능에너지 / 可再生能源**

태양, 소수력, 바이오매스, 풍력, 지열 등 재생 가능한 자연자원으로부터 얻는 에너지를 말한다. 친환경적인 에너지로 고갈 우려가 없으며 화석에너지가 없는 나라에서 재생가능에너지를 활용하면 에너지를 생산할 수 있다. 초기 설치 비용은 많이 들지만 한번만 설치해 놓으면 연료를 계속해서 공급하지 않아도 된다.

□ **청정에너지 / 清洁能源**

환경오염이 없는 깨끗한 에너지를 말한다. 태양에너지, 수력에너지, 지열에너지, 풍력에너지, 수소에너지, 해양에너지, 바이오매스 등이 이에 속한다.

용어 익히기

· 가용자원 **可支配资源** · 바이오디젤 **生物柴油** · 바이오매스 **生物质** · 바이오에너지 **生物能源** · 소수력발전 **小水力发电** · 수력에너지 **水能** · 수소에너지 **氢能** · 신재생에너지 **新能源与再生能源** · 원자력 **核能** · 재래형 에너지/재래식 에너지 **传统能源/常规能源** · 조수에너지 **潮汐能** · 지열에너지 **地热能** · 태양광발전 **太阳能光伏发电** · 태양광패널 **太阳能光伏电池板** · 태양에너지 **太阳能** · 태양열발전 **太阳能光热发电** · 파력에너지 **波浪能** · 풍력에너지 **风能** · 해양에너지 **海洋能** · 화력발전 **火电** · 화석연료 **化石燃料**

개요 잡기

선생님의 팁!

사회적 과제에 대한 분석과 발전 방향 제시를 요구하는 유형의 문제이다. 다음의 내용이 들어갈 수 있도록 글을 구성하면 좋다. 1. 대체에너지의 정의 및 중요성 2. 대체에너지 개발의 필요성과 나아갈 방향

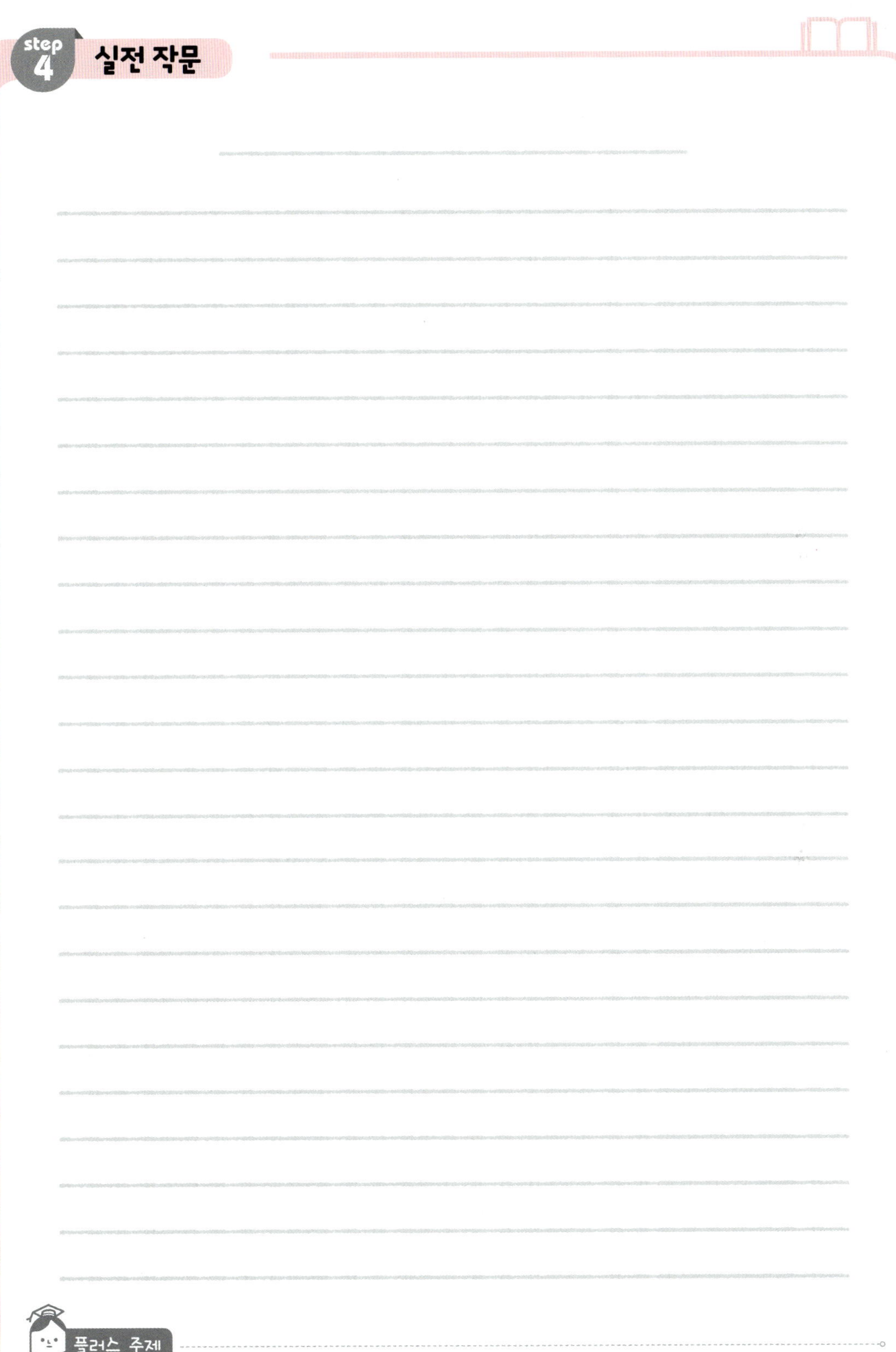

플러스 주제

신재생에너지(혹은 청정에너지) 개발 및 보급에 대한 견해 / 연료 고갈에 대비하는 우리의 자세

替代能源

　　国际油价的攀升使替代能源再次受到关注。曾经一度因油价下跌，人们误以为不再需要开发替代能源，然而事实并非如此。替代能源是包含新能源和再生能源在内的一种能源，具有石油无法代替的优点。其开发的必要性有以下几点。

　　从国际层面来看，替代能源的开发可缓解石油等不可再生能源枯竭可能带来的压力。石油并不是无穷无尽的能源，在不久的将来肯定会枯竭。由于石油储量有限，各国在世界各地展开激烈的资源争夺，甚至引发战争。

　　从国家层面来看，开发替代能源，意味着因油价带来的经济影响可能减弱。油价似乎成为了一种可以操控经济走势的手段。尤其是像韩国这样不产一滴石油的国家，油价波动给国家经济带来巨大影响是不言而喻的。因此，开发替代能源不仅能缓解国家的经济压力，也能发展替代能源的相关产业，进一步促进国家经济的发展。

　　从个人层面看，使用替代能源能给家庭带来长期的经济效益，而且污染排放量少的替代能源可以给人类提供清洁的环境。环境一旦受到破坏，就很难恢复。众所周知，传统能源排放大量二氧化碳，促使全球变暖进一步加剧。只看人类的未来，开发替代能源是人类责无旁贷的任务。

　　综上所述，无论从经济方面还是从环境方面，我们必须要以替代能源取代传统能源，这是势不可挡的潮流。为此，国家、企业和国民都要齐心协力，积极参与到替代能源开发和利用的实践当中。

단어

- **并非如此** 결코 그렇지 않다
- **枯竭** 고갈되다 • **无穷无尽** 무궁무진하다 • **储量** 매장량
- **争夺** 쟁탈하다 • **减弱** 약화되다 • **操控** 조종하다 • **二氧化碳** 이산화탄소 • **全球变暖** 지구온난화 • **责无旁贷** 미룰 수 없는 책임이다 • **综上所述** 앞서 말한 내용을 종합하다 • **势不可挡** 기세를 막을 수 없다

코멘트

전반적인 구조와 내용 구성은 좋은 편이다. 다만 서론에서 대체에너지의 산업경제적 중요성을 강조했다면 더 좋았을 것이다. 그리고 본론에서 '从个人层面看' 부분은 가정과 환경에 관한 내용이다. 따라서 '从人类与环境层面来看'으로 바꾸는 것이 좋다. 모범 답안을 통해 어떻게 수정되었는지 살펴보도록 하자.

- '대체에너지'를 '代替能源'으로 쓰지 않도록 유의한다.
- '一度'는 '한번/한차례' 혹은 '한때/한동안'의 두 가지 뜻이 있다. 여기서는 '한때/한동안'이라는 뜻이다.
- '误以为'는 '잘못 알다/오인하다'라는 뜻으로, '误认为'로도 쓸 수 있다.
- '枯竭'를 '被枯竭'로 쓰지 않도록 유의한다.
- '一旦A，就B'는 '일단 A하면 B하다'라는 뜻이다.
- '以A取代B'는 'A로 B를 대체하다'라는 뜻으로 '以A替代B'로도 쓸 수 있다.

替代能源

所谓替代能源是指替代石油、天然气和煤炭等化石燃料的能源。替代能源的重要地位不仅在工业经济层面，现在已上升到了能源安全层面。因此发展替代能源是未来战略的重中之重，是一场科技研究的竞赛，是一场看不见硝烟的战争。

从国际层面来看，石油已不仅仅是能源，更是与人类命运紧密相连的"血液"。但是石油的蕴藏量并不是无限的，如今，剩余储量的开发难度越来越大。而且，石油在各个地区的分布很不均匀，这也成为各个国家能源合作和矛盾的导火索。因此，开发替代能源可以从根本上解决人类能源供应面临的危机与矛盾。

从国家层面来看，石油对外依赖会给韩国经济运行带来不可确定的风险。国际油价跌宕起伏直接影响经济走势，尤其是像韩国这样滴油不产的国家只能被油价牵着鼻子走。因此，开发替代能源不仅能降低对石油的依赖，也可扶持相关产业，实现经济的可持续发展。

从环境层面来看，化石燃料燃烧所产生的二氧化碳是最主要的人为温室气体，对人类生存将构成重大威胁。使用替代能源能够避免环境污染，大幅改善人类生存环境，减少相关的医疗保健支出，从整体上增进社会福祉。因此，开发替代能源是人类责无旁贷的任务。

综上所述，从降低对石油的依赖、实现人类的可持续发展和保护生态环境等方面而言，替代能源无疑是一种极为现实的选择。但是这种替代之路不可能一蹴而就，需要长期不懈的坚持。为此，政府和企业要齐心协力，加快发展替代能源的步伐，为全球未来能源作出贡献。

단어

- **天然气** 천연가스 · **煤炭** 석탄
- **竞赛** 시합하다 · **硝烟** 포연
- **蕴藏量** 매장량 · **剩余储量** 잔여 매장량 · **均匀** 균일하다
- **导火索** 도화선 · **跌宕起伏** 기복이 있다 · **滴油不产** 기름 한 방울 나지 않다 · **温室气体** 온실가스 · **一蹴而就** 단번에 성공하다

핵심구문

- **与～紧密相连** ～와 긴밀하게 연결되다
- **被～牵着鼻子走** ～에게 끌려가다
- **降低～依赖** ～의존도를 낮추다
- **扶持～产业** ～산업을 육성하다
- **构成～威胁** ～위협을 가하다
- **加快～步伐** ～박차를 가하다

잘못된 어법이나 표현을 올바르게 고쳐보세요!

1. 只能会灭亡 ⇒ ....

2. 油价到达最高水平 ⇒ ....

3. 燃烧化石能源发生污染物质 ⇒ ....

4. 化石燃料将被枯竭 ⇒ ....

5. 油价上涨给韩国经济产生负面影响 ⇒ ....

6. 综合上述 ⇒ ....

원자력 발전

원자력 발전의 필요성 여부에 대한 본인의 견해를 중국어로 쓰시오.

배경 지식 알기

□ **스리마일섬 원전사고 / 三里岛核事故**

1979년 3월 28일 미국 펜실베이니아주 해리스버그에 있는 스리마일섬의 원자력발전소 2호기에서 냉각장치 파열로 인한 노심용융이 일어나 핵연료가 외부로 누출된 사고이다. 미국 상업 원자력산업 역사상 가장 심각한 사고로 체르노빌 원전사고, 일본 후쿠시마 원전사고와 함께 세계 3대 원전사고로 꼽힌다.

□ **체르노빌 원전사고 / 切尔诺贝利核事故**

1986년 4월 26일 우크라이나 체르노빌 원자력발전소 제4호 원자로에서 방사능이 누출되었던 사상 최악의 원전사고이다. 유출된 방사능은 유럽 전역으로 확산하였고, 한국 일부 지역에서도 낙진이 검출되었다. 사고 직후 현장 직원 등 56명이 방사능 피폭으로 사망했고, 이후 1년 사이 직·간접적인 영향으로 숨진 사람이 최대 2만5천 명에 이르는 것으로 추정하고 있다.

□ **후쿠시마 원전사고 / 福岛核事故**

2011년 3월 11일 일본 동북부 지방 앞바다의 대지진과 쓰나미로 인해 후쿠시마 제1원자력발전소에서 발생한 사고이다. 발전소가 바닷물에 침수되어 전원 및 냉각 시스템이 파손되면서 핵연료 용융과 수소 폭발이 일어났으며, 이때 다량의 방사성 물질이 누출되었다.

용어 익히기

- 경수로 **轻水反应堆** · 고리원전 1호기 **古里核电站一号机组** · 고속로 **快堆** · 국제원자력기구(IAEA) **国际原子能机构** · 방사능 유출사고 **核泄漏事故** · 방사능 피폭 **核辐射** · 베크렐(Bq) **贝克勒尔** · 비상매뉴얼 **《紧急计划书》** · 사용후핵연료 **乏燃料** · 설비용량 **装机容量** · 연구용 원자로 **研究堆** · 원자력발전소 **核电站** · 원자력 지지와 반대 **挺核和弃核** · 원자로 격납용기 **安全壳** · 증식로 **增殖堆** · 탈원전 **去核电化** · 원자력발전기 **核电机组** · 핵원자로 **核反应堆** · 핵융합에너지 **核聚变能**

개요 잡기

사회기반시설 존폐에 대한 찬반 의견 제시를 요구하는 유형의 작문이다. 다음의 내용이 들어갈 수 있도록 글을 구성하면 좋다. 1. 원자력 발전에 대한 논란과 세계적 추세 2. 원전의 장단점 3. 원전 존폐에 대한 의견(찬성 혹은 반대) 4. 찬성 혹은 반대의 이유

플러스 주제

원전 수출에 대한 견해 / 한국의 에너지 외교에 대한 견해

我对建设核电站的看法

　　近日，日本发生里氏9.0级大地震，造成日本国民的生命和财产损失。不仅如此，随后发生的核电站爆炸事件让世人担忧。人们对俄罗斯和美国核电站爆炸事件记忆犹新，所以对放射性物质是否飘到本国深感忧虑。笔者认为，建设核电站虽然利弊并存，但还是利大于弊。

　　第一，人类目前生活在能源短缺的时代。核能作为可持续、可替代传统能源的新能源，逐渐成为能源领域的亮点。因此，我们要持续研究和开发核能。虽然一旦发生有关核电事故，其结果超出人们的想象，但我们平时从核电站中获益的比"数十年不遇"的核电事故造成的损失更大。

　　第二，不久前，韩国获得在阿联酋建设韩国型核电站的订单。而且与几个国家正在商讨出口韩国核电站的内容。如果反对建设核电站的气氛弥漫在国际社会上，这对韩国非常不利。核电站是韩国未来的主要出口项目。因此，需要大力支持建设核电站。

　　目前，我们要争议的并不是该不该建设核电站，而是如何更安全地建设核电站。因此，全球各国应该要把更多的资金投入在对核电站的研发项目上，致力于确保核电站建设的安全。

코멘트

환경적 측면과 경제적 측면에서 원자력 발전의 장점을 부각시키면서 원전에 대한 지지 의견을 잘 서술했다. 서론에서 원전 사고 발생 내용만 부각한 점이 아쉽긴 하지만, 전반적으로 구성이 잘 짜인 글이다. 모범 작문을 통해서 어떻게 가다듬어졌는지 살펴보도록 하자.

단어

- **里氏** 리히터(지진 규모를 나타내는 단위) · **随后** 뒤이어 · **记忆犹新** 기억이 생생하다 · **利弊并存** 이로움과 폐단이 병존하다 · **能源短缺** 에너지 부족 · **亮点** 하이라이트 · **阿联酋** 아랍에미리트 · **订单** 주문서 · **弥漫** 자욱하다 · **争议** 논쟁하다

- 지진규모를 나타낼 때 '리히터 규모~'라는 표현을 많이 들어봤을 것이다. 중국어로는 '里氏~级'로 표현한다.

- '损失'와 '损害'를 혼동하지 말자. 경제적 손실을 의미할 때 '损失'를, 물질적·정신적 등 포괄적인 손해를 의미할 때 '损害'를 쓴다.

- '利大于弊'의 반대말은 '弊大于利'이다.

모범 작문

核电发展

    苏联切尔诺贝利核电站事故和美国三里岛核电站事故让人记忆犹新，旧伤未愈，又添新伤。2011年日本福岛核事故震惊全球，成为人类挥之不去的梦魇。这引出了核电设施的安全与保障的话题，但韩国核电设施安全有保障，核电建设不可因噎废食。

    首先，核电是一种绿色、环保、安全的清洁能源。到目前为止，韩国还没有发生过一起辐射致死以及辐射造成放射病的事例。与风能、太阳能等可再生能源相比，核能具有稳定、经济的特点。要实现减排目标，同时考虑到经济性、稳定性等因素，核能是不可替代的能源。

    其次，核电是具有竞争力的出口产业。韩国90%以上的能源依赖进口，为保证能源供应安全，在上世纪80年代就制定出核电发展战略，且逐年不断完善，目前已将核电培育成了战略出口产业。2009年底，韩国力压美国、法国等世界老牌核电出口国，成功与阿联酋签订价值200亿美元的核电站建设协议。

    日本福岛核事故发生后，世界各国发展核能的信心普遍受到了冲击，但除个别国家政府因其政治需要宣布放弃核电外，都宣布要继续大力发展核电。我们相信韩国核电建设会遵循"安全第一、质量第一"的原则，按照"严之又严、慎之又慎、细之又细、实之又实"的国民要求，确保核安全。

단어

- **苏联** 소련 · **三里岛** 스리마일섬 · **旧伤未愈, 又添新伤** 예전 상처가 아물지 않았는데 또 다른 상처가 생기다 · **挥之不去** 떨쳐지지 않는다 · **梦魇** 악몽/가위눌림 · **放射病** 방사능병 · **不可替代** 대체 불가능하다 · **力压** 제치다 · **老牌** 유명상표/전통 브랜드

핵심구문

- **引出～话题** ～화제를 끌어내다
- **到目前为止** 지금까지
- **发生～事例** ～사례가 발생하다
- **具有～特点** ～특징을 지니다
- **实现～目标** ～목표를 실현하다
- **具有竞争力** 경쟁력을 갖추다
- **保证～安全** ～안전을 확보하다
- **签订～协议** ～협약을 체결하다
- **受到冲击** 충격을 받다
- **遵循～原则** ～원칙을 지키다

실력 다지기

잘못된 어법이나 표현을 올바르게 고쳐보세요!

1. 辐射外泄 ⇒ ....

2. 严厉管理核电站 ⇒ ....

3. 核电站附近的国民 ⇒ ....

4. 损害韩国的空气质量 ⇒ ....

5. 是逆向全球化的行为 ⇒ ....

6. 付出的代价不少 ⇒ ....

전력난 해소

한국의 심각한 전력난 해소에 대한 본인의 견해를 중국어로 쓰시오.

 **배경 지식 알기**

□ **전기요금 누진제 / "电费累进制"**

전력사용량에 따라 전기요금 단가를 높이는 제도를 말한다. 1973년 1차 오일쇼크 발발 시 전력 사용을 억제하기 위해 시행했으며 가정용 전기요금에만 적용했다. 최근 들어 소비자들이 국내 전력소비의 절반 이상을 차지하는 산업용 전기요금은 그대로 두고 비중이 낮은 가정용에만 누진 제를 적용하는 것은 누진제의 원래 취지에 어긋나며 6단계 주택용 누진제를 적용할 경우 전기요 금 폭탄 가능성이 있다고 거세게 반발하자, 한전 측은 2016년 12월 종전 6단계에서 3단계로 개 정된 '누진제 개편안'을 내놨고 2017년 1월부터 시행 중이다.

□ **스마트그리드(지능형 전력망) / 智能电网**

'똑똑한'이란 뜻의 'Smart'와 전기·가스 등의 '전력망'이란 뜻의 'Grid'가 합쳐진 단어다. 기존 전 력망에 정보통신기술(ICT)을 더해 전력 생산과 소비 정보를 양방향·실시간으로 주고받음으로 써 고품질 전력서비스를 제공하고 에너지 효율을 극대화하는 차세대 전력망이다.

 **용어 익히기**

- 변전소 **变电站**　- 석유파동/오일쇼크 **石油危机**　- 전력공급시스템 **供电系统**　- 전력공급중단/ 블랙아웃 **大面积停电**　- 전력사용량 **用电量**　- 전력예비율 **电力储备率**　- 정전 **停电**　- 킬로 와트시(kWh) **千瓦小时/千瓦时**

 **개요 잡기** 

 **선생님의 팁!**

사회적 과제에 대한 분석과 해결책 제시를 요구하는 유형의 문제이다. 다음의 내용이 들어갈 수 있도록 글을 구성 하면 좋다. 1. 한국의 전력수급 현황과 문제 2. 전력난 발생 원인 3. 전력난 해소를 위한 해결책

플러스 주제

스마트그리드의 역할과 장점에 대한 견해 / 전기요금 누진제에 대한 견해 / 탈원전정책과 전기요금에 대한 견해

电力紧缺

时至今日，全球各国都面临着严重的电力不足问题。韩国也不例外，尤其在去年"大规模停电事故"发生之后，全国国民都深感"电力"的重要性。政府和各界对节能的关注也日益升温。那么，为了解决"电力不足"问题，我们应该作出哪些努力？笔者认为，政府、企业和国民都要同心同德，全力以赴解决该问题。

首先是政府方面。韩国政府应要采取各种能实现"节能"，特别是"节电"的措施，并积极展开各种宣传活动。最好的是，借鉴其他国家的经验，制定各种有效政策。以中国为例，中国政府最近实施了"家电补贴"政策，即给购买"节能型家电"的消费者提供一定的补贴。这种政策不仅能鼓励消费者购买"节能家电"来有效地降低耗电量，还能提振内需。因此，为了节电和提振内需，韩国政府也应该制定类似于"家电补贴"的政策。

第二是企业方面。对目前的情况而言，企业可谓是韩国陷入"电力供应难"的罪魁祸首。据数据资料，企业尤其是大企业的耗电量大得惊人。因此，企业要积极努力减少耗电量。

第三是国民方面。即使政府采取各种有效政策，但如果国民不呼应政府，"节电"是绝对不可实现的。因此，国民也要认识到目前韩国"电力不足"有多严重，并以实际行动来实践"节电"。这样的国民才是能肩负自身责任的国民。

总而言之，为了脱离目前的"电力供应难"状况，政府、企业和国民三方都要作出努力。

• '倍感'으로도 쓸 수 있다.
• '升温'은 '기온이 오르다'라는 뜻 외에 '고조되다/높아지다'라는 뜻도 있다.
• '活动'은 '활동/행사/이벤트/캠페인'의 뜻으로 쓰인다. 예) 经济活动 / 抽奖活动 / 环保活动
• '提振内需'는 '刺激内需 / 扩大内需'로도 쓸 수 있다.
• '脱离'는 '摆脱'로도 쓸 수 있다.
• '电力供应难'은 '电力紧缺 / 电力短缺 / 电荒'으로도 쓸 수 있다.

全力应对电力紧缺

韩国遭遇反常"秋老虎"高温，用电需求猛超预期，导致全国范围拉闸限电，600多万户家庭停电。为了省电，公共机构和地方政府此前已在实行白天关灯的政策，并将电梯使用频率降到了最低限度。韩国电力需求不断攀升，电力储备告急，这引起了人们对电力紧缺的思考。

首先，韩国需要更稳定的核电设备。核电占韩国电力供应的三分之一。核电比火电更清洁和廉价，问题是韩国核电由于动辄发生故障、暴出国家安全证书丑闻、23个核反应堆中的10个已停运，导致韩国30%以上的机组不能供电。韩国不仅需要稳定的核电设备，还要努力开发太阳能等新能源，以保证电量充足。

其次，电费分摊严重失衡。韩国能源几乎全靠进口，但为了支持大型出口商并抑制通胀，政府向国内工业用户收取的电费远低于成本。此举也一直被抨击为拿中小企业及家庭用户去补贴大型出口导向型企业。韩国政府在1973年爆发石油危机时为确保产业用电，对家庭用电实行"电费累进制"，该电价制度一直沿用至今。可现在家家户户都有空调和冰箱，若政府坚持实行现行制度，就像是高中生还在穿小学时买的牛仔裤。制度需要因时而变，顺应历史潮流。

渡过电力紧缺难关，需要全民合作，共同为节约用电作出自己的努力，让我们携手共建节约型和谐社会。

단어

- **秋老虎** 늦더위 • **拉闸** 스위치를 내리다 • **限电** 전기 공급과 사용을 제한하다 • **告急** 위급함을 알리다 • **动辄** 걸핏하면 • **停运** 가동을 멈추다 • **出口商** 수출업체 • **因时而变** 시대에 따라 변하다

핵심구문

- **猛超预期** 예상치를 크게 초과하다
- **将~降到最低限度** ~을 최소화하다
- **抑制通胀** 인플레이션을 억제하다
- **远低于~** ~보다 훨씬 낮다
- **被抨击为~** ~비난 받다
- **顺应~潮流** ~흐름에 따르다

실력 다지기

잘못된 어법이나 표현을 올바르게 고쳐보세요!

1. 无论在家庭或者学校 ⇒ ....

2. 走出阴影之中 ⇒ ....

3. 向用户受到电费 ⇒ ....

4. 暴发石油危机 ⇒ ....

5. 总之来说 ⇒ .... **6.** 成为不可逆势的趋势 ⇒ ....

배아줄기세포 연구

배아줄기세포 연구의 필요성 여부에 대한 본인의 견해를 중국어로 쓰시오.

step 1 배경 지식 알기

□ **배아줄기세포 / 胚胎干细胞**

배아의 발생과정에서 추출한 세포로 모든 조직의 세포로 분화할 수 있는 능력을 지닌 아직 분화되지 않은 미분화 세포를 일컫는다.

□ **성체줄기세포 / 成体干细胞**

외부 충격이나 노화 등으로 죽은 세포는 그 기능을 계속해 나갈 새로운 세포가 생겨야 하는데 이러한 새로운 세포를 공급하는 것이 성체줄기세포이다. 환자로부터 직접 성체줄기세포를 얻을 수 있기 때문에 배아줄기세포에 비해 윤리적인 문제가 적고, 환자 자신의 세포를 이용하는 것이어서 면역거부반응도 적다. 그러나 소량으로 존재하기 때문에 분리해 내기가 쉽지 않다는 단점이 있다.

□ **유도만능줄기세포 / 诱导性多功能干细胞**

완전히 자란 체세포에 세포 분화 관련 유전자를 지닌 조작된 유전자를 주입해 마치 배아줄기세포와 같이 세포 생성 초기의 만능세포 단계로 되돌아간 세포로 '역분화줄기세포'라고도 한다. 환자의 피부세포를 떼어내 배아줄기세포를 만들어 그 환자의 질병을 치료한다는 점, 이식 거부반응의 우려를 없앤 환자맞춤형 줄기세포를 만들 수 있다는 점, 난자나 배아를 이용하지 않아 윤리적 문제를 없앤 기술이라는 점에서 획기적인 기술로 주목받고 있다. 그러나 체세포를 줄기세포로 역분화시키는 유전자 변형과정에서 종양이 발생할 우려가 있다.

step 2 용어 익히기

- 거부반응 排斥反应 · 게놈지도 基因组图谱 · 공여세포 供体细胞 · 다능성세포 多潜能细胞
- 단일줄기세포 单能干细胞 · 대리모 代母 · 만능세포 全能细胞 · 모세포 母体细胞 · 모자이크현상 镶嵌现象 · 제대혈 脐带血 · 조혈모세포 造血干细胞

step 3 개요 잡기

윤리적 논란이 끊이지 않는 연구의 필요성에 대한 찬반 의견 제시를 요구하는 유형의 작문이다. 다음의 내용이 들어갈 수 있도록 글을 구성하면 좋다. 1. 배아줄기세포의 정의와 논란 원인 2. 연구의 필요성 여부(찬성 혹은 반대)와 그 이유 3. 올바른 연구 방향

플러스 주제

대리모에 대한 견해 / 유전자 복제기술에 대한 견해

我对胚胎干细胞研究的看法

目前，有关胚胎干细胞研究正成为全世界都争夺的对象。遗憾的是在如此激烈的研究竞争中，只有韩国的研究成果仍停留在2006年"黄博士事件"爆发的那一天。笔者认为，韩国不能再袖手旁观，应加紧时间投入于有关研究。其原因有如下两点。

首先，作为前途广阔的产业，胚胎干细胞领域若能顺利进入市场将会给韩国带来巨大利益。在这里所指的利益不仅包括金钱上的利益，还包括增强在胚胎干细胞市场上的地位以及提高国家生物科学技术等与国际形象有关的利益。不久前，传出黄博士在胚胎干细胞市场要卷土重来的消息后，国内舆论对此争论不休。但笔者认为，这是举国上下都应该表示欢迎而予以支持的消息。

其次，该研究还会给不治之症等尚未得到解决办法的领域带来划时代的变化。若在韩国成功培养出胚胎干细胞而将之用于针对性医疗技术方面，那么这会大大减轻病人及其家属的痛苦，也会省下许多医疗人员和治疗所需的时间。从长期来看，这有助于延长韩国人的平均寿命，乃至世界人口的平均寿命。

最近，在韩国医疗领域要重开胚胎干细胞研究的声浪日益高涨。仅从这一点来看，可见其紧迫性。政府应该对该领域予以关注，尽一切的努力赶上其他先进国家。上述内容就告诉我们，如果韩国不参与胚胎干细胞技术竞争的话，就没有韩国生物工程的未来。

단어

- **停留** 제자리걸음하다 · **前途广阔** 전도유망하다 · **卷土重来** 권토중래하다 · **举国上下** 전국적으로 · **不治之症** 불치병 · **划时代** 획기적이다 · **声浪** 군중의 목소리 · **紧迫性** 긴박함/시급함 · **生物工程** 생명공학

코멘트

논리 전개가 시원스럽긴 한데 중국어 문장의 호흡이 길다. 오류를 줄이고 독자의 가독성(可讀性)을 높이기 위해 가능한 한 만연체는 지양하자. 모범 답안을 통해 어떻게 가다듬어졌는지 살펴보도록 하자.

- '投入于' 뒤에 투자하는 대상이 수반된다.
- '之'는 앞서 말한 내용을 지칭할 때 대명사로 쓰거나 '的'의 뜻으로 쓰이기도 한다. 여기서 '将之'는 '把它'를 문어체로 쓴 것이다.
- '모든 노력을 다하다'라는 뜻으로 '尽'이 동사로 쓰였다.
- '告诉'는 이중목적어를 쓸 수 있으며 '告诉＋간접목적어(누구에게)＋직접목적어(무엇을)'의 어순으로 쓴다. '向 A(누구에게)告诉 B(무엇을)'로 쓰지 않도록 유의한다.

모범 작문

胚胎干细胞研究

　　干细胞是人体中保留的未成熟或未分化的细胞，存在于早期胚胎中。胚胎干细胞最大的特点就是具有发育的全能性和通用性，它可以构建身体的任何组织和器官，最终可以分化发育成完整的个体。胚胎干细胞研究涉及人类胚胎是否是生命、是否应该得到尊重、人类胚胎研究是否会滑向克隆人实验等伦理道德等问题，所以一直存有争议。但因其在医学领域的巨大应用潜力，培育胚胎干细胞仍是许多科学家梦寐以求的目标。

　　目前，胚胎干细胞研究在全球范围内掀起了热潮，但韩国的胚胎干细胞研究自"黄禹锡造假丑闻"后停滞不前。韩国要加快干细胞研究的步伐，其原因有如下两点。

　　首先，胚胎干细胞医疗技术被评为二十一世纪生物科学领域最具发展前景的技术产业，若能推动胚胎干细胞产业的高速发展，就能提高国家生物科学技术、领先细胞治疗市场、抬高国家形象等，带来巨大利益。

　　其次，胚胎干细胞最大的应用价值在于医学方面，它可以用健康组织替代病变组织来达到治疗目的，对治疗癌症和其他多种恶性疾病具有重大意义。这对受病魔困扰、疼痛难耐、面对死亡的病人和其家属来说是救命稻草。胚胎干细胞治疗将为千千万万的病人解除痛苦，挽救千千万万生命垂危的病人。

　　现在是全球化时代，我们要彻底明白，"全球化犹如逆水行舟，不进则退"。美国、英国、中国都已解除了对胚胎干细胞研究的限制。我们别无选择，只能将研究有益的一面最大化，将研究风险最小化，让科学更多地造福人类。

단어

- **早期胚胎** 이른 배아 · **全能性** 만능성 · **通用性** 보편성/전능성 · **器官** 장기 · **个体** 개체
- **克隆人** 복제인간/클론인간
- **应用潜力** 응용잠재력 · **停滞不前** 정체되어 앞으로 나가지 못하다 · **发展前景** 발전 전망/발전성 · **病变组织** 병변조직
- **病魔** 병마 · **难耐** 참기 어렵다
- **救命稻草** 생명을 건지는 마지막 희망 · **千千万万** 매우 많다 · **生命垂危** 생명이 위독하다
- **逆水行舟，不进则退** 강물을 거슬러 올라가는 배는 나아가지 않으면 퇴보한다 · **别无选择** 다른 선택의 여지가 없다

핵심구문

- **构建～器官** ～장기를 형성하다
- **滑向～** ～로 미끄러지다
- **存有争议** 논란이 있다
- **推动～发展** ～발전을 추진하다
- **领先～市场** ～시장을 선도하다
- **抬高～形象** ～이미지를 제고시키다
- **带来～利益** ～이익을 가져오다
- **达到～目的** ～목적을 달성하다
- **具有～意义** ～의미를 지니고 있다
- **解除痛苦** 고통을 덜어주다
- **挽救病人** 환자를 살리다
- **解除～限制** ～제한을 풀다

실력 다지기

잘못된 어법이나 표현을 올바르게 고쳐보세요!

1. 很多人们认为　⇒ ....

2. 对生命伦理违背　⇒ ....

3. 从伦理层面看来　⇒ ....

4. 在科学界上引人关注　⇒ ....

인간수명 연장

인간수명 연장에 대한 본인의 견해를 중국어로 쓰시오.

step 1 배경 지식 알기

□ **수명 연장 / 延长寿命**

노화를 억제하거나 역행하게 하여 평균 수명을 늘리는 것을 말한다. 일부 과학자들은 미래에 줄기세포와 세포복구 기술, 인공장기나 동물의 장기를 이종(異種)간 이식하는 방법을 통해 노화 현상을 역행할 수 있으며, 궁극적으로 인간수명을 무한대로 늘릴 수 있을 것으로 전망하고 있다.

□ **헬스케어 / 健康护理**

넓은 의미로는 질병의 치료·예방·건강관리 과정을 포함하고, 좁은 의미로는 원격진료나 건강 상담을 일컫는다. 헬스케어와 IT 기술을 결합하면 많은 사람이 더 자유롭게 의료서비스를 이용할 수 있다. 예를 들어 의료서비스와 유비쿼터스 기술을 결합하면 언제 어디서나 건강관리를 받을 수 있는 원격의료서비스 U-헬스케어가 가능해진다. 최근에는 휴대용 스마트기기를 이용한 헬스케어도 늘어나고 있다. 손목에 차는 웨어러블 디바이스는 운동량과 수면 시간, 수면의 질 등을 확인해서 필요한 운동량과 건강에 대한 상식을 알려주고 관리해주는 기능을 할 수 있다.

step 2 용어 익히기

- 건강검진 **身体检查/体检** · 기대수명 **预期寿命** · 난치병 **疑难杂病** · 노인케어서비스 **老年人护理服务** · 면역시스템 **免疫系统** · 보건의료서비스 **医疗卫生服务** · 불로장생 **长生不老** · 원격의료서비스 **远程医疗服务** · 웨어러블 디바이스 **可穿戴设备** · 유비쿼터스 **无所不在的网络/泛在网** · 유전자재조합 기술 **基因重组技术** · 지중해식단 **地中海饮食** · 항산화물질 **抗氧化物质** · 활성산소 **活性氧**

step 3 개요 잡기

사회적 현상에 대한 찬반 의견 제시를 요구하는 유형의 문제이다. 다음의 내용이 들어갈 수 있도록 글을 구성하면 좋다. 1. 인간수명 연장의 현주소 2. 인간수명 연장의 장단점 3. 인간수명 연장에 대한 의견(찬성 혹은 반대) 및 그 이유 4. 인간수명 연장이 나아갈 방향

플러스 주제

연명 치료 등 인위적인 인간수명 연장에 대한 견해 / 인간수명 연장에 따른 노인 문제에 대한 견해 /
존엄사에 대한 견해

人类寿命的延长是一种"福音"还是一种"诅咒"？

随着科学技术的日新月异，人类可以预防各种疾病。同时，治病率的提高也使得人类的平均寿命大大延长。笔者认为，靠科学技术延长人类的寿命给人们带来了许多好处。

首先，人们可以事先预防疾病了。科技的发展不仅会使人们从疾病的痛苦中解脱，也会提高人们的生活水平。其次，如果科学界不断地致力于研究人类寿命的延长问题，其它科学领域也会得到进一步发展。

但是，人类寿命的延长也会带来不可避免的一些负面影响。能源枯竭问题就会成为严重威胁人类的罪魁祸首。地球上的能源和资源是有限的。因此，如果人类寿命大大延长，全球人口不断增加的话，我们会面临因能源、资源枯竭而产生的一系列问题。其次，这会造成一些社会问题。比如，养老问题和剩余劳动力问题等。

虽然在这个问题上利弊兼有，但科学界和我们同心协力，为了解决其负面影响而作出努力的话，科学发展给人类带来的利益可以说是利大于弊。

단어

- **福音** 좋은 소식 • **诅咒** 저주하다 • **解脱** 벗어나다 • **能源枯竭** 에너지 고갈 • **剩余劳动力** 잉여노동력 • **利弊兼有** 이로움과 폐단이 병존하다

코멘트

전개, 구조, 어휘에서 아쉬운 점이 보인다. 주제가 '인간수명 연장은 축복일까 저주일까'인 만큼 서론에서 이 점을 언급했다면 서론 내용이 더 충실해지고 본론으로의 전개도 매끄러웠을 것이다. 본론에서는 장점과 단점에 관한 내용 및 사용 어휘가 단순해서 아쉬웠다. 그리고 '但是' 단락 부분에서 '其次'의 사용이 어색해 보인다. '此外'나 '不仅如此'로 바꾸는 것이 좋다. 모범 답안을 통해 어떻게 수정되었는지 살펴보도록 하자.

- '**随着科学技术的突飞猛进**'으로도 쓸 수 있다.

- '**从～走出来**'로도 쓸 수 있다.

- '**因A而B**'는 'A 때문에 B하다'라는 뜻이다.

- 여기서 '**养老问题**'는 '노후문제'라는 뜻이다. '노후문제'를 '老后问题'로 쓰지 않도록 유의한다.

- '**利弊并存**'으로 쓸 수도 있다.

人类寿命的延长是"福音"还是"诅咒"？

自古以来，延年益寿是人类的愿望。如今随着科学技术的发展，人的寿命将会延长，衰老过程将会延缓、中止，甚至逆转。然而，人类寿命的延长是"福音"还是"诅咒"？这一问题值得我们思考与探讨。

首先，增加寿命会增加健康跨度。医疗费用占GDP的比重，越是发达国家就越高，而其中的大部分用于一个人生命的最后六个月。研究表明，如果我们实现人类寿命的延长，不仅会活得更久，更有可能让我们晚年无病。延长寿命，可以使人们从疾病的痛苦中解脱，提高生活质量，造福社会。

其次，增加寿命可以延迟退休年龄。地球上比以往有更多的老年人，一些社会学家称我们现在的状态为"银发海啸"。人们通常为了健康在70岁之前退休、放弃工作、享受生活。但是我们增加健康寿命，就可以延迟退休年龄，为社会作出更多的贡献。

人类寿命的延长也将带来不可避免的一些负面影响，由此引发的住房、医疗及交通等问题将使社会压力急剧增大。但人类的文明与科学就是在遇到困难时寻找答案，碰到阻碍时跨出步伐的。延长生命，就像任何其他以前的科技一样，利弊并存。或许有些人投鼠忌器，但这并不能成为逃避的理由。

- **延年益寿** 장수하다 • **愿望** 소망 • **衰老** 노쇠하다 • **延缓** 늦추다 • **晚年无病** 말년에 무병하다
- **"银发海啸"** 실버 쓰나미

- **增加~跨度** ~간격을 늘리다
- **越A越B** A할수록 B하다
- **从~中解脱** ~에서 벗어나다
- **称A为B** A를 B라 부르다
- **急剧增大** 급격히 증가하다
- **寻找答案** 해답을 찾다
- **碰到阻碍** 장애물에 부딪히다

잘못된 어법이나 표현을 올바르게 고쳐보세요!

1. 在~趋势上 ⇒ ....

2. 向该国带来利益 ⇒ ....

3. 引发争论不休 ⇒ ....

4. 缓解担忧 ⇒ ....

미세먼지

나날이 심각해지는 미세먼지에 대한 본인의 견해를 중국어로 쓰시오.

배경 지식 알기

□ **미세먼지(PM10) / 可吸入颗粒物**

직경 10㎛ 이하의 먼지를 일컬으며 PM10으로 표기한다. 석탄, 석유 등의 화석연료가 연소될 때 또는 제조업과 자동차 매연 등의 배기가스에서 나오며, 기관지를 거쳐 폐에 흡착되어 각종 폐 질환을 유발하는 대기오염 물질이다.

□ **초미세먼지(PM2.5) / 细颗粒物**

직경 2.5㎛ 이하의 먼지를 일컬으며 PM2.5로 표기한다. 황산염, 질산염, 암모니아 등의 이온 성분과 금속화합물, 탄소화합물 등의 유해물질로 이루어져 있으며 주로 자동차 배기가스 등에서 발생한다. 초미세먼지는 호흡기 깊숙이 침투해 폐 조직에 붙어 호흡기 질환을 일으키는 것은 물론 혈관으로 흡수돼 뇌졸중이나 심장질환을 일으키는 것으로 알려져 있다.

용어 익히기

· 납 **铅** · 대기산성도 **大气酸度** · 대기질 **大气质量** · 대기질 양호일수 **空气质量优良天数**
· 대기오염으로 인해 지불해야 하는 비용 **霾单** · 대기혼탁도 **大气浑浊度** · 마이크로 미터(㎛) **微米** · 부유먼지 **悬浮微粒** · 분진 마스크 **防尘口罩** · 비소 **砷** · 사막화 **荒漠化/沙漠化** · 월경성 대기오염 **越境大气污染** · 전기차 **电动车** · 탈탄소화 **去碳化** · 하이브리드카 **混合动力汽车**
· 황사 **沙尘暴**

  개요 잡기

사회적 과제에 대한 분석과 해결책 제시를 요구하는 유형의 문제이다. 다음의 내용이 들어갈 수 있도록 글을 구성하면 좋다. 1. 미세먼지 문제의 대두와 심각성 2. 미세먼지 발생 원인과 가져오는 영향 3. 미세먼지 방지 대책

플러스 주제

미세먼지 주범인 경유차 규제에 대한 견해 / 황사 예방을 위한 국제협력의 필요성에 대한 견해

雾霾

近日雾霾天气日益严重，很多人感到不安。有人说雾霾来自中国，但笔者认为，即使有一部分来自中国，因为我们拿不出确实的证据来，所以也不能完全指责中国。政府一方面要收集资料做好环保外交，一方面努力解决国内的环境污染。

为了解决细颗粒物问题，政府拿出了很多解决方案，但这些方案见不到成效。

首先，微尘现象不是单纯的气象问题，而是气象与环境污染等一系列因素结合在一起的综合性问题。所以，政府要对柴油车、工厂、工地、发电厂拿出实在的政策来。

其次，气象厅应该负责颗粒物等关于雾霾天气的预报，环境部则应负责研究和分析等业务来给气象厅提供相关资料。气象厅的主要业务是为国民提供天气预报。在此基础上，加强环境部的作用的话，可以得到更加准确的预报及实质性的效果。

总之，笔者认为，为了确保更加完善的防治雾霾天气的措施，两个部门一定要进一步加强合作，构建行之有效的合作模式。

코멘트

내용이 충실하지 않고 작문의 중심어인 미세먼지가 통일성 있게 한 단어로 제시되지 않은 점이 아쉽다. 그리고 미세먼지의 유해성과 영향에 대한 내용이 들어갔으면 더 좋았을 것 같다. 모범 답안을 통해서 어떻게 수정되었는지 살펴보도록 하자.

단어

- **雾霾** 스모그/미세먼지 • **成效** 효과 • **微尘** 미세먼지 • **柴油车** 경유차/디젤차 • **天气预报** 일기예보

- '**雾霾**'는 '스모그'라는 뜻이나 '**雾霾天气**'하면 '미세먼지가 있는 날'을 일컫는다.
- '**即使**'는 후속절에 '**也**'를 수반한다.
- '환경정책', '환경의식' 등 보호의 뜻이 포함된 환경은 '**环境**'이 아닌 '**环保**'로 쓴다.
- '**不是A，而是B**'는 'A가 아니라 B다'의 뜻이고, '**不是A，就是B**'는 'A가 아니면 B다'의 뜻이다.
- 한국어 간섭 현상으로 '**在此基础下**'로 쓰는 오류를 자주 범한다. '**在此基础上**'으로 쓰도록 한다.

雾霾

　　近两个月以来，首尔深陷十面"霾"伏困局，日益严重的雾霾，使人忧心忡忡。谈及雾霾就习惯性地想到中国，但鉴于基础数据缺乏、研究投入不足的现状，雾霾从何而来，目前还是一笔糊涂账。跨境污染仍存争议，我们只好一方面致力于环保外交，一方面"自扫自家门前雪"。

　　专家们一致认为柴油车、制造业工厂和燃煤火力发电厂是导致首都圈地区雾霾天气的主因之一。2016年，政府也公布了《可吸入颗粒物管理特别对策》。根据《特别对策》，政府将提前报废车龄超过10年的老旧柴油车、限制老旧柴油车进入首都圈地区、扩大电动车等环保车销售比重、逐步停止运行30年以上的老化火力发电厂、加强与中国等周边国家的环保合作等多种措施。

　　但舆论指责《特别对策》可操作性差、毫无"特别"之处。《特别对策》未包括柴油价格上调和对工厂、工地扬尘等重要污染源的措施，将使治霾效果大打折扣。《特别对策》也没有提到所需预算和财源筹措方法，政府能否完成目标令人质疑。政府还表示将逐步关闭10个建成30年以上的老化火力发电厂，但另一方面，又同时宣布将新建9个燃煤发电站。看来《特别对策》也不过是"雷声大，雨点小"。

　　正所谓"冰冻三尺，非一日之寒"。如何治理日益严峻的雾霾问题，正处于两难处境。毕竟，不光要拼"空气"，还得考虑拼"经济"。韩国现在经济不景气，财政困难，出台一个各方都满意的政策的确是很难。不过谁都知道，天下没有白吃的午餐，"雾霾大餐"也不例外。

• **十面"霾"伏** 미세먼지로 가득하다(영화제목 '十面埋伏'을 응용한 것) • **从何而来** 어디서 오나 • **一笔糊涂账** 정확하게 알수가 없다 • **跨境污染** 월경오염/월경성 오염 • **自扫自家门前雪** 내 집 앞 눈은 스스로 치우기 • **报废** 폐기하다 • **车龄** 연식 • **操作性** 운용성 • **扬尘** 먼지 • **治霾** 미세먼지 정화 • **大打折扣** 크게 떨어뜨리다 • **新建** 새롭게 짓다 • **燃煤发电站** 석탄화력 발전소 • **雷声大，雨点小** 빈 수레가 요란하다/소문난 잔치에 먹을 것 없다 • **冰冻三尺，非一日之寒** 삼 척의 얼음이 하루의 추위로 만들어진 것은 아니다 • **两难处境** 진퇴양난 • **天下没有白吃的午餐** 세상에 공짜는 없다

• **深陷~困局** ~곤경에 빠지다
• **鉴于~的现状** ~상황을 고려하여
• **不光~** ~만이 아니다

실력 다지기

잘못된 어법이나 표현을 올바르게 고쳐보세요!

1. 全全负责　⇒ ....

2. 做好责任　⇒ ....

3. 实行天气预报　⇒ ....

4. 在此基础下　⇒ ....

5. 呼吸器疾病　⇒ ....

6. 提醒环境意识　⇒ ....

7. 是来自~等污染源产生的　⇒ ....

unit 40 난이도 ★★★★☆

온실가스

온실가스 감축에 대한 본인의 견해를 중국어로 쓰시오.

step 1 배경 지식 알기

□ **온실효과 / 温室效应**

수증기, 이산화탄소 등 대기 중의 온실가스가 온실의 유리와 같은 작용을 하여 지구 표면의 온도를 높이는 현상이다. 온실가스로는 이산화탄소, 메탄, 아산화질소, 수소불화탄소, 과불화탄소, 육불화황이 있다.

□ **교토의정서 /《京都议定书》**

1997년 12월 일본 교토에서 개최된 제3차 유엔기후변화협약 당사국총회에서 채택한 의정서다. 의무 감축 국가가 제1차 의무 공약 기간(2008~2012년)에 온실가스 배출량을 1990년 대비 5.2%를 감축한다는 목표치를 규정했다.

□ **파리기후협정 /《巴黎协定》**

2015년 12월 프랑스 파리에서 개최된 제21차 유엔기후변화협약 당사국총회에서 195개 당사국이 채택한 협정이다. 2020년 이후 적용할 새로운 기후협약으로 교토의정서를 대체하게 되며, 산업화 이전 수준 대비 지구 평균온도가 2℃ 이상 상승하지 않도록 온실가스 배출량을 단계적으로 감축하는 내용을 담고 있다.

step 2 용어 익히기

· 감축 의무 **减排义务** · 과불화탄소 **全氟化碳** · 메탄 **甲烷** · 배출권거래제도 **排放权交易机制/排放权交易制度** · 배출량 **排放量** · 수소불화탄소 **氢氟化碳** · 아산화질소 **氧化氮** · 열섬효과 **热岛效应** · 오존층 **臭氧层** · 유엔기후변화협약 **《联合国气候变化框架公约》** · 육불화황 **六氟化硫** · 이상기후 **异常气候/反常气候** · 포스트 교토체제 **后京都时代** · 해수면 **海平面**

step 3 개요 잡기

사회적 과제에 대한 분석과 해결책 제시를 요구하는 유형의 문제이다. 다음의 내용이 들어갈 수 있도록 글을 구성하면 좋다. 1. 지구온난화 실태 및 온실가스 감축 현황 2. 온실가스 감축의 필요성 3. 온실가스 감축을 위해 주력해야 할 점과 나아갈 방향

플러스 주제

선진국과 개도국의 환경문제에 대한 책임과 역할에 대한 견해 / 전 세계적인 이상기후 원인과 대응책에 대한 견해 / 지구온난화로 인한 생태계 파괴에 대한 견해 / 파리기후협정에 대한 선진국의 태도와 의무에 대한 견해

温室气体

在减排义务对象国行列中，韩国已不再是例外国家了。在最近举行的联合国气候变化大会上各国领导人已通过《巴厘岛路线图》，决定从2013年起世界各国都要履行减排义务。那从目前的情况来看，韩国该如何准备？

首先，从政府方面来看，要积极开发，并研究先进的节能、清洁技术。为此，与世界发达国家同心同德，进行合作和交流极为重要。不仅如此，要大刀阔斧地展开有关节能的宣传活动，以使国民广泛认识到环保的重要性。

其次，从企业方面来看，应致力于开发节能商品，如小排量汽车等环保车。格外重要的是，对企业来说，获利也是不可忽视的，但之前，应该树立"环保"意识。因为只有良好而清洁的环境，才能保障企业的可持续发展。

最后，我们每个人的行动最为重要。就是说，我们应抱着"从我做起"的心态，从细小的部分付诸行动。如少用一次性商品，减少生活垃圾，积极利用公共交通等。

总之，作为仍处于发展阶段的发展中国家，对韩国来说，发展和环保都是缺一不可的。然而，考虑到目前严重的环境污染和地球变暖所带来的后果，从现在起应为保护环境做出积极行动。否则，我们的绿色地球、绿色家园将难以维系，而且我们的子孙后代也将无法享受经济发展的优惠。

단어

- **联合国气候变化大会** 유엔기후변화협약 당사국총회 • **《巴厘岛路线图》** 발리로드맵 • **极为重要** 매우 중요하다 • **小排量汽车** 작은 배기량의 자동차 • **环保车** 친환경차 • **格外** 각별히 • **获利** 이익을 얻다 • **一次性商品** 일회용 제품 • **地球变暖** 지구온난화 • **子孙后代** 후손

코멘트

전반적인 구조와 내용 구성은 좋은 편이다. 다만 서론에서 단도직입적으로 감축 의무에 대해 언급해 아쉬웠다. 먼저 지구온난화 실태 및 온실가스 감축 현황을 언급하고 본론에서 온실가스 감축을 위해 주력해야 할 점을 구체적으로 제시하는 게 바람직하다. 모범 답안을 통해 어떻게 수정되었는지 살펴보도록 하자.

- '**通过**'는 다음과 같은 뜻이 있다. 여기서는 ②의 뜻으로 쓰였다.
  ① 통과하다/지나가다　예) 通过隧道时，不得超车
  ② (의안 등이) 채택되다/통과하다　예) 联合国大会16日投票通过有关叙利亚问题决议
  ③ 동의나 비준을 얻다　예) 这么重要的事情必须通过领导
  ④ ~을 통해/거쳐　예) 通过学习，我们可以得到什么？
- '**减少温室气体排放量**'을 줄여서 간단하게 '**减排**'라고 쓸 수 있다.
- '**抱着~的心态**'는 '**抱有~的态度**'로도 쓸 수 있다.
- 좋지 못할 영향이나 결과일 때 '**后果**'를 쓴다.

温室气体

　　全球变暖加速，威胁着人类的生存。有效遏制和应对全球气候变暖，任重而道远。韩国发挥带头作用，宣布了2030年温室气体减排目标最终方案，在现有日常水平上减排37%。我们该如何实践这一目标呢？

　　首先，我们要有正确的环保意识。减排不是发展的绊脚石，而是推动全球发展转型的重要机会。为此政府要发挥领导作用。建议政府制定如下战略：一是通过有效减少温室气体排放、降低经济对石油的依赖度，积极应对气候变化，实现能源自立；二是通过开发绿色技术、培育绿色产业、升级产业结构等创造新的绿色发展动力；三是通过发展绿色国土和绿色交通，改变生活模式，提高生活质量，提升国家地位。

　　其次，需要政府、企业与国民共同努力。政府应提高能源技术研发的预算，给具备一定优势的中小企业提供科研经费援助和在专利技术、产业化、吸引高科技人才等方面的综合援助。企业担心减排将会增加企业成本并削弱企业国际竞争力也是理所当然的，但要清醒地认识到：谁能在新能源战略竞争中取得优势，谁就能在下一场工业革命中占据绝对的优势，并成为国际经济新规则的领导者。减排行动，人人有责。大家要从现在做起、从小事做起，从身边做起、从我做起，参与积极行动，保护环境，保护地球。

　　我们今天要在实现绿色增长的道路上迈出踏踏实实的第一步，相信今天的努力将为子孙后代营造一个更加美好的未来。

단어

- **带头** 앞장서다 · **绊脚石** 걸림돌 · **转型** 전환하다 · **高科技** 하이테크 · **人人有责** 우리 모두의 책임이다 · **踏踏实实** 착실하다

핵심구문

- **有效遏制** 효과적으로 억제하다
- **减少～排放** ～배출을 줄이다
- **培育～产业** ～산업을 육성하다
- **升级～结构** ～구조를 고도화하다
- **改变～模式** ～패턴을 바꾸다
- **吸引～人才** ～인재를 유치하다
- **削弱～竞争力** ～경쟁력을 약화시키다
- **谁能A，谁就能B** A하는 자가 B를 할 수 있다
- **取得优势** 우위를 얻다
- **迈出～第一步** ～첫발을 내딛다
- **营造～未来** ～미래를 만들다

실력 다지기

잘못된 어법이나 표현을 올바르게 고쳐보세요!

1. 对他们告诉　⇒ ....
2. 服国际义务　⇒ ....
3. 要遵守措施　⇒ ....
4. 国民安全比什么更重要　⇒ ....
5. 受到利益　⇒ ....
6. 留下给子孙后代　⇒ ....

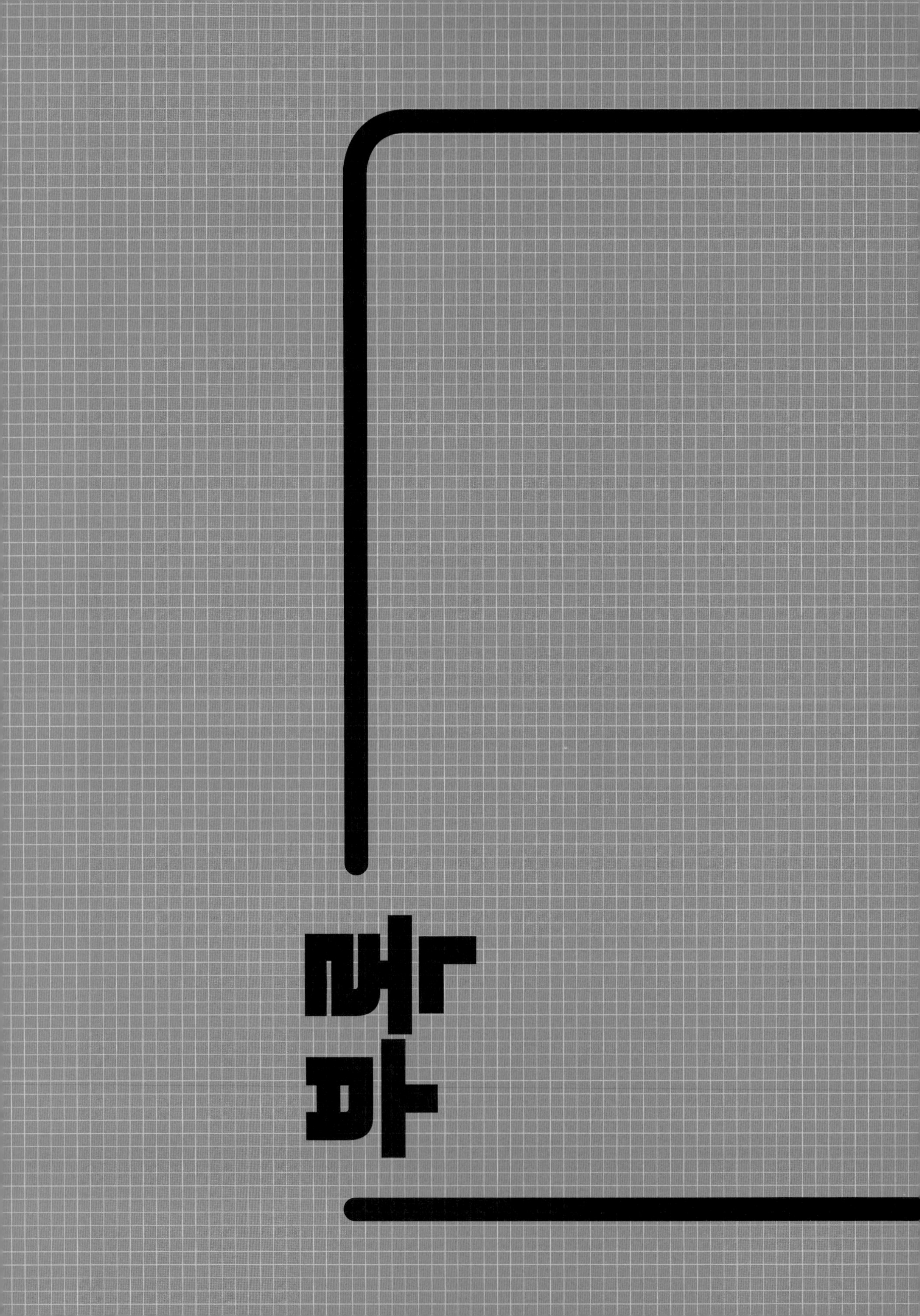

종국어

통번역 대공략

작문 편

모범 작문 해석 및 실력 다지기 정답

 ## 경제위기 극복

현재 세계 경제가 침체하고 여러 경제 지표가 일제히 하락세를 보이고 있다. 새로운 글로벌 금융위기라는 대형 악재가 또다시 전 세계를 덮치는 것이 아니냐는 우려의 목소리도 나오고 있다. 대외경제의 영향을 쉽게 받는 한국의 특성 때문에 '대국이 기침만 해도 한국은 감기에 걸린다'는 우스갯소리도 있다. 세계 경제의 불황은 대외 수출 의존도가 높은 한국을 불안에 떨게 하고 있다. 그렇다면 세계 경제 침체에 어떻게 대응해야 할까? 다음과 같은 몇 가지 노력을 기울여야 한다.

첫째, 정부는 문제의 심각성을 제대로 인지하고 무의미한 정쟁(政爭)을 멈춰야 한다. 대외악재를 이기려면 내부적 결속이 이뤄져야만 가능하다. 여야가 손을 잡고 국민의 이익 수호를 위해 일련의 경기부양책을 내놓아야 한다.

둘째, 대기업들은 사회에서 얻은 이익을 환원하고 국민의 이익 향유를 위해 노력하고 국민과 협심해야 한다. 대기업들은 노블레스 오블리주 정신을 발휘해 중소기업과 협력해 위기 극복, 기회 포착, 혁신 논의, 발전 모색에 힘써야 한다. 그래야만 한국이 이번 글로벌 금융위기의 풍파를 헤쳐나갈 수 있다.

셋째, 국민은 정부 정책에 적극적으로 호응하고 불필요한 낭비를 줄이고 절약하며 가계 부채를 줄여야 한다. 한국이 석유 한 방울 나지 않는 석유 수입국이라는 사실을 명심하고 생활 속에서 에너지를 절약하고 온실가스를 줄이는 습관을 길러야 한다.

'의지가 강한 자가 시련을 극복하는 것'처럼 우리는 이번 위기를 잘 극복하고 오히려 전화위복의 계기로 삼을 수 있으리라 믿어 의심치 않는다. 이번 금융위기는 한국의 품격을 보여줄 기회이기도 하다. 부잣집을 돕기보다는 어려운 집을 도와야 하듯 더 큰 어려움에 빠진 나라를 돕는 것이 한국의 국제적 명성에 걸맞다. 이것이 바로 순수한 마음의 '선정덕치(善政德治)'의 자세로, 한국은 위기 극복 이후 더욱 강하고 성숙한 나라가 되어 더 많은 우호국을 얻게 될 것이다.

실력 다지기 답안

1. 收到了广泛关注 ➡ 受到了广泛关注
2. 在培养人才方面上 ➡ 在培养人才方面
3. 出台儿童化妆品 ➡ 推出儿童化妆品
4. 要采取如何措施 ➡ 要如何采取措施/要采取何种措施

공유경제하면 낯설지는 않을 것이다. 잘 알려진 '우버'가 바로 공유경제의 대표적 사례이다. 하지만 현재 우리 사회에 다양한 형태의 공유경제가 등장했음에도 불구하고 관련 법과 제도가 미흡해 공유경제의 발전을 저해하고 있다.

1인당 소득의 증가로 구매력이 나날이 향상되면서 구매 후 사용하지 않거나 한 번 사용 후 방치되는 현상이 빈번해지고 있다. 그래서 사람들은 방치된 물품이나 자원을 타인과 공유하기 시작했다. 한 번만 사용할 물품이 필요할 경우 인터넷에서 쉽게 찾을 수 있으며, 소정의 대가를 지급하면 한시적으로 사용권을 양도받을 수 있다. 이러한 추세는 이미 경제방식의 하나로 자리 잡았다. 공유경제는 우리 사회의 잘못된 습관인 낭비를 개선해 사람들의 계획적인 소비를 유도함은 물론 많은 사람을 '월광족' 신세에서 벗어나게 해준다.

공유경제 탄생의 일등공신은 인터넷이다. 인터넷의 비약적인 발전에 힘입어 공유경제가 생겨나기 시작했다. 인터넷 덕분에 사람들은 시공간의 제약에서 벗어나 타인과 자원을 공유할 수 있게 되었다. 공유경제는 현재 우리 일상 속에서 빠르게 발전해 소비패턴과 경제관념을 뒤바꿔놓고 있다. 전 세계적 트렌드인 공유경제는 그 보급률과 이용률이 날로 상승 중이다. 그러나 현재 한국은 공유경제 관련 법률 체제가 미비한 상태라 안전상의 이유로 '공유'할 엄두를 내지 못하는 사람도 있다.

우리도 공유경제 흐름에 발맞춰 조속히 관련 법과 제도를 제정 및 정비해 상호 간에 신뢰할 수 있는 시스템이 마련되길 기대해본다. 그래야만 공유경제가 우리 사회에 뿌리를 내리고 꽃을 피워 국민에게 혜택을 안겨줄 수 있을 것이다.

실력 다지기 답안

1.	改善现象	⇒	改变现象
2.	共享经济有关	⇒	有关共享经济/与共享经济有关
3.	负责责任	⇒	负起责任
4.	有密切相关	⇒	密切相关/有密切关系

세계경제포럼(WEF)이 발표한 2016년 국가 경쟁력 순위에서 한국이 2007년보다 15단계 하락한 26위를 기록해 2004년 이후 가장 낮은 순위에 머물렀다. 이 보고서는 글로벌 경쟁력 지수를 근거로 국가 경쟁력 순위를 매겼다. 글로벌 경쟁력 지수는 제도, 인프라, 거시경제 건전성 등 12개 경쟁력 부문으로 구성된다. 한국은 공공 및 민간 제도 부문에서 일본, 중국 등 아시아 주요국에 뒤처졌다. 경쟁력 하락은 어떤 경고이며 도대체 무엇이 한국 경쟁력의 발목을 잡고 있는 것인지에 대해 진지하게 고민해봐야 한다.

시장 개척정신 결여, 첨단 과학기술 발전 부진, 미성숙한 금융시장, 지나친 제도규제, 경직되고 비효율적인 노동시장 등 국가 경쟁력 하락요인이 많지만, 우리의 '아킬레스건'은 아무래도 정부라고 생각한다.

올해 한국 정부의 정책 투명성 순위는 123위로, 한국의 글로벌 경쟁력에 영향을 주는 '최대 문제점'으로 손꼽힌다. 한국 정부의 많은 부처가 '공개'보다는 '비밀 행정'에 훨씬 치중하는 편이다. 정부의 낮은 투명성이 정부기관 및 소속 직원들의 부패, 관료주의, 비효율성, 느슨한 법 집행, 비리 풍조 등의 원인으로 손꼽힌다. 따라서 투명한 정부 구축이 시급한 과제이다.

국가 경쟁력 제고를 위해 정부는 정책 결정·관리·행정 과정을 공개함으로써 정부의 투명성을 높여 국민의 알 권리와 참여권을 보장해야 한다. 공무원의 책임의식과 대민 봉사의식도 제고해야 한다. 공무원은 자신의 책임소재를 명확히 인식하고 맡은 바 책임을 충실히 이행해 열심히 일하는 기강을 확립해야 한다.

정부의 동태를 국민에게 알리고, 권력을 공개적으로 운용하며, 정부와 국민의 소통을 통해 국민과 기업을 위해 봉사하는 정부의 기능을 강화해야 한다. 이를 기반으로 힘과 마음을 모아 새로운 발전을 모색한다면 한국은 머지않아 선진강국의 반열에 올라설 수 있을 것이다.

실력 다지기 답안

1. 竞争力越来越下降　　➡　　竞争力日益下降/竞争力越来越低
2. 下降15个阶段　　➡　　下降15个位次/下降15位
3. 韩国下降国家竞争力　　➡　　韩国国家竞争力下降
4. 韩国被中国后来居上　　➡　　韩国被中国赶超
5. 随着全球化的步伐　　➡　　随着全球化的步伐加快
6. 劳动、金融部分的排位　　➡　　劳动、金融部门的排位
7. 大打折扣国家竞争力　　➡　　使国家竞争力大打折扣

 unit 04　양적완화가 한국에 끼치는 영향

　세계 경제가 침체에 빠지자 미국, 일본 등 선진국들이 양적완화 정책을 꺼내 들었다. 양적완화에서 양적은 화폐 발행을 일정량 확대한다는 뜻이고, 완화는 중앙은행이 지급준비율을 낮추는 것을 의미한다. 이 정책의 시행 목적은 자국의 경기부양에 있다. 그러나 양적완화 정책은 경기회복에 어느 정도 도움이 되지만, 지나칠 경우 역효과를 초래한다. 그리고 양적완화의 타격을 가장 먼저 받는 곳이 바로 한국을 비롯한 일부 개도국들이다. 그렇다면 양적완화 정책은 과연 한국에 어떤 영향을 끼칠까? 우리는 또 어떻게 대처해야 할까? 이에 대해 깊은 고민을 해볼 필요가 있다.

　양적완화 정책이 한국에 끼치는 영향은 크게 3가지가 있다.

　첫째, 달러, 유로 등 세계 주요 통화가 평가절하되면 원화가 평가절상되고, 원화가 평가절상되면 제품 원가가 상승한다. 이는 한국 제품이 국제시장에서 가격경쟁력을 잃게 된다는 것을 뜻한다. 수출주도형 경제인 한국에 이는 예상치 못한 타격이 아닐 수 없다.

　둘째, 한국 금리가 양적완화를 시행하는 선진국보다 높으면 단기차익을 노리는 국제 핫머니가 한국으로 유입될 가능성이 크다. 그렇게 되면 자산 버블이 형성된다.

　셋째, 달러의 평가절하는 석유를 비롯한 대형 원자재 상품의 가격인상으로 이어져 한국의 물가도 연이어 상승하게 된다.

　이처럼 선진국의 무분별한 양적완화 정책 시행은 한국 경제에 득보다 실이 많음을 알 수 있다. 따라서 이에 대한 적절한 대응책을 마련해야 한다.

　먼저 수출 의존도를 낮춰야 한다. 그동안 한국 경제는 수출에 지나치게 의존해왔다. 이러한 성장방식은 세계 경제나 다른 나라의 통화가치 변동에 흔들리기 쉽다. 따라서 우리는 내수진작 등 다른 방식을 통해 경제성장을 꾀하는 방법으로 이를 방어해야 한다. 국가의 명운을 기존의 경제성장방식에 맡겨서는 안 된다.

　또한, 법률법규를 마련해야 한다. 국제 핫머니 유입으로 인해 한국 금융 및 경제의 안정성이 타격받지 않도록 정부가 진입 문턱을 높여야 한다.

　그리고 제품 경쟁력을 강화해야 한다. 원가 절감과 품질 향상을 통해 품질 좋고 저렴한 한국 제품을 만들어야 한다.

　마지막으로는 에너지 절약으로 위기를 극복해 한국 경제의 새로운 전기(轉機)를 마련해야 한다. 전기를 절약하고 돈을 아껴 쓰는 것은 만고의 진리이다. 우리 모두 이 점을 깨닫고 전기와 석유를 절약해 비산유국인 한국의 막대한 부담을 줄여야 한다.

　제아무리 험한 파도가 닥치고 비바람이 몰아친다 해도 우리가 체질을 강화하고 침착하게 대처한다면 전화위복의 기회가 될 것이다.

실력 다지기 답안

1.	自国	⇒	本国	2.	工厂搬走日本	⇒	工厂搬出日本
3.	有如下几个点	⇒	有如下几点	4.	提高经济	⇒	提振经济
5.	经济愈演愈烈	⇒	经济危机愈演愈烈	6.	巨大经济体	⇒	大型经济体

 SNS의 순기능

인터넷의 폭넓은 활용과 SNS의 발달로 우리의 삶은 크게 바뀌었다. 페이스북, 트위터, 웨이보로 대표되는 SNS는 우리 삶에 없어서는 안 될 존재가 되었다. SNS가 인간의 생활에 미치는 순기능은 셀 수 없을 정도로 많지만, 다음의 몇 가지만 언급하겠다.

첫째, SNS는 자유발언의 장을 제공해 국민의 의사표현, 참여, 상호소통이 가능한 새로운 공간을 열어주었다. 모두 알다시피 독재통치로 인해 표현의 자유가 억압되었던 국가에서 최근 몇 년간 이용이 편리하고 의사표현이 쉬운 SNS를 통해 민중의 의지가 표출되어 민주화 바람을 일으킨 적이 있다.

둘째, SNS는 사람과 사람을 연결하는 '다리' 역할을 한다. SNS를 하면 마음이 잘 맞는 친구를 사귈 수 있고, 어릴 적 소꿉친구나 연락이 끊긴 동창 또는 친구도 찾을 수 있다.

셋째, SNS는 사람 간의 교류와 소통을 촉진해준다. 부모와 자녀, 스타와 팬, 정치인과 일반인이 SNS를 통해 교류하고 소통하고 상호작용하는 것이 이제는 흔한 일이 되었다. 수직적 소통이 결여된 한국 사회에서 SNS는 중요한 역할을 담당한다.

과학기술은 동전의 양면과 같아서 순기능뿐만 아니라 역기능도 있다는 점을 다들 잘 알 것이다. 따라서 우리가 어떻게 역기능을 피하고 순기능을 잘 활용하느냐가 중요하다. 이미 대세가 된 SNS를 구더기 무서워 장 못 담그듯 무작정 꺼리지 말고 미연에 폐해를 예방해야 할 것이다.

실력 다지기 답안

1. 公人   ➡   公众人物
2. 继续发展下去科技   ➡   继续发展科技
3. 形象大大折扣   ➡   形象大打折扣
4. 比以前不同   ➡   与以前不同
5. 因社交网络有缺点为理由   ➡   以社交网络有缺点为理由
6. 智能手机的普遍促进了社交网络的发展   ➡   智能手机的普及促进了社交网络的发展
7. 它给一个人日常生活起到的影响力很大   ➡   它给一个人日常生活带来的影响力很大

 unit 06 과학기술 발전에 대한 견해

과학기술이 하루가 다르게 발전하면서 우리 인간은 편리함을 누리게 된 반면 '해악'도 입고 있다. 문명의 이기(利器)인 과학기술은 양날의 검과 같아서 나와 타인에게 이롭기도 하고 해롭기도 하다. 따라서 어떻게 잘 활용하느냐가 관건이다.

과학기술의 발전은 인간생활에 편리함을 선사했다. 일례로 휴대전화가 편지를 대체하면서 멀리 떨어져 사는 두 사람이 언제 어디서나 정답게 이야기를 나누고 문자메시지를 순식간에 주고받을 수 있게 되었다. 그리고 고속열차와 비행기의 발명으로 온 세상이 지구촌으로, 이웃나라가 이웃마을로, 전 국민이 한 가족으로 변모했다. 세계 곳곳을 가는 데 막힘이 없고 사람 간의 거리도 가까워졌다. 의학의 발달로 '불치병'이 '치료 가능한 병'이 되면서 '고희(古稀)'보다는 '인생은 70부터'라는 말이 익숙해졌고, 100세를 넘기는 건 이제 뉴스거리도 되지 않는다. 과학기술의 발전은 하늘의 축복임이 분명하다.

그러나 과학기술 발전이 초래한 재앙도 헤아릴 수 없을 만큼 많다. 환경오염이 나날이 심각해지면서 삶의 터전인 지구가 몸살을 앓고 있고, 유전자재조합식품(GMO)의 탄생으로 여름철에 겨울 죽순을 먹을 수 있게 되었지만, 그 안전성은 아무도 장담하지 못한다. 복제 기술이 발달하면서 의도가 불순한 사람이 '히틀러'를 무수히 복제해 우리 사회를 위협할지도 모른다.

다들 과학기술의 양면성을 잘 알고 있지만, 과학기술 발전이 시대의 거스를 수 없는 대세라는 것을 부인하지 못할 것이다. 그러므로 정부는 더욱 전면적인 법률 제도를 마련해 과학기술을 악용하려는 시도를 막아야 한다. 과학자들도 도표나 방정식에 골몰할 때 도덕적 마지노선을 반드시 지켜야 한다. 그래야만 과학이 인류에게 재앙이 아닌 축복이 될 수 있을 것이다.

실력 다지기 답안

1. 负作用 ⟹ 副作用/负面影响
2. 科技技术 ⟹ 科学技术/科技
3. 比古人相比 ⟹ 与古人相比
4. 武器用在战争 ⟹ 武器用于战争
5. 搞乱生态系统 ⟹ 破坏生态系统
6. 盲目的持乐观态度 ⟹ 盲目地持乐观态度/持盲目的乐观态度

unit 07 사이버 범죄

　　IT 강국으로 알려진 한국은 인터넷 보급률이 세계 1위이다. 그러나 '빛이 있으면 그림자도 있는 법'. 이런 화려함 이면에는 형편없는 인터넷 정책과 허술한 관리로 나쁜 짓을 일삼는 범법자와 각종 사이버 범죄가 판을 치고 있다. 개인정보 탈취와 도용은 이미 흔한 일이 되었고 인터넷상에서 스타나 유명인사를 직접 거론하며 공개적인 욕설과 인신공격을 하는 일도 적지 않다. 따라서 정부는 조속히 효과적인 대응책을 취해야 한다.

　　첫째, 사이버 범죄에 대한 전 사회의 예방의식을 고취해 사이버 범죄 피해를 보지 않도록 해야 한다. 사이트에서 회원가입 시 아이디, 이름, 나이, 성별, 주민등록번호, 비밀번호, 이메일 주소, 직업, 직책, 학력, 결혼 유무 등의 정보를 입력해야 하는데 이는 불법 유출로 인해 신변, 재산, 프라이버시의 심각한 침해를 초래할 수 있다. 따라서 네티즌들이 시시각각 경계해야만 사이버 범죄의 피해를 피할 수 있다.

　　둘째, 정부의 엄격한 입법과 법 집행이 필요하다. 사이버 범죄는 이미 높은 이윤, 손쉬운 수법, 낮은 리스크의 업종이 되어버려 예방의식으로만은 사이버 범죄를 해결할 수 없다. 정부가 입법과 법 집행을 엄격히 하고 적발된 사이버 범죄에 대해서는 더욱 엄중히 처벌하여 국민의 손실을 최소화해야 한다.

　　셋째, 전문인력을 육성하여 효과적으로 사이버 범죄를 단속해야 한다. 예방책이 마련되어도 사이버 범죄의 수법이 고도화되면서 지금의 인적자원으로는 효과적인 예방과 단속이 어렵다. 관련 부처 인력의 교육을 강화하고 관련 지식을 쌓아 법 집행 능력을 제고시켜야 한다.

　　인터넷 기술이 나날이 발전하면서 인간은 전에 없던 편리함을 누리고 있다. 하지만 가상세계인 인터넷에서는 상대방이 누구인지 전혀 알 길이 없다. 따라서 가상과 익명의 이 세계에는 함정과 위험이 도처에 도사리고 있다. 설사 손해를 본다 한들 별다른 방법이 없다. 그러므로 개개인이 경각심을 높여야 함은 물론 신뢰할 수 있는 법률법규와 법 집행 부처의 관리 감독과 보호가 필요하다. 인터넷 세계가 부정적인 모습보다 긍정적인 모습을 갖추어 한국이 명실상부한 IT 강국이 되기를 바란다.

실력 다지기 답안

1. 解决社会弊端	➡	铲除社会弊端/消除社会弊端/解决社会问题
2. 在现代社会上	➡	在现代社会中
3. 最代表性例子	➡	最具代表性的例子
4. 被黑客受到攻击	➡	被黑客攻击/受到黑客攻击
5. 新一个IT格局	➡	一个新IT格局

 **unit 08 인공지능의 번역**

올해 세간의 주목을 받은 인공지능(AI)과 인간의 바둑 대결에서 인공지능 '알파고'가 세계 정상급 바둑기사 이세돌 9단을 꺾고 승리했다. 인공지능은 새로운 세계를 선사해 주었지만, AI의 등장으로 위협받게 될 업종에 대한 우려를 낳기도 했다. 인공지능에 대체될 첫 번째 업종으로 번역을 꼽는 사람도 있다. 하지만 전문가들은 이구동성으로 인공지능이 통역사나 번역가를 대체하는 것은 불가능하며, 영화 '설국열차'에 나오는 자동통역기의 등장은 아직 멀었다고 말한다.

인공지능이 훌륭한 통역사나 번역가가 되기 어려운 이유는 다음과 같다.

첫째, 어떻게 감정과 의미를 전달하느냐이다. 사실 번역에서 가장 중요한 것은 모국어의 구사력과 두 나라 문화가 결부된 언어의 함의를 전환하는 능력이다. 대다수 정보가 단어 위주로 이루어진 자동번역기가 과연 은유법, 반어법, 미세한 감정 등 단어에 담긴 숨은 뜻을 표현할 수 있을까?

둘째, 번역은 창조적인 작업이다. 매우 복잡한 종합 분야인 번역은 융통성, 정확성, 창의력, 이해력을 필요로 한다. 이를 토대로 두 나라 문화와 전통, 사상을 깊이 이해해야 훌륭한 번역을 할 수 있다. 인공지능 번역기가 과연 철학적인 의미의 시나 음률이 있는 시가(詩歌)를 제대로 번역할 수 있을지 의문이다. 기계가 번역한 '홍루몽(紅樓夢)'을 읽고 싶은지 한번 생각해 보라.

셋째, 현장 분위기를 파악해야 한다. 통역은 뛰어난 언어 능력이 필요할 뿐만 아니라 현장 분위기를 파악해 발화자의 감정을 정확하게 전달해야 한다. 그러나 인공지능은 이 역량이 한참 떨어진다.

결론적으로 말해 힘들고 반복되는 일들은 인공지능이 점차 대체하겠지만, 번역은 창조와 예술의 작업이기에 때문에 인공지능이 번역한 '홍루몽'을 읽거나, 인공지능이 현장에서 하는 통역을 듣는 것은 아직은 요원한 일이다.

1. 要理解问题发生的原因 ⇒ 要了解问题发生的原因
2. 要投入投资 ⇒ 要投资/要投入资金
3. 翻译器便利携带 ⇒ 翻译器便于携带
4. 把一个语言翻译另一个语言 ⇒ 把一个语言翻译成另一个语言
5. 合适利用在科技领域 ⇒ 适合利用在科技领域

 **청소년의 인터넷 중독**

인터넷은 현대인의 생활에 없어서는 안 될 일부가 되었고 청소년에게도 중요한 매체임이 틀림없다. 그러나 자기통제력과 분별력이 없어 온종일 사이버 세계에 빠져 헤어나오지 못하는 청소년들이 있어 큰 사회적 문제가 되었다. 청소년의 인터넷 중독 문제 해결을 위해 정부, 사회, 학교, 가정의 공동 노력이 절실하다.

첫째, 인터넷 중독 청소년의 대다수는 현실 세계에서 부모와 소통이 부족하고 학교에서 친구가 많지 않아 외로운 아이들로 사이버 세계에서 위안을 얻고 있다. 만약 강제적으로 인터넷을 끊게 한다면 정서적 강한 반발심을 일으킬 수 있기 때문에 방법적인 면에서 부모의 주의가 필요하다. 인내심을 가지고 친절하고 부드럽게 아이와 소통해 이들이 인터넷 중독의 늪에서 벗어나도록 도와야 한다. 이를 위해 인터넷 이용 시간 정하기, 모두가 볼 수 있는 곳에 컴퓨터 놓기, 다른 활동에 참여하도록 장려하기 등의 방법을 활용해보길 권한다.

둘째, 청소년들이 인터넷에 빠지는 주된 이유는 우리 사회에 청소년에게 적합한 놀이 프로그램이 부족하기 때문이다. 우리는 청소년이 즐길 수 있는 문화 공간을 제공하여 이들이 학업 스트레스를 풀고 다양한 문화 활동을 체험할 수 있도록 해야 한다. 정부와 학교는 다양한 활동과 홍보는 물론 재정적 지원과 사회적 분위기 조성을 통해 청소년의 놀이문화가 다양하게 발전할 수 있게 해야 한다.

국가의 미래인 청소년은 어른들의 관심과 사랑이 있어야만 건강하게 자랄 수 있다. 온종일 가상 공간에서 가상 인물이 되어 울고 웃는 청소년들에게 따뜻한 손길을 내밀고 이들이 올바른 인터넷 이용법과 습관을 기르도록 지도해야 한다. 모든 아이가 건강하게 자라고 모든 가정이 행복하고 건강하기를 진심으로 바란다.

실력 다지기 답안

1. 网络中毒   ⇒   网络成瘾
2. 中毒网络   ⇒   迷上网络
3. 如果让孩子不能再上网   ⇒   如果不让孩子再上网
4. 有感兴趣   ⇒   有兴趣/感兴趣
5. 重新吸烟起来   ⇒   重新吸起烟来

unit 10 난민들 어디로 가야 하는가

'난민 물결'이란 난민들이 물밀 듯이 밀려드는 것을 말한다. 단시간 내에 수많은 난민이 무질서하게 끊임없이 유입되는 '난민 물결'로 인해 유럽 사회가 위기에 봉착했다. 일부 유럽국가는 재정 부족으로 대응이 어려워 국경 지역 입국 통제 정책을 취해 국제사회와 여론의 뭇매를 맞기도 했다. 그러나 '난민 물결'은 문호를 활짝 연다고 해결되는 문제가 아닌 상당히 복잡한 난제이다.

표면적으로 보면 최근 몇 년간 유럽지역은 심각한 채무 위기로 자신조차 돌볼 여력이 안 돼 난민 정착을 도울 형편이 안 된다. 그리고 난민의 대거 유입으로 유럽의 일자리, 사회 안정, 안보 등의 문제가 발생하는 등 '말 못 할 걱정거리'도 존재한다. 이러한 문제들에 대한 우려로 일부 유럽 국가가 난민 수용을 거부하고 있다.

하지만 좀 더 심층적으로 보면 미국을 위시한 서방국에 책임이 있다. 서방국이 중동·북아프리카의 내전과 혼란을 야기해 현지 주민들이 전란과 무방비 상태인 도시를 떠나 피난길에 올랐다. 개방과 포용의 사회인 유럽은 지리적으로 인접할 뿐만 아니라 안정되고 부유해 난민들의 첫 번째 목적지가 되고 있다.

'결자해지(結者解之)'라는 말처럼 미국을 주축으로 한 서방국은 난민 문제를 좌시하거나 자신의 가치관을 타국에 강요해서는 안 된다. 갖은 만행과 간섭을 중단하고 적극적으로 중동·북아프리카의 평화를 추진해 난민의 대거 발생을 근본적으로 줄여야 한다. 유럽연합(EU)은 본연의 역할을 다해 회원국들이 조속히 공감대를 형성해 난민 수용 쿼터를 공평하게 분담하고 난민 수용을 위한 업무에 만전을 기하도록 촉구해야 한다. 세계 각국과 국제연합(UN) 등의 기구 역시 인도주의 차원의 원조를 제공해야 할 것이다.

실력 다지기 답안

1. 一件事件	⇒	一起事件
2. 数百名死亡	⇒	数百人死亡
3. 12人被死亡	⇒	12人死亡
4. 种族差别	⇒	种族歧视
5. 不愿容纳难民	⇒	不愿接纳难民
6. 接收建议	⇒	接受建议

 세계화

　세계화와 자유무역은 브레이크가 고장 난 열차처럼 폭주해 아무도 이를 막을 수 없었다. 그러나 최근 몇 년 간 세계적인 경기침체, 테러공격, 인종차별이란 벽에 잇따라 부딪히면서 '세계화와 자유무역'의 열차 속도가 느려지고 있다. 현재 미국 등 많은 선진국에서도 보호무역주의의 대두로 세계화에 역행하는 모습이 나타나면서 세계화 열차가 탈선해 전복될 것만 같다.

　오랫동안 세계화와 자유무역은 만병통치약으로 간주되어 왔다. 옹호자들은 경제 수준이 높은 국가이든 가난한 개도국이든 세계화와 자유무역의 약효가 빠르게 나타나 GDP 성장과 국민 생활 수준 향상을 이끌 수 있다고 공언했다. 그런데 경제 세계화가 정말 그렇게 신통할까? 다년간 관찰한 결과 세계화는 선진국이 주도한 것으로, 선진국은 막강한 경제력, 선진 과학기술, 국제 규칙 제정 이권을 통해 개도국의 경제 주도권을 쥐고 흔들었으며 세계화를 통해 개도국에 위기를 전가함으로써 가난한 나라는 더 가난하게, 부자인 나라는 더 부유하게 하여 선진국과 개도국 간의 양극화와 빈부 격차를 심화시켰다.

　세계화는 엄청난 부작용을 가져오긴 하지만, 세계화와 자유무역은 여전히 피할 수 없는 추세이다. 왜냐하면 경제·정치·문화 등 여러 분야에서 국가 간의 상호 의존도가 갈수록 높아져 어느 나라도 홀로 쇄국정책을 쓰며 지속적인 발전을 이룰 수 없기 때문이다. 물론 세계화의 폐단을 나 몰라라 해서도 안 된다. 끊임없는 조율을 통해 공동의 이익을 창출하고 불평등하고 불균형한 구조를 개선해야 한다.

　인류의 발전은 직선 상승이 아닌, 때로는 직진을 위해 우회하거나 전진을 위해 후퇴해야 한다는 것이 역사를 통해 입증되었다. 자신이 바로 서야 남을 세울 수 있고, 자신을 이롭게 해야 남을 이롭게 할 수 있다. 각국은 자국의 이익을 바탕으로 조화로운 대외 무역환경을 조성하고 극빈 해소에 일조해야 한다. 이러한 이기주의(利己主義)가 궁극적으로 세계 평화와 발전에 도움이 될 것이다.

실력 다지기 답안

1. 若他被当选	➡	若他当选
2. 反世界化	➡	反全球化
3. 物价增加	➡	物价上涨
4. 要铭记在心这一点	➡	要铭记这一点/要把这一点铭记在心
5. 做出不断地努力	➡	作出不断的努力
6. 人种歧视	➡	种族歧视

바다를 사이에 두고 위치한 한국과 일본은 지리적 인접성과 문화적 동질성으로 인해 서로 얽히고설킨 운명을 가지고 있다. 그러나 역사와 현실적인 문제로 한일관계의 발전은 결코 순탄치 않다. 정체된 정치 관계와 달리 한일 양국은 경제적으로는 상호 의존하고 있다. 최근 몇 년간 경제협력에 대한 관심이 기존의 정치적 적대심과 해결되지 않는 역사문제보다 중시되고 있다. 그런데 양국 관계가 경제적으로 긴밀해지는 이때 독도 영유권 문제가 재점화 되었다.

영토분쟁은 한일 양국 관계를 크게 퇴보시켜 얼어붙게 했다. 이는 양국에 불리할 뿐만 아니라 동북아 안정에도 악영향을 끼친다. 경제적으로 일본은 한국의 중요한 무역파트너로, 양국관계가 경색 국면을 타파할 돌파구를 찾지 못하면 수출은 심각한 타격을 입을 것이고 한창 인기를 끌고 있는 '한류'에도 찬물을 끼얹을 것이다. 군사적으로 양국은 미국의 동맹국으로서 위기 시 서로 도와야 하는 관계인데 한일 양국의 경색 국면이 계속되면 한미일 연합전선(戰線)에 금이 갈 것이다. 정치적으로 한국 대선이 다가오는 시점에 이번 외교분쟁은 속셈이 음흉한 정치인들에게 정치적 카드가 되어 민심을 어지럽힐 것이다. 사회적으로는 쌓인 원한을 풀지 못했는데 새로운 원한이 쌓이면 한일 양국 국민의 감정의 골이 점점 깊어져 원한을 풀기 어려울 것이다.

'영원한 이익은 있어도 영원한 친구는 없다'는 이 옛말은 국제적·국가 간 교류의 자화상을 보여준다. 한일 양국이 여러 가지 분쟁과 충돌을 빚는다 해도 협력을 하는 것이 정상적인 국제 관계이다. 한일 양국의 대립은 서로에게 해(害)가 될 것이다. 원수 간의 갈등은 풀어야지 심화시켜서는 안 되듯이 한일 양국은 감정적으로 대하지 말고 객관적·이성적으로 신중하게 문제에 접근해야 한다. 일본은 경제력으로 한국을 압박해서는 안 되며, 한국은 이에 겁먹고 경제적 득실 때문에 일본의 눈치를 봐서는 안 된다. 한일 양국 정부는 경제는 경제, 영토분쟁은 영토분쟁으로 경제문제와 영토분쟁을 분리해 다뤄야 한다. 그래야만 얽혀 있는 매듭을 풀고 난관을 극복할 수 있다.

실력 다지기 답안

1. 有密切相关 ⇒ 有密切关系/密切相关
2. 改变错误 ⇒ 改正错误
3. 日本人记者 ⇒ 日本记者
4. 负责任自己的选择 ⇒ 对自己的选择负责任

 한반도 통일

남북한 평화통일은 우리 민족이 간절히 바라는 숙원이다. 피를 나눈 동포인 북한 주민과 강제로 분단된 채 60년을 살아온 것은 국가와 민족에게 크나큰 슬픔이다. 그런데 오늘날 통일 문제에 아무런 관심이 없거나 심지어 기피하는 젊은 세대가 갈수록 늘어나 참으로 안타깝다. 한국과 북한이 한반도 통일을 각자 헌법에 포함한 것을 보면 남북통일이 반드시 실현해야 할 국가적 과업이자 필연적 추세임을 알아야 한다.

한반도가 하루빨리 평화통일을 이뤄야 할 이유는 다음과 같다.

첫째, 경제적으로 남북통일은 얻을 게 많다. 남북이 통일되면 한국은 남북한 경제 격차를 줄이기 위해 어느 정도 대가를 치러야 한다. 하지만 인구 7500만의 대국이 될 수 있고 한국의 자본·기술과 북한의 인력·천연자원을 접목하면 한반도는 번영과 발전을 이룩할 것이 분명하다. 10년 안에 일본의 국력 수준을 따라잡는 것은 불가능한 일이 아니다.

둘째, 군사적으로 남북통일은 국방예산을 크게 절감할 수 있다. 한국은 지출과 국민복지를 줄여 국방비에 충당한 지 이미 수십 년째로, 한 해 국방비 규모가 세계에서 손에 꼽을 정도이다. 남북이 통일되면 막대한 군비 지출을 줄일 수 있고, 수백만 젊은이가 '병역의 굴레'에서 벗어나 인생의 황금기를 허비하지 않아도 된다.

셋째, 국제적으로 남북통일은 동북아 지역의 평화와 안정에 도움이 된다. 최근 몇 년간 북한의 도발과 핵 문제는 한국과 동북아, 나아가 세계 안보를 심각하게 위협하고 있다. 한반도가 전시(戰時)에서 평화 국면으로 전환된다면 시한폭탄이 제거되고 '악의 축'이 '평화의 축'으로 변모하여 동북아와 아시아는 융합·공유·상생·번영을 이룰 수 있다.

하나의 한반도를 견지해 조속히 장기간의 분단 상태를 종식하고 남북 주민의 고통과 거리감을 해소해 공동 번영을 모색하는 것이 우리의 궁극적인 목표이다. 살아생전에 평화통일의 그 날을 직접 볼 수 있길 진심으로 바란다.

실력 다지기 답안

1. 原因有如下	⇒	原因如下/原因有如下几点
2. 感动世界人	⇒	感动世界/感动世人
3. 可以打破一系列问题	⇒	可以解决一系列问题
4. 政策没有那么效果	⇒	政策没有什么效果
5. 过着非常艰难	⇒	过得非常艰难
6. 平和统一	⇒	和平统一

unit 14 한류, 어떻게 발전시켜야 하는가

드라마 '대장금'이 아시아, 중동, 유럽 등 60여 개 국가에서 인기를 끌면서 한식과 한복 등 한국 전통문화의 세계 진출과 관광 및 요식업 등의 업계 발전을 이끌고 있다. 최근에는 또 반가운 소식이 들려왔다. 한국 가수 싸이의 '강남스타일' 열풍이 구미(歐美)지역은 물론 전 세계로 확산하면서 한류가 아시아에서 세계로 뻗어 나가게 된 것이다. '쇠뿔도 단김에 빼라'는 말처럼 우리는 강남스타일 인기를 계기로 엔터테인먼트의 세계적 열풍은 물론 한국의 전통문화를 전 세계에 널리 알려야 한다.

이를 위해 우리는 다음과 같은 두 가지 노력을 기울여야 한다.

첫째, 다원화와 혁신 정신을 고취해야 한다. 강남스타일에 세계인이 열광하는 것은 싸이의 독특한 춤 때문이다. 이는 부단히 혁신해야만 세계 진출을 할 수 있다는 단순한 이치를 일깨워준다. 또한, 이러한 혁신 정신을 영화, 드라마에서 음악, 음식, 한복, 한글 나아가 한국 전통문화의 전반으로까지 확산시켜야 한다.

둘째, 마케팅을 상품과 똑같이 중시해야 한다. 문화산업에서 상품과 마케팅은 어느 것 하나 빠질 수 없다. 강남스타일의 성공이 바로 대표적인 사례다. 동영상 사이트와 페이스북이 없었다면 소셜네트워크에서 강남스타일이 세계적 인기를 끄는 것은 불가능했을 것이다. 혹자는 문화상품의 생명은 마케팅에 있다고 말한다. 시장을 파악하고 관련 마케팅 전략을 짜고 마케팅 기법을 익혀 이윤의 극대화를 실현해야 한다.

우리가 사는 세계화 시대는 무한 경쟁의 시대이다. 자원이 척박한 한국에서 가장 귀중한 자원은 바로 인적 자원이다. 따라서 우리는 인본주의에 입각한 문화산업을 중시해야 한다. 성공 사례인 한류는 한국의 영향력을 확대하고 막대한 경제적 가치를 창출했다. 이것이 문화적 '소프트파워'이자 국력임은 분명하다. 한류가 얼마나 오래갈지는 우리가 시대적 흐름에 발맞춰 도전하며 한류의 새로운 방향을 찾을 수 있느냐에 달려 있다.

1. 演艺人	⇒	艺人
2. 年纪不少	⇒	年纪不小
3. 附价值	⇒	附加值
4. 改变制造环境	⇒	改变制作环境
5. 韩国文化产业变得 "荒漠"	⇒	韩国文化产业变成 "荒漠"

 **외국인 관광객을 유치하려면**

　교통수단의 발달과 경제력의 향상으로 해외여행을 하는 사람이 늘고 있다. 한 나라의 경제에서 관광업은 3차 산업의 주축이자 경제발전의 중요한 원동력 중 하나다. 관광업의 발전은 막대한 경제적 수익 창출은 물론 관광지의 사회문화와 환경에 좋은 영향을 미친다.

　한국 관광업의 지속적인 발전을 위해서는 다음과 같은 점에 유의해야 한다.

　첫째, 서비스 품질 개선과 규제 강화에 힘써야 한다. 여행사들은 관광객 유치를 위해 앞다투어 초저가 관광상품을 내놓아 모객한 뒤, 패키지 적자를 메우기 위해 관광객들에게 쇼핑을 강요해 이들의 불만을 사고 있다. 갈수록 늘어나는 이 같은 작태는 결국 한국 관광업의 시장질서를 어지럽혔다. 따라서 정부와 민간은 함께 힘을 모아 문제의 여행사를 과감히 퇴출해 헐값 관광으로 굳어진 '싸구려 한국'이란 불명예를 씻어내야 한다.

　둘째, 새로운 관광상품을 개발해야 한다. 한국 관광의 주요 경쟁력은 쇼핑이지만, 커미션을 받기 위해 '남대문', '동대문' 등 전통시장과 면세점으로 관광객들을 끌고 다니는 쇼핑관광은 장기적인 계획이라 할 수 없다. 문화체육관광부와 여행사는 역사문화 관광자원과 창의성 높은 관광 프로그램을 개발해 관광객에게 강렬한 인상을 남겨줘야 한다.

　셋째, 시장 다원화를 모색해야 한다. 중국과 일본 등 특정 국가에 주로 의존하는 한국 관광업은 이 같은 '관광객 쏠림 현상'에서 조속히 벗어나 관광객 유입원을 미국과 동남아 등지로 확대해야 한다.

　넷째, 관광객에게 자기 집과 같은 편안함을 선사해야 한다. 한국을 찾은 외국인은 손님이다. 주인으로서 친절과 미소, 세심함으로 관광객들에게 환대받는다는 느낌을 주어 이들이 다시 한국을 찾도록 해야 한다.

　정부와 관광업계가 국가 관광브랜드 마케팅을 통한 경제·사회·지속 가능한 발전 추진이라는 사명을 띠고, 부단히 관광의 품질과 효율성을 높이고 관광업의 황금기를 이끌어 한국을 세계 관광 강국으로 성장시키길 바란다.

1.	外国人游客	➡	外国游客
2.	注意以下几点方面	➡	注意以下几个方面/注意以下几点
3.	消费增加翻一番	➡	消费翻一番/消费增加一倍
4.	从事青年旅馆的人	➡	经营青年旅馆的人
5.	随着经济水平的增加	➡	随着经济水平的提高
6.	三次产业	➡	第三产业

 **unit 16** 한국 문화유산 보호의 실태

한양성(漢陽城)의 남문이자 서울의 상징인 국보 1호 숭례문이 하룻밤 사이에 잿더미가 되었다. 이 화재는 전국을 충격에 빠뜨렸고, 화재로 훼손된 숭례문을 보면서 많은 국민이 가슴 아파했다. 참으로 어처구니없는 건 정부에 불만을 품은 한 노인이 저지른 방화가 이번 화재의 원인이라는 것이다. 우리에게 다시 한번 경종을 울린 이번 화재는 정부의 문화유산 보호 의식이 얼마나 부족한지를 여실히 보여줬다. 문화유산 보호는 책임이 막중한 사업이기에 이번 사건을 계기로 관련 제도를 점검해야 한다.

단기적으로 볼 때 문화유산의 안전조치를 꼼꼼히 점검하고 과학적이고 효율적인 문화유산 보호 시스템을 구축해 보호수준을 강화하는 것이 급선무다. 최근 몇 년간 유사 사건이 여러 번 발생했지만, 관련 당국은 '교훈'을 얻기는커녕 '소를 잃고도 외양간을 고치지 않는 자세'를 보이며 관리와 제도상의 중대한 결함을 드러냈다. 따라서 문화재청은 방재 시스템 구축과 자금 투자 확대를 통해 각종 안전 위험을 해소해야 한다. 다음으로 지적할 점은 숭례문 화재사건 후 문화재청은 숭례문 관리가 부실했다는 질타를 받았고, 소방당국도 불길 방향의 오판으로 신속히 화재를 진압하는 데 실패해 소극적으로 대응했다는 비난을 받았다. 관련 부처는 역량과 법에 의거한 관리를 강화해 맡은 바 소임을 다해야지 책임을 전가해서는 안 된다.

장기적으로 볼 때 문화유산 보호에 대한 전 사회적인 의식 제고가 필요하다. 이번 사건에서 많은 사람이 뒷북치는 모습을 보였다. 문화유산은 현세대가 공을 들여야 후대가 누린다. 따라서 평소에도 위험에 대비하고 문화유산 보호의 중요성을 알리고 예방조치에 만전을 기해야 한다. 숭례문 방화사건은 뼈아픈 교훈을 남겼다. 앞으로 똑같은 실수가 되풀이되어서는 안 된다.

혹자는 전면적인 복원작업을 주장하고, 관련 당국은 2~3년 안에 '원상복구' 할 수 있다고 공언한다. 그런데 복원이 필요한 것은 건축물뿐이 아니라 문화유산의 보호 의식이라는 걸 우리가 잊고 있는 건 아닐까?

실력 다지기 답안

1. 进行大刀阔斧地改革	➡	进行大刀阔斧的改革
2. 受到薪水	➡	收到薪水
3. 达成目的	➡	达到目的
4. 树立体系	➡	构建体系
5. 大大提高口语水平	➡	口语水平大大提高
6. 爱惜文化遗产	➡	珍惜文化遗产

 N포세대

최근 'N포세대'라는 신조어가 등장했다. 'N포세대'란 생활이 궁핍해 연애, 결혼, 출산, 친구, 미래에 대한 희망, 삶의 모든 것을 포기한 사람들을 일컫는다. 'N포세대'란 단어는 현대 사회에서 젊은이들의 스트레스가 얼마나 큰지를 여실히 보여준다.

명문대 입학, 취업, 결혼, 내집마련, 자녀양육은 1970년대 이후 대부분 사람들의 인생 계획이었다. 그러나 2000년 들어 양질의 일자리가 갈수록 단기임시직으로 대체되고, 치솟는 집값으로 인해 젊은이들이 가정을 꾸리는 것이 힘들어지고 있다. 젊은이들은 자신의 노력으로 운명을 바꾸기가 점점 힘들어진다는 것을 깨닫고 인생 계획을 포기하기 시작했다.

청년은 국가의 대들보이다. 청년의 앞날이 국가의 앞날이요, 청년의 불투명한 미래가 국가의 불투명한 미래요, 청년의 절망이 국가의 절망이다. 불행하게도 정부는 최근 몇 년간 해결책 모색에 갖은 노력을 다하며 다양한 장려책을 마련하고 보조금을 제공했지만 아무런 효과를 거두지 못하고 오히려 상황은 악화되었다. 3포세대는 이내 5포세대가 되었고 심지어 N포세대가 생겨났다.

분명한 것은 이러한 난국을 극복하기 위한 선결과제가 바로 경기부양이라는 것이다. 그러나 경기부양이 말처럼 쉽지는 않다. 현재 중요한 것은 정부와 기업이 더 이상 실속 없는 정책을 내놓지 말아야 한다는 점이다. 실질적인 노력을 기울여 '실속있고 효과적인' 대국민 정책을 내놓아 젊은이들이 내일에 대한 희망을 품을 수 있도록 해야 한다.

사람은 희망에 의지해 산다. 발전과 진보 속에서 '지금의 노력이 헛되지 않다'고 믿을 때 좌절하지 않고 다시 일어나 높은 곳을 향해 도약할 수 있다. 정부와 젊은이들이 함께 노력해 어려움을 딛고 더 나은 내일을 맞이할 수 있기를 진심으로 바란다.

실력 다지기 답안

1. 进去大学	⇒	进入大学
2. N抛世代	⇒	N抛族
3. 改善社会气氛	⇒	改善社会风气
4. 维护生计	⇒	维持生计
5. 推给个人身上	⇒	推到个人身上/推给个人
6. 竞争剧烈	⇒	竞争激烈

unit 18 교육을 말하다

'나무를 기르는 데 십 년이 걸리고, 인재를 육성하는 데 백 년이 걸린다. 국가 대계(大計)의 근간은 교육이다'라는 말이 있다. 하지만 한국 교육하면 많은 사람이 '주입식 교육', '입시교육', '시험 한 방에 인생이 결정된다'라는 말을 떠올린다. 사실 이 같은 현상의 이면에는 경쟁 위주의 교육이 자리 잡고 있다. 경쟁적인 교육은 아이들을 공공연히 사회 밑바닥으로 몰아붙인다. 아이들에게 자기부정과 열등감을 부추겨 높은 곳을 바라보게 한다. 이는 개인의 불행이자 국가의 비극이다.

우리는 경쟁적인 교육의 폐단에 대해 진지하게 반성하고 대대적인 개혁을 단행해야 한다.

첫째, 고기를 잡아주지 말고 잡는 법을 가르쳐야 한다. 학생은 시험 보는 로봇이 아니며, 학교도 명문대 진학의 발판이 아니다. 학교는 눈앞의 성적에 급급해 일을 그르쳐서는 안 된다. 어릴 때 똑똑했는데 커서는 안 그런 경우를 우리는 숱하게 보아 왔다. 아이들은 학교에서 평생 도움이 되는 경험을 배워야지 남을 밟고 올라서는 것을 배워서는 안 된다. 학교는 자기 주도적 학습법을 알려주고 창의력과 팀워크를 길러줌으로써 학생들이 삶을 배우고 지식을 탐구하고 올바른 사람으로서 살아가도록 해야 한다.

둘째, 선진국 교육방식을 벤치마킹해 장점을 받아들이고 단점을 보완해야 한다. 일부 선진국의 교육은 '인본주의'를 바탕으로 전인교육을 중시해 아이들이 즐거운 분위기 속에서 배우고 성장하도록 한다. 아이들이 경쟁의 압박 속에 괴롭게 공부하는 탓에 학교를 꺼리게 해선 안 된다. 학습은 참여·체험·탐구의 과정에서 지식을 얻고 어울려 사는 법을 배우는 복합적인 경험이다. 아이들이 학교에서 즐겁게 배우고 지덕체·사회성·예술성을 조화롭게 함양하여 졸업 후 사회에 이바지하는 사람으로 성장하도록 해야 한다.

교육의 목표는 국가를 위한 우수한 자질의 국민 양성, 민족을 위한 창의적 인재 육성, 국민 개개인의 행복한 미래를 위한 토대 마련에 있다. 아이들이 학교에서 얻은 배움과 경험, 아름다운 추억을 사회와 국가로 가지고 나와 멋진 인생을 가꾸고 사회에 온기를 불어넣고 희망이 가득한 국가를 만들 수 있게 하자.

실력 다지기 답안

1. 养成人才   ➡   培养人才
2. 社会低层   ➡   社会底层
3. 激烈地展开竞争   ➡   展开激烈的竞争
4. 转换认识   ➡   改变认识
5. 做出贡献   ➡   作出贡献

 **고령화 사회**

유엔(UN) 정의에 따르면 한 나라의 60세 이상 노인 인구가 전체 인구에서 차지하는 비중이 10% 혹은 65세 이상 인구 비중이 7%를 넘으면 이 나라는 고령화 사회에 진입했다고 본다. 한국의 고령화 속도는 이미 주요 선진국을 추월했고 2025년이 되면 노인 인구가 전체 인구의 20%에 달해 초고령사회에 진입할 것으로 보인다. 고령화는 한국이 직면한 초유의 도전 과제가 아닐 수 없다.

인구 고령화는 생산가능인구를 감소시키고 노인부양비를 증가시킨다. 이는 가정의 노인부양과 사회보장 부담을 가중하고 노인부양에 쓰이는 국가의 재정지출을 증가시킨다. 그렇다 보니 고령화에 대한 우려의 목소리가 높아지는 것은 당연하다. 고령화 문제 해결을 위해서는 다음과 같은 세 가지 조치를 취해야 한다.

첫째, 고령 기준을 높여야 한다. 현재 65세인 한국의 고령 기준을 70세로 높인다면 우대와 복지를 받는 연령 대상이 줄어들게 되어 대중교통, 의료, 보험 등 사회 각 부문의 부담이 완화된다.

둘째, 정년을 늦춰야 한다. 고령화로 인한 또 다른 문제는 노인 빈곤율의 증가다. '100세 시대'에 퇴직연령 연장은 피할 수 없는 선택이다. 이는 집에서 노는 노인 인구를 줄여 가정의 부양 부담을 경감시키고 노인들에게 새로운 활력을 불어 넣어줄 것이다.

셋째, 사회복지안전망을 강화해야 한다. 정부는 모든 부담을 가정에 전가해서는 안 된다. 양로시설을 확충하고 독거노인에 대한 관리와 서비스를 강화하며 보조금과 의료 서비스를 제공해야 한다.

예전에는 수명이 길지 않아 '자식이 봉양하고자 하나 부모가 기다려주지 않는다'며 자식들이 탄식하곤 했다. 그러나 지금은 '효도하고자 할 때 부모가 건강'한 시대에 접어들었다. 우리는 '모든 노인을 공경'하는 숭고한 정신으로 노인들이 황홀한 석양빛처럼 아름다운 노후를 누리도록 해야 한다. 그들의 오늘이 바로 우리의 내일임을 잊지 말자.

실력 다지기 답안

1. 扶养老人	➡	赡养老人
2. 提高体力	➡	增强体力
3. 全人口数	➡	总人口数
4. 老人有丰富多彩的经验	➡	老人有丰富的经验

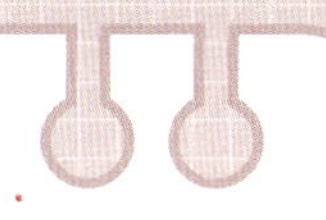

 남녀평등

한국의 첫 여성 대통령 박근혜가 탄핵당하면서 비난의 대상으로 추락했다. 박근혜가 대통령으로 당선되던 당시 그의 지지자들은 남녀평등을 이룬 선진국이 되었다며 기쁨의 눈물을 흘리며 환호했다. 그러나 박 전 대통령의 '국정농단(비선실세)' 스캔들이 터지자 국회 전시회에서 박 전 대통령을 나체로 풍자한 '더러운 잠'이라는 그림이 전시되었다. 사실 대통령 탄핵과 나체 그림 전시는 아무런 상관이 없는 일이다. 따라서 박 전 대통령의 나체 그림 전시는 여성에 대한 차별이자 폭력이라 할 수 있다.

곳곳에 여성에 대한 차별이 존재하고 있는 한국 사회에서 남녀평등을 실현하기 위해서는 모두의 노력이 필요하다.

첫째, 여성에게 더 많은 일자리를 할당하고 동일한 임금을 지급해야 한다. 현재 '여성고용할당제'를 시행하고 있지만, 제대로 이행되지 않고 있는 실정이다. 여전히 많은 기업이 규정을 준수하지 않은 채 남자 직원을 선호하고 남녀 임금에 차별을 두고 있다. '여성고용할당제'는 사법부에서부터 먼저 시작되어야 한다. 사법부는 법률 보호, 올바른 법 집행, 쟁의 조정의 권력이 집중된 부처이다. 이러한 사법부에 존재하는 '남성위주의 구조'는 여성 권리가 제대로 보장받지 못하고 있음을 보여준다.

둘째, 남녀평등에 대한 인식의 변화가 필요하다. 정부는 여성의 적극적인 사회활동을 위해 많은 법률과 규정을 제정했지만, 한국 사회에는 여전히 유리천장이 존재한다. 사회의 변혁은 인식의 변화에서부터 시작되어야 한다. 모든 사회 구성원의 인식이 바뀌어 남녀평등을 적극적으로 실천해야만 진정한 남녀평등을 실현할 수 있다.

'여성은 세상의 절반이다'라는 말이 있다. 여성 권리가 보장받지 못하면 세상 절반의 사람이 차별과 학대를 받게 된다. 실제로 남녀평등이 원칙과 현실 사이에서 큰 괴리가 있음을 보여주는 사례가 허다하다. 이러한 괴리감을 없애기 위해서는 여성 스스로 독립성을 키워야 하고 더 현실적인 제도도 마련되어야 한다. 정부, 기업, 여성, 남성 모두가 함께 노력하길 바라며 여성의 기본권리가 실질적으로 보장되기를 진심으로 기대해 본다.

 실력 다지기 답안

1. 比率多　　　　　⇒　　比率高
2. 指数排在靠后　　⇒　　指数排名靠后
3. 国民享有平等权力　⇒　　国民享有平等权利
4. 树立政策　　　　⇒　　制定政策
5. 建立良好的社会风气　⇒　　树立良好的社会风气

 노블레스 오블리주

동서고금을 막론하고 한 사회의 건강한 발전은 사회 지도층이 도덕적 의무를 다하느냐에 달려있다. 고대 로마제국이 바로 대표적인 사례다. 고대 로마제국의 천년 번영과 흥성은 모두 '노블레스 오블리주' 정신 덕이다. 한국 또한 이와 비슷한 '선비정신'이 있다. 한국의 선비는 솔선수범하고 자신의 언행으로 리더의 모습을 보였다.

50년간 한국 경제는 세계적으로 이례적인 고도성장을 이루었고 국민들은 이에 자긍심을 느꼈다. 하지만 물질문명이 발달하자 '선비정신'은 사라졌다. 사회 지도층의 갑질, 텃세 등 이기주의와 물질주의가 사회에 만연해 있다.

'윗사람이 모범을 보여야 아랫사람이 본받는다'라는 속담처럼 도덕 사회 건설의 시작은 바로 사회 지도층의 도덕의식과 실천에서 비롯된다. 사회 지도층이 약자를 돕고 공헌해야 사회 도덕의 선순환이 이뤄진다.

'자신이 우뚝 서려면 타인을 먼저 일으켜 세우고, 자기 뜻을 이루려면 타인의 성공을 먼저 도우라'는 말처럼, 사회 지도층은 올바른 가치관 정립과 바람직한 도덕의식 함양을 통해 타인의 모범이 되고 사회를 이끌어야 한다. 그러나 이기심은 인간의 본성이기 때문에 도덕에만 호소하는 것은 실현 불가능한 이상(理想)에 불과하다. 따라서 구체적이고 효과적인 법률제도를 구축해 사회 지도층이 인간으로서 최소한의 도리를 지키도록 하는 것이 급선무이다. 그 밖에 전 사회의 도덕적 소양 교육 강화도 필요하다.

고대 로마제국은 '노블레스 오블리주'로 흥했지만, 도덕적 타락으로 몰락했다. 사회 지도층의 '도덕적 해이'는 그 사회에 미래가 없음을 의미한다. 사회 지도층이 뼈저린 반성과 성찰을 통해 본연의 책임을 다하길 진심으로 바란다.

1.	成立价值观	⇒	树立价值观
2.	成立美好社会	⇒	建立美好社会
3.	造成良好的环境	⇒	营造良好的环境/建立良好的环境
4.	影响力多	⇒	影响力大
5.	施暴公司职员	⇒	对公司职员施暴
6.	对他骂人	⇒	骂他

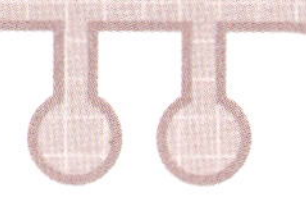

unit 22 다문화 사회

　세계화로 인해 사람들의 국가 간 이동이 이뤄지면서 세계 각국이 어느 정도 다문화 사회를 형성했다. 한국도 국제결혼의 급증과 외국인 노동자의 대거 유입으로 빠르게 다문화 사회로 접어들었다. 하지만 다양한 인종은 우리 사회에 활력과 다양성을 불어 넣어준 반면 혼란과 갈등도 야기했다.

　조화롭게 공존하는 다문화 사회로 가는 길은 멀고도 힘들기에 더 많은 노력이 필요하다.

　첫째, 한국에 이주한 외국인을 우리와 동등하게 대해야 한다. 한국은 단일민족 국가로, 이에 자부심을 느끼는 우리는 다문화가정, 이주 여성, 외국인 노동자에 편견으로 냉대한다. 이런 차별적 태도는 사회 갈등을 일으키기 쉽다. '다문화'라는 말에는 이국(異國) 문화를 존중하고 편견을 거두어 다양성을 두루 수용하는 다문화 사회를 만들자는 뜻이 담겨있다.

　둘째, 국제결혼 가정의 파경 원인을 분석해보면 언어 소통이 가장 큰 걸림돌이다. '사랑하기는 쉬워도 함께 지내기는 어렵다'라는 말이 있는데, 국제결혼의 경우 민족·인종·종교·문화·풍습·지역 간 장벽을 초월해야 해서 더욱 어렵다. 만약 언어 장벽을 극복하지 못한다면 낯선 사회로의 융합은 말할 것도 없고 가족의 일원이 되는 것도 힘들 것이다. 따라서 그들이 한국어를 배울 수 있도록 도와 보이지 않는 장벽을 제거해야 한다.

　세상의 모든 물을 받아들이는 바다는 그 너그러움이 크다고 했다. 우리가 세계로 나가려면 세상의 모든 물을 받아들이는 바다와 같은 넓은 마음과 포용하고 감싸 안는 열린 사고를 해야 한다. 이주 외국인에 대한 생각과 태도는 그 사회의 성숙도와 개방성을 가늠하는 척도 중 하나다. 우리 사회가 하루빨리 피부색·문화·언어 장벽을 초월해 편견 없고 살기 좋은 '다문화 사회'가 되길 바란다.

실력 다지기 답안

1. 对外开放的步伐日益快速	➡	对外开放的步伐日益加快/对外开放的步伐日益加速
2. 多文化社会	➡	多元文化社会
3. 解决偏见	➡	消除偏见
4. 移民人	➡	移民/移民者
5. 遵重异国文化	➡	尊重异国文化

unit 23 동성결혼

    동성(同性) 간의 결혼은 논란이 끊이지 않는 문제다. 동성애 옹호론자들은 결혼은 모든 사람이 누리는 평등한 권리이므로 동성결혼도 헌법의 보호를 받는다고 주장한다. 그러나 현재 대다수 국가와 사회에서는 '남자와 여자의 1:1 결합'이 결혼의 근간이며 이를 불변의 진리로 여긴다. 한국 헌법은 동성결혼을 위헌으로 확정했지만, 2015년 미국이 세계에서 21번째로 동성결혼을 인정하는 국가가 된 만큼 우리도 동성결혼에 대해 다시 고민해야 할 것이다. 그 이유는 다음과 같다.

    첫째, 성적 취향 문제는 유전자가 결정하는 부분이 크다. 동성애 역시 천성과 본능이므로 국가와 사회가 사회질서 수호를 이유로 그들을 차별하고 탄압해서는 안 된다. 모든 인간은 태어날 때부터 자유롭고 평등하다. 동성애 커플이 서로 사랑해서 결혼했는데 합법적 결혼으로 생기는 많은 권리를 누릴 수 없다면 불평등한 것이다. 남녀 간의 사랑은 다수이지 유일한 것은 아니다. 민주주의 국가에서 다수가 소수를 차별하고 그들의 권리를 빼앗아서는 안 된다.

    둘째, 사회가 발전하면서 동성애자의 결혼에 관한 법적 권리를 인정하는 사람이 늘고 있다. 동성결혼은 이미 거스를 수 없는 시대적 흐름이다. 유럽을 비롯해 동성결혼을 합법화한 국가가 늘어나는 추세다. 만약 동성애가 자연의 섭리에 어긋나고 부도덕하고 이에 반감이 생긴다는 이유만으로 동성애자를 차별하고 권리를 빼앗는다면 이것이야말로 자연의 섭리에 어긋나고 부도덕하고 비민주적이며 불평등하다.

    사랑 앞에서는 모두가 평등하다. 모든 사람이 자유롭게 사랑하고 행복을 추구할 수 있어야 한다. 한국 정부가 조속히 법을 개정해 동성결혼을 허용하길 바란다.

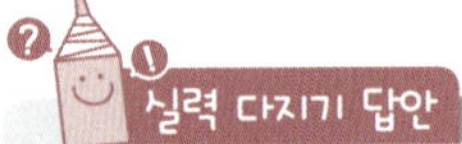

1. 不久的有一天	⇒	不久的一天/不久的将来
2. 同性婚	⇒	同性婚姻
3. 为了权利进行打官司	⇒	为了权利打官司
4. 韩国受到儒家思想	⇒	韩国受到儒家思想的影响
5. 容易被其他男性遭到歧视	⇒	容易被其他男性歧视/容易遭到其他男性的歧视
6. 变得合法化	⇒	变得合法

 **unit 24** 묻지마 살인에 대한 견해

최근 묻지마 살인 사건이 잇달아 발생하면서 사람들을 공포와 불안 속에 빠뜨렸다. 예전에 묻지마 살인은 개별적 현상이었지만, 최근 몇 년 사이 유사 사건이 점차 증가하면서 사회적 문제로 대두되었다. '묻지마 살인'이란 피의자가 사전에 계획하지 않고 피해자와 아무런 원한도 없이 우발적으로 불특정 범행 대상을 골라 아무나 살해하는 사건을 말한다. 무작위성과 불확실성을 띤 묻지마 살인은 막으려 해도 막을 수 없어 누구나 피해자가 될 수 있다.

이러한 범죄의 발생 원인은 두 가지로 꼽을 수 있다. 첫째, 개인적 이유에서다. 흉악범은 대부분 소외된 '루저'들로 실직, 부모 이혼, 가정 파탄 등의 불우한 환경에서 개인의 기본적인 물질적·감정적·정신적 요구가 모두 충족되지 않은 데다 개인의 극단적인 성격 등이 더해져 사회에 원한을 품게 된 후 무언가의 자극을 받아 갈등을 터트린다. 둘째, 사회적 이유에서다. 불합리한 사회구조, 불공평한 분배시스템, 지나친 빈부격차, 심해지는 부정부패 등으로 인해 사회를 증오하게 된다.

정부는 '억압보다는 계도(啓導)'하는 방법을 통해 하층민의 어려움을 중점적으로 해결하고 문제 해결의 길을 열어줘야 한다. 또한, 국민정신 건강 개선을 위한 방안을 추진하고 학교와 회사에 심리상담실을 설치해 심리상담을 통해 정신적 스트레스를 풀어주어야 한다. 그 밖에 법률 규제를 강화하여 이러한 범죄의 발생률을 줄여야 한다.

묻지마 살인은 정부의 힘만으로는 해결할 수 없는 문제이다. 이렇게 위험한 사회에 사는 우리는 경각심과 법의식을 높이고 가정과 사회의 역할이 충분히 발휘되도록 해야 한다. 묻지마 살인 예방은 아무리 해도 지나치지 않다는 점을 명심하자.

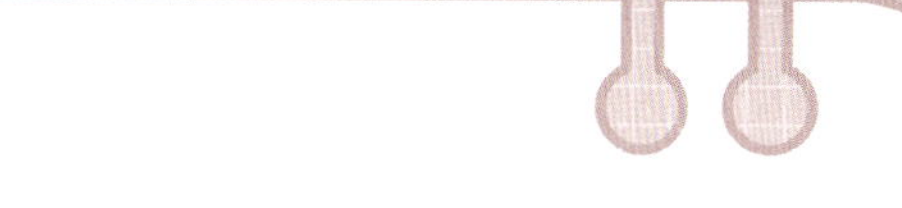

실력 다지기 답안

1. 毫无犹豫	➡	毫不犹豫
2. 人会犯失误	➡	人会犯错误/人会失误
3. 让孩子不接近	➡	不让孩子接近
4. 犯同样的犯罪	➡	犯同样的罪

 사형제도

역사가 유구한 사형제도는 가장 위협적인 형벌로 여겨진다. 그러나 사회가 진보하고 인류 문명이 발전하면서 사형제도 존폐는 끊이지 않는 논쟁거리가 되었다. 현재 한국 역시 사형제도 존폐라는 난제에 직면해 있다.

사형제도 존치론자들은 살인자의 죄는 극악무도하고 사회 질서를 심각하게 해쳐 사형을 폐지하면 흉악 범죄가 증가할 것이라고 주장한다. 과연 정말 그럴까? 사형제도는 인간 생명의 존엄성과 직결되기 때문에 결코 함부로 단언할 수 없다.

첫째, 사형제도는 범죄율 억제 효과가 높지 않다. 사형제도를 폐지한 대다수 국가에서 범죄율은 증가하지 않았다. 오히려 사형제도를 시행하고 있는 미국의 경우 범죄율이 줄기는커녕 오히려 증가했다. 이로 볼 때 사형제도는 사람들이 말하는 것처럼 범죄율 감소에 결코 도움이 되지 않는다는 사실을 알 수 있다. 사형은 가장 엄격한 징벌이지만, 그렇다고 만능의 형벌은 아니다.

둘째, 재판의 오류로 인한 억울한 사형은 결코 되돌릴 수 없다. 무죄이거나 사형 선고를 받을 만큼의 죄를 짓지 않은 사람이 사형되는 경우가 많다. 사람은 죽으면 되살릴 수 없다. 피의자가 죽으면 억울한 사건의 누명을 벗었다 한들 다시 되돌릴 수 없다. 이것이 바로 사형이 위험한 이유이다. 따라서 사형은 반드시 폐지되어야 한다.

셋째, 사형은 인간의 존엄성을 해친다. 인간의 생명은 절대적으로 존엄하며 신성불가침한 것이다. 어떠한 경우라도 어느 누구도 이를 침범할 수 없다. 사실 사형은 국가라는 이름으로 공권력을 이용해 범죄자의 생명을 앗아가는 것이다. 정의(正義)란 명분으로 사람을 죽이려는 발상은 인류 가치관에 위배된다. 사형은 정의 구현의 도구가 아니다.

생명은 모든 권리의 근간이다. 어떠한 방식으로든 인간의 생명을 앗아가는 것은 반인륜적이다. '폭력으로 폭력을 다스리는 방법'은 역사의 퇴행이자 문명의 딜레마이다. 사형제도 폐지만이 인권 보호의 발전과 진보를 이룰 수 있다.

실력 다지기 답안

1. 做错误　　　　　　　　⇒　　犯错误
2. 做了犯罪后　　　　　　⇒　　犯了罪后
3. 凶恶犯罪　　　　　　　⇒　　恶性犯罪/凶残犯罪
4. 处罚力度很小　　　　　⇒　　处罚力度很低/处罚力度太轻
5. 失去珍惜的生命　　　　⇒　　失去珍贵的生命
6. 保护社会稳定　　　　　⇒　　维护社会稳定
7. 韩国社会对死刑引起了很大争议　⇒　死刑在韩国社会引起了很大争议

unit 26 청년실업

　얼마 전 한국 청년실업자가 처음으로 100만 명을 넘어서며 최고 실업률을 경신했다. 이 중 30만~40만 명이 여전히 부모의 도움으로 생활하는 '캥거루족'이다. 민생의 근본인 취업은 모든 사회 구성원의 기본 권리이다. 청년실업은 경제적·사회적 문제이자 국가 안정과 연관된 중대한 정치적 문제이기도 하다.

　박근혜 대통령은 집권 초 한국 경제 살리기를 굳게 약속했지만, 4년이 지난 지금 한국 경제는 여전히 답보 상태이다. 정부는 청년 일자리 확충에 힘썼지만, 여전히 많은 사람이 지금의 청년 취업정책은 단지 '일자리 창출부터 하고 보자'라는 식으로 근본적 문제해결책이 아닌 실속 없는 정책이라고 지적한다. 차기 대통령 선거가 곧 다가온다. 각 정당의 대선주자들에게 청년실업 문제는 대선의 향방을 가르는 핵심사안이 될 것이다. 즉각적인 효과를 보이는 해결방안을 내놓는 후보자가 대통령으로 당선될 것이다.

　한편 캥거루족이 40만에 달한다는 사실은 한국 교육이 철저히 실패했음을 보여주기도 한다. 입시 위주의 교육, 성적 지상주의, 벙어리 영어교육, 넘쳐나는 사교육 속에 어느 것 하나 잘하는 것이 없이 캠퍼스를 떠나 사회에 진출하는 학생들은 취업에 대해 비현실적인 바람을 가지고 있어 이내 백수로 전락하게 된다. 이렇게 오랫동안 축적되어온 폐단을 교육 당국이 개혁하거나 고치지 않으면 청년실업 문제는 근본적 해결이 어렵다.

　정부는 교육개혁을 통한 창의적인 인재 육성과 과학기술에 대한 투자를 통해 공정한 시장 조성에 힘써야 한다. 또한, 다각적인 해결책을 마련해 중장기적으로는 산업구조를 개편하고 단기적인 지원을 통해 중소기업 직원의 임금을 인상하여 젊은이들이 대기업만 고집하는 풍토를 바꿔야 한다. 청년실업은 국가 미래의 명운이 달린 문제이다. 정부, 기업, 민간이 함께 노력해야만 '취업전쟁'을 잘 치를 수 있다.

실력 다지기 답안

1. 下最大努力	⇒	尽最大努力
2. 采取方案	⇒	采取措施/制定方案
3. 第19代总统选举	⇒	第19届总统选举/第19任总统选举
4. 两级分化严峻	⇒	两级分化严重

 ## 안전불감증에 대한 견해

경주에서 규모 5.8의 지진이 발생했다. 이는 한국 관측 사상 최대 규모의 지진이다. 경주 외에도 서울을 비롯한 전국 각지에서 지진이 또렷이 감지됐고 여진이 끊이질 않아 국민들이 두려움에 떨었다. 그런데 이번 지진 발생 당시 일부 학교 교사들이 학생들에게 계속 자습하며 대기하도록 했다고 한다. 이로 보아 안전교육 소홀, 안전의식 부족, 사고예방 매뉴얼 부재가 우리 사회에 만연한 고질병임을 알 수 있다.

어째서 '안전불감증'은 개선되지 않는 걸까? 첫째, 안전교육 미흡 때문이다. 대형 안전사고가 발생할 때마다 '보완을 통해 유사 상황의 재발을 막아야 한다', '안전교육을 강화해야 한다'고 강조하지만, 시간이 흘러 상황이 바뀌면 안전교육은 뒷전이 되어버린다. 둘째, 안전사고에 대한 '요행 심리' 때문이다. 여전히 많은 사람이 안전사고나 자연재해가 자신과 무관하다고 믿는다. 하지만 자연재해는 '남녀노소'를 불문하고 일어난다. 누구도 재해에서 예외일 수 없다.

재난 발생은 피할 수 없지만, 효과적인 조치를 통해 재해로 인한 손실을 예방하고 줄일 수는 있다. 정부와 관련 부처는 우리 사회의 고질병인 안전불감증을 철저히 뿌리 뽑아야 한다. 이를 위해 안전교육을 강화하는 한편, 대대적으로 방재 조치를 시행하고 내진설계를 강화하고 이를 도시계획의 기본항목에 포함해야 한다. 또한, 대피시설을 확충하고 재난 모니터링 및 경보시스템을 재구축해야 한다.

하인리히 법칙에 따르면 과거 대형사고들이 발생하기 전에 경미한 사고 29건, 사전 징후 300건, 사고위험 1,000건이 반드시 존재한다고 한다. 안전은 경계심에서 시작되고, 사고는 불감증에서 비롯된다. 무서운 건 자연재해가 아니라 우리 마음속의 재해다. 재해의 예방과 방어는 우리 개개인부터 실천해야 하겠다.

1. 安全冷淡症	⇒	安全麻木症/安全疲劳症/安全麻痹症/缺乏安全意识
2. 防震设计	⇒	抗震设计
3. 尚未不足	⇒	尚不足
4. 5.8规模的地震	⇒	5.8级地震

unit 28 외모지상주의

　지금은 '외모 중시 시대'이다. 우리 사회 곳곳에 자신의 외모 중시는 물론 '모든 것을 외모로 판단'하려는 경향이 있다. 한 사람의 외모가 그 사람의 일, 소득, 심지어 미래에까지 영향을 주고 있다. 이에 따라 더 나은 연애와 취업의 기회, 그리고 사회적 지위를 얻기 위해 다이어트와 성형을 선택하는 젊은이들이 늘고 있다. 사실 '외모 중시'를 나무랄 수는 없다. 문제는 '외모만 중시'한다는 데 있다. 이로 인해 너무나 많은 문제가 나타나고 있다.

　우선, 한국 사회에 만연한 외모지상주의는 젊은 남녀들이 어떻게 해서든 더 날씬하고 예뻐지도록 부추긴다. 더 예쁜 용모를 위해 장기간의 약물 다이어트는 말할 것도 없고 위험을 무릅쓰고 수술을 받는 사람도 상당히 많다. 그러나 성형 수술 실패로 얼굴이 망가지거나 회복 불가능한 안면 신경 손상과 심리적 트라우마까지 생기는 등 극단적인 사례도 끊이지 않는다.

　또한, 외모지상주의는 심층적인 사회문제를 보여준다. 사실 외모지상주의는 '남성지상주의'이자 '차별주의'로, 경박한 사회적 분위기와 도덕적인 문제를 반영한다. 혹자는 외모로 사람을 판단하는 풍조가 전 사회를 미색(美色)에 빠뜨렸다고 꼬집어 말하기도 한다. 여성들의 경우 키 작은 남자를 '루저'로 보거나 미남만 선호하고, 남성들은 젊고 예쁜 여성에 넋이 나가는 등 사회가 온통 미색에 빠져있다.

　아름다움을 추구하는 것은 인간의 본성이다. 하지만 미(美)에도 여러 가지가 있듯이 외모만이 유일한 미는 아니다. 겉만 번지르르한 외적인 미만 추구하는 것 또한 일종의 병폐다. 우리는 '외모 비교'를 통해 자신의 존재감을 드러내는 것보다 자신의 장점과 잠재력을 발굴하는 것이 더 가치 있다는 것을 알아야 한다. 이를 위해서는 여론과 언론이 사회의 가치성향을 올바르게 이끌어야 한다. 이제는 우리 사회에 만연한 '외모지상주의'에 대해 깊은 성찰을 해야 할 때가 되었다.

실력 다지기 답안

1. 越来越增加　　⇒　越来越多/日益增加
2. 外国人患者　　⇒　外国患者
3. 被人们深受欢迎　⇒　深受人们欢迎
4. 要深思考虑　　⇒　要深入考虑/要深思

 자살에 대한 견해

　모두 알다시피 한국의 자살률은 경제협력개발기구(OECD) 회원국 가운데 1위로, 10만 명 중 28.9명이 자살로 생을 마감했다. 오늘날 자살은 이미 개인적 문제를 넘어 사회적 문제로 대두되었다. 비교적 부유한 나라에서 자살률이 이처럼 높다는 사실에 정부와 사회학자들은 당혹감을 감추지 못한다. 자살률 급증의 원인은 과연 무엇일까? 이 문제를 해결하려면 우리는 어떤 노력을 해야 할까?

　최근 발표한 자살률 보고서에서 청년 자살률이 계속 증가하는 점이 유독 눈에 띈다. 20~30세의 주된 자살 원인은 경기불황, 취업난, 거듭된 실직으로 인한 생활고 때문이다. 게다가 치열한 경쟁 사회가 만들어낸 ‘성공만 인정하고 실패는 용납하지 않는’ 분위기도 문제다. 크고 작은 실패에 대한 ‘무관용’과 ‘루저’라는 낙인으로 인해 좌절한 사람들이 중압감을 이기지 못해 결국 자살을 선택한다. 이 밖에도 가정 붕괴, 자살에 대한 지나친 관용과 심지어 자살을 미화하는 사회적 분위기도 문제점으로 지적된다.

　대부분 사람은 희망이 조금이라도 보이면 생을 포기하지 않는다. 일단 가장 암울하고 고통스러운 고비를 넘기기만 하면 안정을 되찾을 수 있다. 정부는 더 많은 일자리를 만들고 빈민층 지원책을 시행해야 하며, 아울러 자살예방센터와 심리상담서비스 등 적극적인 대책을 마련해 자살하려는 이에게 자살은 삶의 중압감에서 벗어날 수 있는 탈출구가 결코 아니라는 것을 깨닫게 해야 한다. 우리 사회와 가정 역시 건강한 사회 분위기를 조성하고 주변인을 배려하며 소외되고 좌절한 사람을 보살필 책임이 있다.

　“실패해도 괜찮아”라고 곁에서 격려해주는 사람이 인생 최고의 자산이라는 것을 잊지 말자.

1. 自死	➡	自杀
2. 受到困难	➡	遇到困难
3. 年龄少	➡	年龄小
4. 把孩子引导正确的道路	➡	引导孩子走向正确的道路
5. 能力很高	➡	能力很强
6. 给家人感到痛苦	➡	给家人带来痛苦/使家人感到痛苦

 저출산

   사회가 빠르게 발전하면서 경제적 어려움으로 출산을 미루는 부부가 늘어나 한국이 저출산의 악순환에 빠졌다. 한국의 평균 출생아 수는 작년 1.3명에서 올해 1.1명으로 떨어질 것으로 전망된다.

   한국의 출산율이 지속적으로 감소하는 원인은 무엇일까?

   첫째, 출산이 문제가 아니라 양육비를 감당할 수 없어서다. 양육비 부담이 과중한 한국에서는 영유아기의 보육비와 취학기의 사교육비가 주요 가계지출 항목이다. 한 사람이 태어나서 대학 졸업 때까지 무려 1억여 원의 비용이 소요된다. 그래서 한 자녀 가정이 많고 이들 대다수가 둘째 계획이 없으며 심지어 아이를 낳지 않는 가정도 있다.

   둘째, 아이가 생기면 직장을 잃기 때문이다. 여성 대다수가 자녀 출산 과정에서 어쩔 수 없이 일을 포기한다. 그래서 많은 여성이 출산 후에는 연봉이 낮고 승진은 어려워도 가정과 일의 양립이 가능한 직업을 선택한다.

   저출산 문제를 해결하려면 다음과 같은 조치가 필요하다.

   첫째, 정부가 자금을 투입해 가정의 보육과 육아교육 비용을 지원하고, 결혼·출산·자녀 양육의 모든 과정에 관련 장려금을 제공해야 한다.

   둘째, 여성들의 가정과 일의 양립을 위해 적합한 일자리를 제공하는 게 급선무다. 기업은 유급 육아휴직을 연장하고, 출산한 여직원의 일자리를 보장해야 한다.

   셋째, 기업이 사회적 기능을 책임져야 한다. 일정 규모의 기업은 직장 부설 어린이집을 설치해 자사 직원이 우선적으로 자녀를 맡길 수 있도록 하여 여직원의 걱정을 해소해줘야 한다.

   이러한 정책들이 소기의 성과를 얻으려면 '선심성'으로만 그쳐서는 안 된다. 그렇지 않으면 성과는 미미할 것이다. 저출산 문제 해결은 국가의 미래 발전을 좌우하는 중요한 과제다. 그러므로 정부는 관련 복지정책을 마련하고 더 좋은 환경을 조성하는 데 심혈을 기울여야 한다.

실력 다지기 답안

1.	出生政策	⇒	生育政策
2.	效果没有明显	⇒	效果不明显
3.	养育休假	⇒	育儿休假
4.	年轻人夫妻	⇒	年轻夫妻
5.	回来公司	⇒	回到公司
6.	一个家庭有就一个孩子	⇒	一个家庭就有一个孩子

최근 중·고등학생의 학교폭력 사건이 빈번하게 발생하고 폭력수위도 점차 높아져 피해 학생이 자살까지 하는 소식이 끊임없이 들리고 있다. '학교폭력 근절'이 이미 전 사회적 과제가 되었지만, 정부와 학교는 이렇다 할 효과적인 관리대책을 내놓지 못하고 있어 실망스럽다. 청소년은 국가의 미래다. 정부와 사회는 반드시 청소년의 건강한 성장을 중시하고 이들을 보호해야 한다.

첫째, 학교는 심리상담실을 설치하고 정부는 이에 대한 감찰을 강화해야 한다. 학생들의 문제 해결력은 한계가 있어 어려움에 부딪혔을 때 누군가의 도움을 받아야 한다. 학교폭력의 폐해는 보이는 신체적 피해보다 보이지 않는 마음의 피해가 커 지울 수 없는 상처로 남게 된다. 현재 학교에 있는 심리상담실은 지도력 부족과 업무 부실로 유명무실할 뿐이다. 정부는 청소년 범죄 예방을 강화하여 학생이 말할 수 있는 곳, 털어놓을 수 있는 사람, 문제를 해결할 수 있는 루트를 마련해야 한다.

둘째, 학교폭력서클을 단속해 엄격히 관리 지도해야 하며, 법제 교육을 강화해야 한다. 현재 학생들이 패거리를 짓고 조직 폭력배가 학교까지 파고드는 문제가 날로 심각해지고 있다. 학교 측은 알면서도 이를 모른 척한다. 학교폭력서클을 뿌리 뽑지 않으면 학교폭력 근절은 불가능하다. 정부는 법규를 완비하고 학교는 학생에 대한 법제 교육을 강화하고 가해 학생을 적절히 처벌하여 피해 학생의 권리를 지켜야 한다. 또한, 학교폭력의 위험성에 대한 인식을 제고하고 학교폭력의 발생을 막아야 한다.

결론적으로 우리는 '교육·예방·근절'이 삼위일체 된 종합교육관리 방식을 고수하고 정부, 사회, 학교, 가정, 개인 차원에서 노력하여 학교폭력을 함께 근절해 학생들에게 깨끗한 교정을 되돌려 주어야 한다.

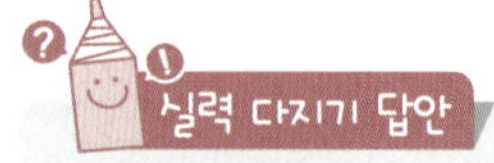

실력 다지기 답안

1. 被学生挨打 ➡ 被学生打/挨学生打
2. 不认识到严重性 ➡ 认识不到严重性
3. 容易联系与朋友 ➡ 容易与朋友联系
4. 让学生提醒网络暴力的严重性 ➡ 提醒学生网络暴力的严重性
5. 从同学得到讲解 ➡ 从同学那里得到讲解

 **지식재산권**

모두 알다시피 향후 경제를 둘러싼 경쟁은 글로벌 경쟁의 핵심이 될 것이다. 경제 경쟁의 본질은 과학기술의 경쟁이며 과학기술 경쟁은 결국 지식재산권의 경쟁이다. 경제 전문가들은 한국이 지식재산권 보호에서 상대적으로 뒤져있어 외국인 투자자가 한국 시장을 꺼린다고 지적한다.

지식재산권은 일종의 재산적 성격을 띠며 기업이나 개인이 가질 수 있는 권리다. 시장 경제에서 지식재산권을 더 잘 보호하는 자가 시장 경쟁에서 유리한 입지에 서게 된다. 따라서 지식재산권 보호는 시급한 과제로 정부, 기업, 개인의 공동 노력이 필요하다.

오늘날 모두에게 지식재산권이 낯설지는 않지만 음악, 영화, 사진을 불법 다운로드 하는 경우가 비일비재하다. 지식재산권을 지키는 첫걸음은 바로 나 자신부터이다. 불법인 걸 알면서도 법적 처벌을 받지 않을 것이라는 요행 심리로 범법행위를 저질러서는 안 된다.

지식재산권 보호 의식 결여로 특허출원을 하지 않아 다른 나라나 경쟁사에 등록 자격을 빼앗겨 타인의 지식재산권이 되어버리는 사례가 허다하다. 중소기업의 지식재산권 보호 의식 강화가 지식재산권 보호의 핵심이다.

나날이 치열하고 냉혹해지는 시장 경쟁 속에서 지식재산권 보호와 보호 의식 강화에 힘쓰지 않는다면 경제 세계화 시대의 국제시장 경쟁에서 주도권을 잃게 될 것이다. 따라서 정부는 관련 교육과 지도에 힘쓰고 지식재산권 전략 마련과 시행을 통해 국가의 기술 보호에 힘쓰고 기업의 자주혁신능력을 고취해야 한다.

실력 다지기 답안

1. 上传网络   ⇒   上传到网络
2. 制造～的社会环境   ⇒   营造～的社会环境
3. 应处于惩罚   ⇒   应处以惩罚
4. 人们越来越多喜欢   ⇒   人们越来越喜欢
5. 造成经济损害   ⇒   造成经济损失

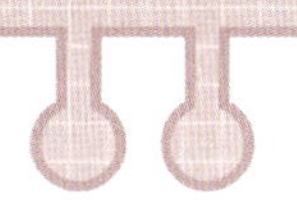

 한식의 세계화

식품산업은 단일 산업으로는 최대 규모이다. 현재 한국의 음식문화는 한류 파워와 맞물려 세계인의 폭넓은 관심을 받고 있다. 따라서 '쇠뿔도 단김에 빼라'는 말처럼 우리는 식품산업에 적극적으로 투자하고 '한식의 세계화'를 국가의 중점 목표 중 하나로 삼아야 한다. '한식의 세계화'를 위해서는 다음과 같은 몇 가지에 주력해야 한다.

첫째, 한식의 가장 큰 장점은 여러 식재료를 유기적으로 조합해 맛과 영양의 균형을 추구하는 웰빙 음식이라는 것이다. 전문가들은 논의를 통해 단점은 버리고 장점을 살린 글로벌 메뉴를 만든 다음 이를 고급형, 대중형, 패스트푸드형의 세 유형으로 나누어야 한다.

둘째, 한식이 세계화가 안 된 가장 큰 원인은 전문교육기관 부족에 있다. 이를 해결하기 위해 해외 정상급 조리학교에 한식 과정을 신설하고 해외에 한식 조리학교를 설립하는 한편, '한식 조리 국제자격증' 시험을 시행해 고급형, 대중형, 패스트푸드형 한식을 널리 보급해야 한다.

셋째, 한식 세계화를 위한 전문기관을 설립해 각종 관련 업무를 총괄하도록 해야 한다. 세계에 한식의 장점과 관련 문화를 알리기 위해 홈페이지를 개설하고 한식당 안내 책자를 발행하여 엄선한 세계 각지의 한식당 정보와 맛있는 메뉴를 적극적으로 홍보해야 한다.

음식문화에는 한 나라의 문화와 전통이 깃들어 있다. 음식문화가 세계로 뻗어 나가면 그 나라의 브랜드 가치도 덩달아 높아진다. 정부가 세계 10억 인구를 한식 인구로 설정하고 '전 세계인의 매주 한 끼 한식 먹기'를 목표로 삼아 전 세계에 '한식 열풍'을 일으키길 바란다.

실력 다지기 답안

1. 活用各种食材　　　➡　利用各种食材
2. 成立培训机关　　　➡　成立培训机构
3. 含有丰富的文化内涵　➡　蕴含着丰富的文化内涵/包含着丰富的文化内涵
4. 吹起汉语热　　　　➡　刮起汉语热/掀起汉语热
5. 融合在国际社会上　➡　融入国际社会
6. 对外国人进行宣传韩国　➡　对外国人宣传韩国
7. 回复形象　　　　　➡　恢复形象

 **unit 34** 대체에너지

대체에너지란 석유, 천연가스, 석탄 등의 화석연료를 대체하는 에너지를 말한다. 대체에너지는 산업경제 차원에서는 물론 에너지 안보 차원에서도 이미 중시되고 있다. 따라서 대체에너지 발전은 미래전략에서 매우 중요하며, 과학기술 연구의 경쟁이자 총성 없는 전쟁이기도 하다.

국제적 측면에서 석유는 그저 단순한 에너지가 아닌 인류의 운명과 밀접한 관계가 있는 '혈액'과 같은 존재이다. 그러나 석유 매장량은 한정적이고 현재 잔여 매장량 개발이 갈수록 어려운 데다가 지역별 분포가 고르지 않아 세계 각국의 에너지 협력과 갈등의 도화선이 되고 있다. 따라서 대체에너지 개발은 인류의 에너지 공급 위기와 갈등의 근본적 해결책이 될 수 있다.

국가적 측면에서 석유의 대외의존은 한국 경제의 불확실한 리스크이다. 국제유가의 등락은 경제 동향에 직접적인 영향을 미치며, 특히 한국처럼 석유 한 방울 나지 않는 나라는 유가에 끌려다닐 수밖에 없다. 따라서 대체에너지를 개발하면 석유 의존도를 낮출 수 있음은 물론 관련 산업을 육성해 지속적인 성장을 실현할 수 있다.

환경적 측면에서 화석연료의 연소로 발생하는 이산화탄소는 인위적 온실가스 배출의 주범으로, 인류 생존을 심각하게 위협할 것이다. 대체에너지를 사용하면 환경오염을 피해 인류의 생존환경이 크게 개선되고 관련 보건의료비 지출이 줄어들어 전반적으로 사회복지가 증진될 수 있다. 따라서 대체에너지 개발은 우리 인류가 회피할 수 없는 임무이다.

결론적으로 석유 의존도를 낮춰 인류의 지속 가능한 발전을 실현하고 자연환경을 보호하는 데 대체에너지가 가장 현실적인 선택임이 분명하다. 그러나 이는 하루아침에 이루어지는 것이 아니며 장기적으로 꾸준하게 추진해야 한다. 이를 위해 정부와 기업이 함께 힘을 합쳐 대체에너지 개발에 박차를 가해 세계 미래 에너지 발전에 이바지해야 한다.

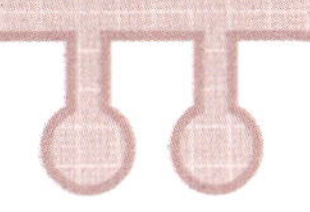

실력 다지기 답안

1. 只能会灭亡	⇒	只能灭亡/只会灭亡
2. 油价到达最高水平	⇒	油价达到最高水平
3. 燃烧化石能源发生污染物质	⇒	燃烧化石能源产生污染物质
4. 化石燃料将被枯竭	⇒	化石燃料将枯竭
5. 油价上涨给韩国经济产生负面影响	⇒	油价上涨给韩国经济带来负面影响 /油价上涨对韩国经济产生负面影响
6. 综合上述	⇒	综上所述

 원전 발전

체르노빌 원전사고와 스리마일섬 원전사고에 대한 기억이 생생하고 그 상처가 채 아물지 않은 가운데 또 다른 사고가 발생했다. 2011년 발생한 후쿠시마 원전사고는 전 세계를 충격에 빠뜨렸고 인류에게 좀처럼 가시지 않는 악몽이 되었다. 이 사건이 원전시설 안전이라는 화두를 던지긴 했지만, 그래도 한국의 원전시설은 안전하기 때문에 '구더기 무서워 장 못 담그는 식'의 혼란이 있어서는 안 된다.

첫째, 원전은 친환경, 환경보호, 안전한 청정에너지다. 지금까지 한국은 방사능 유출로 인한 사망이나 질병이 발생한 사례가 없다. 원전은 풍력, 태양에너지 등 재생가능에너지와 비교했을 때 안정적이고 경제적인 특징을 지닌다. 감축 목표 달성과 함께 경제성과 안정성을 고려한다면 원전은 대체 불가능한 에너지다.

둘째, 원전은 경쟁력 있는 수출산업이다. 한국은 90% 이상의 에너지를 수입에 의존한다. 안정적인 에너지 공급 확보를 위해 1980년대 원전발전계획을 세웠고 매년 이를 정비하면서 오늘날 전략적 수출산업으로 육성했다. 2009년 말 한국은 미국, 프랑스 등 세계적인 원전 수출국을 누르고 아랍에미리트와 200억 달러의 원전 건설 계약 체결에 성공했다.

일본 후쿠시마 원전사고 발생 이후 세계 각국의 원자력 발전에 대한 신뢰가 큰 타격을 받았지만, 몇 개국 정부가 정치적 필요 때문에 원전 계획을 포기한 경우를 제외하고 모두가 지속적인 원전 발전을 선언했다. 우리는 한국의 원전 건설이 '안전·품질제일주의' 원칙을 고수하고 '엄격함·신중함·세심함·실용성'을 중시하는 국민의 요구에 따라 원전 안전을 보장할 것이라 믿는다.

1.	辐射外泄	⇒	放射性物质泄漏
2.	严厉管理核电站	⇒	严格管理核电站
3.	核电站附近的国民	⇒	核电站附近的居民
4.	损害韩国的空气质量	⇒	影响韩国的空气质量
5.	是逆向全球化的行为	⇒	是逆全球化的行为
6.	付出的代价不少	⇒	付出的代价不小/付出不小的代价

 **unit 36** 전력난과 대응책

한국에 때아닌 늦더위가 기승을 부려 전력수요가 예상치를 크게 초과했다. 이로 인해 전국적으로 제한 송전 조치가 취해지면서 6백여 세대가 정전을 겪는 사태가 발생했다. 절전을 위해 공공기관과 지자체들은 이미 낮 시간대 소등 정책을 시행하고 엘리베이터 사용도 최소화했다. 한국의 전력수요가 계속 치솟아 전력예비율에 비상이 걸리자 국민들은 전력난 문제를 되돌아보기 시작했다.

첫째, 한국은 더욱 안정적인 원전 설비를 갖춰야 한다. 현재 원자력 발전은 한국 전력공급의 1/3을 차지한다. 원자력 발전은 화력 발전보다 깨끗하고 저렴하나 문제는 잦은 고장 발생, 품질검증서 비리, 원자로 23기 중 10기의 가동중지로 인해 30% 이상의 발전기가 전력공급을 못 하는 실정이다. 한국은 안정적인 원전 설비를 갖추는 한편 태양에너지 등 신(新)에너지 개발에 힘써 전력량을 충분히 확보해야 한다.

둘째, 전기요금 분담의 불균형 문제가 심각하다. 한국은 에너지 전량을 거의 수입하고 있다. 하지만 정부는 수출 대기업을 지원하고 인플레이션을 억제하기 위해서 원가에 크게 못 미치는 산업용 전기요금을 받고 있다. 이러한 조치는 중소기업과 가정용 전기 소비자들이 수출주도형 대기업의 전기요금을 메꿔줬다는 비난을 불러 일으켰다. 한국 정부는 1973년 오일쇼크 발발 시 산업용 전기를 확보하기 위해 생활용 전기에 전기요금 누진제를 적용했고 이를 지금까지 시행하고 있다. 그러나 집집마다 에어컨과 냉장고가 있는 오늘날 정부가 계속 현행제도를 고집한다면 고등학생에게 초등학교 때 구입한 청바지를 입으라는 격이 된다. 제도는 시대에 따라 변하고 역사적 흐름에 발맞춰야 한다.

전력난 위기를 극복하려면 모든 국민이 합심하여 전기 절약을 위해 저마다 노력해야 한다. 우리 함께 절약형 조화로운 사회를 만들어 나가자.

실력 다지기 답안

1. 无论在家庭或者学校 ⇒ 无论在家还是学校
2. 走出阴影之中 ⇒ 走出阴影
3. 向用户受到电费 ⇒ 向用户收电费／向用户收取电费
4. 暴发石油危机 ⇒ 爆发石油危机
5. 总之来说 ⇒ 总的来说
6. 成为不可逆势的趋势 ⇒ 成为不可逆转的趋势

배아줄기세포 연구

배아줄기세포는 인체에 남아있는 미성숙하거나 분화되지 않은 세포로 이른 배아에 존재한다. 배아줄기세포의 가장 큰 특징은 모든 세포로 분화할 수 있는 능력이다. 신체의 모든 조직이나 기관이 될 수 있으며 결국에는 완전한 한 개체로 분화 발육할 수 있다. 배아줄기세포 연구는 인간 배아의 생명성, 생명 존중, 복제인간 실험 악용 등의 윤리적 문제와 결부되어 논란이 끊이지 않았다. 그러나 의학 분야에서는 응용 잠재력이 커 여전히 많은 과학자에게 배아줄기세포 배양은 간절히 바라는 연구 목표이기도 하다.

현재 전 세계적으로 배아줄기세포 연구 열풍이 불고 있지만, 한국에서의 연구는 '황우석 박사 논문조작 사건' 이후로 중단된 상태다. 한국이 줄기세포 연구에 박차를 가해야 하는 이유는 다음 두 가지로 꼽을 수 있다.

첫째, 배아줄기세포 의료기술은 21세기 생명공학 분야에서 발전 전망이 가장 밝은 기술 산업으로 평가받는다. 만약 배아줄기세포 산업의 빠른 발전이 가능하다면 국가의 생명공학 기술 향상, 세포 치료 시장 선도, 국가 이미지 제고 등의 큰 이득을 얻을 수 있다.

둘째, 배아줄기세포의 최대 응용 가치는 의학 분야에 있다. 건강한 조직으로 병변조직을 대체해 치료 목적을 달성할 수 있고 암과 기타 악성 질환 치료에 중요한 의미를 지닌다. 배아줄기세포는 병마에 시달리고 있거나 극심한 통증을 겪거나 시한부 인생을 사는 환자와 가족들에게는 삶의 한 줄기 빛이다. 배아줄기세포 치료는 수많은 환자를 고통에서 해방시키고 생명이 위독한 환자를 살릴 것이다.

세계화 시대인 오늘날 우리는 '세계화에 역행하면 도태된다'는 것을 명심해야 한다. 미국, 영국, 중국은 이미 배아줄기세포 연구에 대한 규제를 풀었다. 우리는 다른 선택의 여지가 없다. 연구의 유익한 점은 극대화하고 위험을 최소화시켜 과학이 인류에게 더 많이 공헌할 수 있도록 해야 한다.

1. 很多人们认为　　　➡　很多人认为
2. 对生命伦理违背　　➡　违背生命伦理
3. 从伦理层面看来　　➡　从伦理层面来看
4. 在科学界上引人关注　➡　在科学界引人关注

 **unit 38** 인간수명 연장은 '축복'일까 '저주'일까?

예로부터 장수(長壽)는 우리 인간의 소망이다. 오늘날 과학기술이 발달하면서 인간수명의 연장, 노화 과정의 지연 및 정지 심지어 역행까지 가능해지고 있다. 그러나 인간수명의 연장이 과연 '축복'일지 '저주'일지에 대해 우리는 고민하고 논의해볼 필요가 있다.

첫째, 수명이 길어지면 건강하게 지내는 기간도 늘어날 것이다. GDP 대비 의료비 지출은 선진국일수록 많으며, 그중 대부분은 생애 마지막 6개월에 쓰인다. 연구 결과, 인간수명 연장이 가능해지면 더 오래 살 수 있음은 물론 말년까지 건강하게 살 수 있는 것으로 나타났다. 수명 연장은 인간을 질병의 고통에서 해방시키고 삶의 질을 높여 사회를 이롭게 한다.

둘째, 수명이 길어지면 정년도 늦춰질 것이다. 지구에는 전보다 많은 노인이 살고 있는데 일부 사회학자들은 이 현상을 '실버 쓰나미'라고 명명했다. 인간은 건강을 위해 70세 전에 은퇴해 일에서 손을 떼고 여생을 즐긴다. 그런데 건강수명이 늘어나면 정년을 늦춰 사회에 더 많이 이바지할 수 있다.

한편 인간수명의 연장은 피치 못할 부작용도 유발할 것이다. 수명 연장에 따른 주택, 의료, 교통 등의 문제로 인해 사회적 부담이 급증할 것이다. 그러나 인간의 문명과 과학은 난관에 봉착하면 해답을 찾고, 장애물에 부딪히면 이를 극복하곤 했다. 생명 연장은 기존의 과학기술들처럼 장점과 단점이 병존한다. 물론 구더기 무서워 장 못 담그는 사람도 있겠지만 이것이 회피의 이유가 되어서는 결코 안 될 것이다.

　최근 2개월 동안 서울이 심각한 미세먼지로 뒤덮이면서 나날이 심각해지는 미세먼지에 대한 우려가 높아지고 있다. 미세먼지 하면 습관처럼 중국을 떠올리지만, 기초 데이터와 연구 투자 부족으로 인해 미세먼지가 어디에서 날아오는지 현재로선 단언할 수 없다. 여전히 논란이 되는 월경성 오염에 대해 우리는 환경외교에 주력하면서 자국의 오염 처리에 힘쓰는 수밖에 없다.

　전문가들은 경유차, 제조업 공장, 석탄화력발전소가 수도권 지역의 미세먼지를 일으키는 주된 원인 중 하나로 보고 있다. 2016년 정부는 '미세먼지 관리 특별대책'을 발표했다. '특별대책'에 따라 연식이 10년 이상 된 경유차 조기 폐차, 노후 경유차 수도권 진입 제한, 전기차 등 친환경 자동차 판매 비중 확대, 30년 이상 된 노후 화력발전소 단계적 폐쇄, 중국 등 주변국과의 환경보호 협력 강화 등의 다각적인 조치를 취하게 되었다.

　그러나 여론은 '특별대책'이 실현 가능성이 떨어지고 그야말로 아무런 '특별'한 점이 없다고 지적한다. '특별대책'에는 경윳값 인상과 공장과 공사장 분진 등 주요 오염원에 대한 조치가 포함되어 있지 않아 미세먼지 정화 효과가 크게 떨어진다. 그리고 필요 예산과 재원 조달방법의 내용도 담겨 있지 않아 정부가 과연 목표 달성을 할 수 있을지 의문이다. 정부는 단계적으로 30년 이상의 노후 화력발전소 10곳을 폐쇄함과 동시에 석탄화력발전소 9곳을 새로 건설한다고 밝혔다. 이로 보아 '특별대책'도 '빈 수레가 요란한' 정책에 불과할 것으로 보인다.

　'삼 척의 얼음이 결코 하루의 추위로 만들어진 것이 아니다'라는 말이 있다. 심각해지는 미세먼지 정화 문제는 현재 진퇴양난에 빠져있다. 왜냐하면, 환경 문제는 물론 경제적인 면도 고려해야 하기 때문이다. 한국 경제는 현재 침체기이며 재정적 어려움으로 모두가 만족할 만한 정책을 내놓기가 사실 어렵다. 그러나 세상에는 공짜 밥이 없듯이 '미세먼지' 문제도 예외가 아니라는 것을 모두 잘 알 것이다.

실력 다지기 답안

1. 全全负责	⇒	全权负责
2. 做好责任	⇒	负好责任
3. 实行天气预报	⇒	进行天气预报
4. 在此基础下	⇒	在此基础上
5. 呼吸器疾病	⇒	呼吸系统疾病
6. 提醒环境意识	⇒	提高环保意识
7. 是来自～等污染源产生的	⇒	是来自～等污染源/是～等污染源产生的

unit 40 온실가스

지구온난화가 가속화되면서 인류 생존을 위협하고 있다. 지구온난화를 효과적으로 억제하고 이에 대응하려면 가야 할 길이 멀다. 한국은 솔선수범해서 2030년까지 온실가스를 현재 대비 37% 줄이는 감축 목표 최종안을 발표했다. 우리는 이 목표를 어떻게 달성해야 할까?

첫째, 올바른 환경보호 의식을 확립해야 한다. 온실가스 감축은 성장의 걸림돌이 아니라 세계 발전구조 전환의 중요한 기회다. 이를 위해 정부는 리더십을 발휘해야 한다. 필자는 다음과 같은 몇 가지 제안을 하고자 한다. 첫째, 효과적으로 온실가스를 감축하고 석유에 대한 경제 의존도를 낮춤으로써 적극적으로 기후변화에 대응하고 에너지 자립을 실현해야 한다. 둘째, 녹색기술 개발, 녹색산업 육성, 산업구조 고도화를 통해 새로운 녹색 성장동력을 발굴해야 한다. 셋째, 녹색국토와 녹색교통 진흥을 통해 생활방식을 개선하고 삶의 질을 높여 국가 위상을 제고해야 한다.

둘째, 정부, 기업, 국민이 함께 노력해야 한다. 정부는 에너지기술 연구개발(R&D) 예산을 늘려 어느 정도 우위를 갖춘 중소기업에 대한 과학연구 경비 지원과 특허기술, 산업화, 하이테크 인재 유치 등의 종합적인 지원을 해야 한다. 기업이 온실가스 감축으로 인한 기업의 비용 증가 및 국제 경쟁력 약화를 우려하는 것은 당연한 일이다. 그러나 신(新)에너지 전략 경쟁에서 우위를 선점해야 다가오는 산업혁명에서 절대적 우위를 차지하고 세계경제의 새로운 규칙의 리더가 될 수 있음을 분명히 인식해야 한다. 온실가스 감축은 국민 모두의 책임이다. 우리가 지금부터, 작은 것부터, 주변부터, 나부터 실천하고 적극적으로 동참해 환경과 지구를 보호해야 한다.

우리는 오늘부터 녹색 성장을 위한 착실한 첫걸음을 내디뎌야 한다. 오늘의 노력이 우리 후손들에게 더 나은 미래를 만들어 줄 것이라 믿는다.

실력 다지기 답안

1. 对他们告诉   ➡   告诉他们
2. 服国际义务   ➡   履行国际义务
3. 要遵守措施   ➡   要遵守规则/要遵守规定
4. 国民安全比什么更重要   ➡   国民安全比什么都重要
5. 受到利益   ➡   得到利益/获得利益
6. 留下给子孙后代   ➡   留给子孙后代

MEMO

외국어 출판 40년의 신뢰
외국어 전문 출판 그룹
동양북스가 만드는 책은 다릅니다.

40년의 쉼 없는 노력과 도전으로 책 만들기에 최선을 다해온 동양북스는
오늘도 미래의 가치에 투자하고 있습니다.
대한민국의 내일을 생각하는 도전 정신과 믿음으로 최선을 다하겠습니다.

동양북스

동양북스 추천 교재

중고급 학습

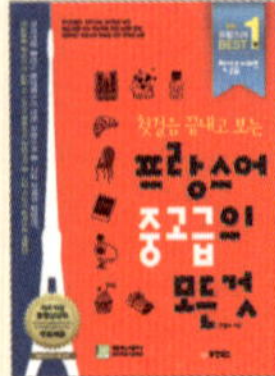

첫걸음 끝내고 보는
프랑스어
중고급의 모든 것

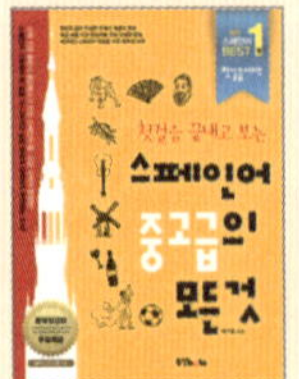

첫걸음 끝내고 보는
스페인어
중고급의 모든 것

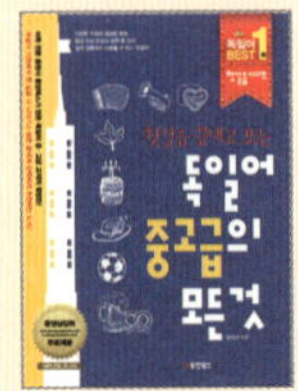

첫걸음 끝내고 보는
독일어
중고급의 모든 것

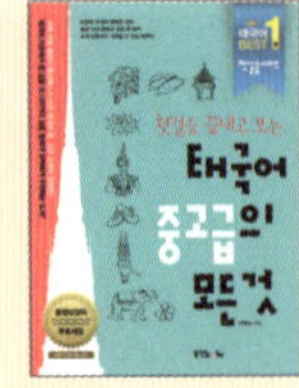

첫걸음 끝내고 보는
태국어
중고급의 모든 것

단어장

버전업! 가장 쉬운
프랑스어 단어장

버전업! 가장 쉬운
스페인어 단어장

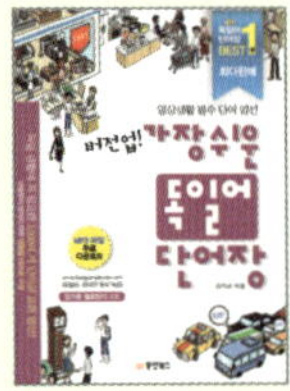

버전업! 가장 쉬운
독일어 단어장

여행 회화

NEW 후다닥
여행 중국어

NEW 후다닥
여행 일본어

NEW 후다닥
여행 영어

NEW 후다닥
여행 독일어

NEW 후다닥
여행 프랑스어

NEW 후다닥
여행 스페인어

NEW 후다닥
여행 베트남어

NEW 후다닥
여행 태국어

수험서 · 교재

한 권으로 끝내는 DELE
어휘 · 쓰기 · 관용구편 (B2~C1)

수능 기초 베트남어
한 권이면 끝!

버전업! 스마트 프랑스어

오늘부터는 팟캐스트로 공부하자!

팟캐스트 무료 음성 강의

▸1 iOS 사용자

Podcast 앱에서
'동양북스' 검색

▸2 안드로이드 사용자

플레이스토어에서 '팟빵' 등
팟캐스트 앱 다운로드,
다운받은 앱에서
'동양북스' 검색

▸3 PC에서

팟빵(www.podbbang.com)에서
'동양북스' 검색
애플 iTunes 프로그램에서
'동양북스' 검색

** 신규 팟캐스트 강의가 계속 추가될 예정입니다.

매일 매일 업데이트 되는 동양북스 SNS!
동양북스의 새로운 소식과 다양한 정보를 만나보세요.

blog.naver.com/dymg98   facebook.com/dybooks
instagram.com/dybooks   twitter.com/dy_books

첫걸음 베스트 1위!

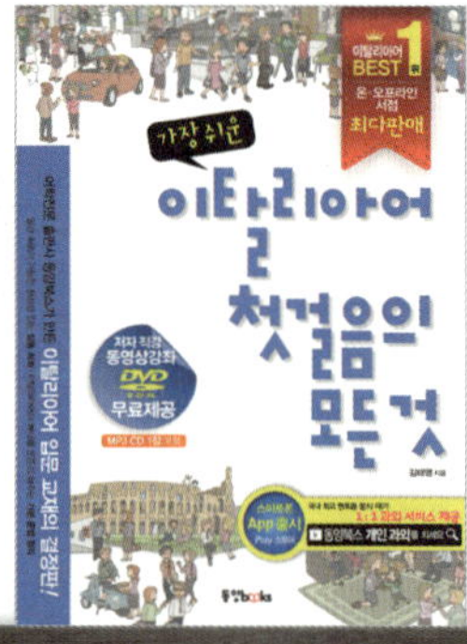

가장 쉬운
이탈리아어 첫걸음의 모든 것
17,500원

가장 쉬운
포르투갈어 첫걸음의 모든 것
18,000원

가장 쉬운
터키어 첫걸음의 모든 것
16,500원

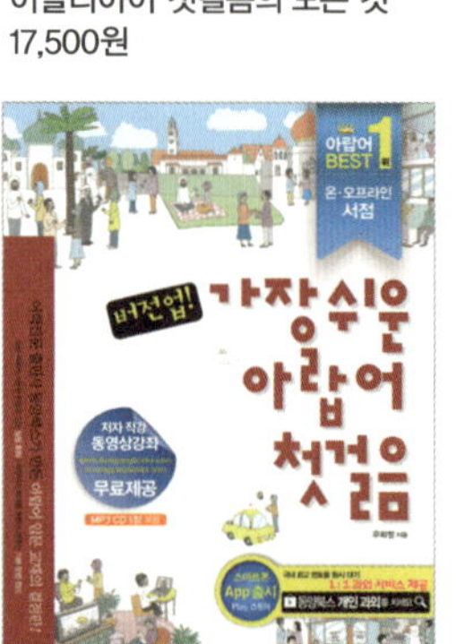

버전업! 가장 쉬운
아랍어 첫걸음
18,500원

가장 쉬운
인도네시아어 첫걸음의 모든 것
18,500원

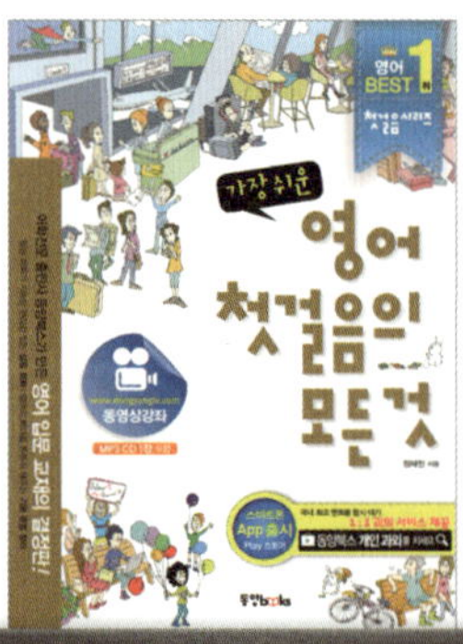

가장 쉬운
영어 첫걸음의 모든 것
16,500원

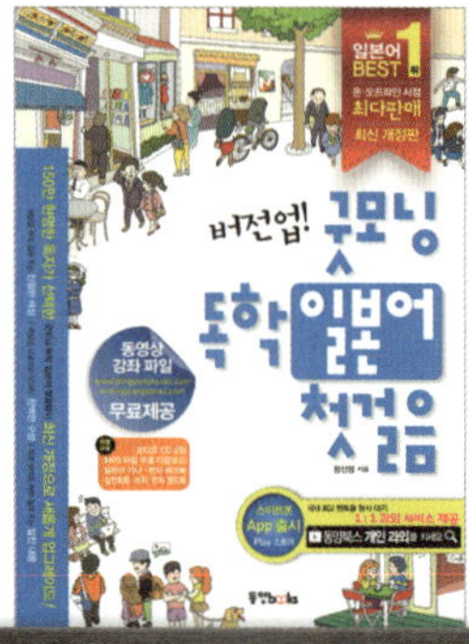

버전업! 굿모닝
독학 일본어 첫걸음
14,500원

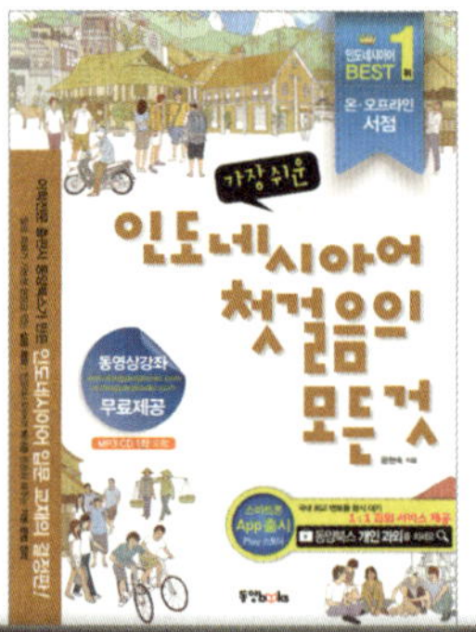

가장 쉬운
중국어 첫걸음의 모든 것
14,500원

500만 독자가 선택한

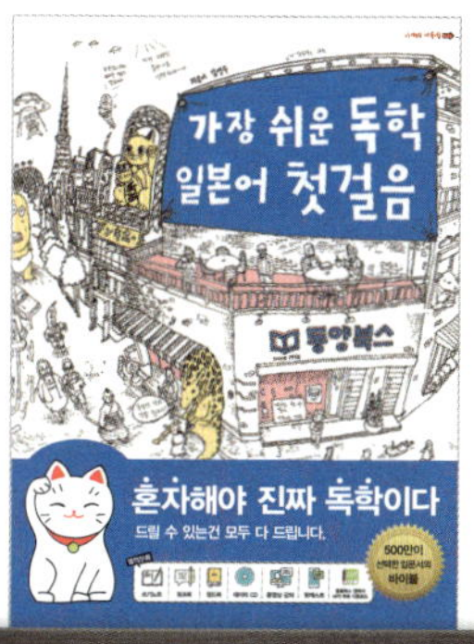

가장 쉬운
독학 일본어 첫걸음
14,000원

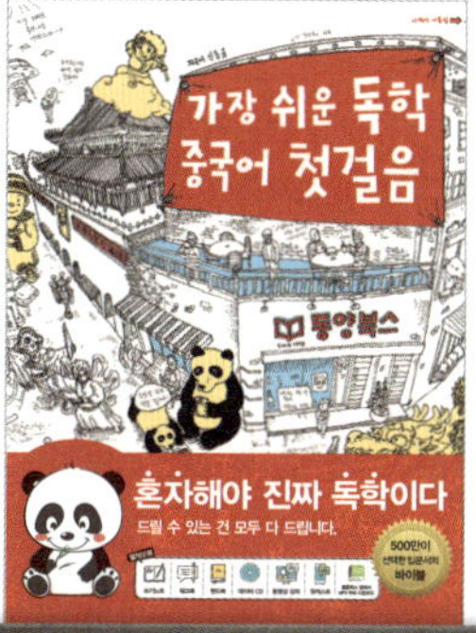

가장 쉬운
독학 중국어 첫걸음
14,000원

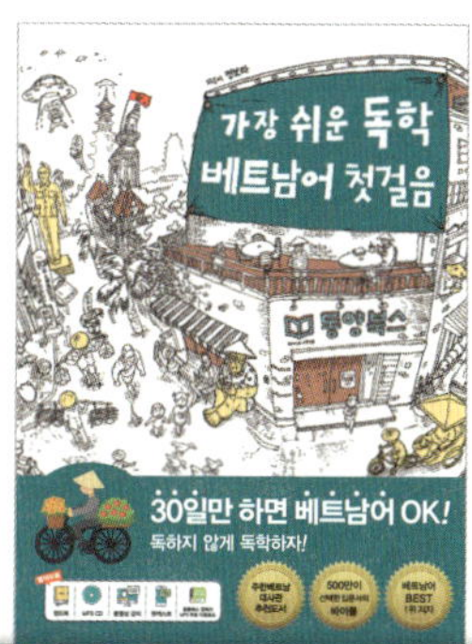

가장 쉬운
독학 베트남어 첫걸음
15,000원

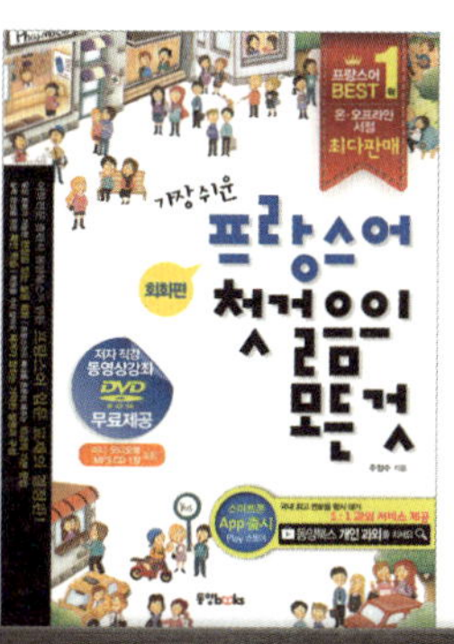

가장 쉬운
프랑스어 첫걸음의 모든 것
17,000원

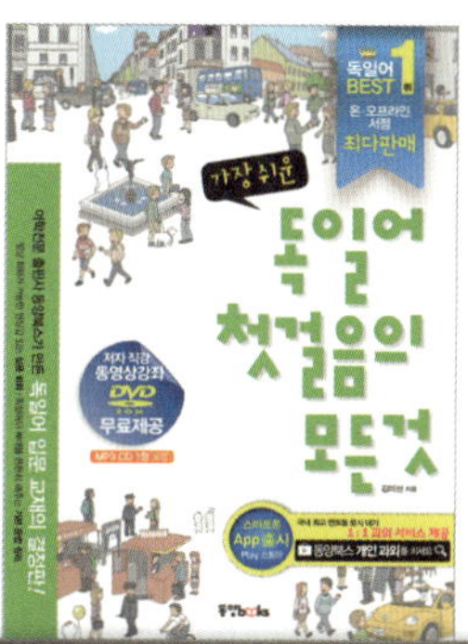

가장 쉬운
독일어 첫걸음의 모든 것
18,000원

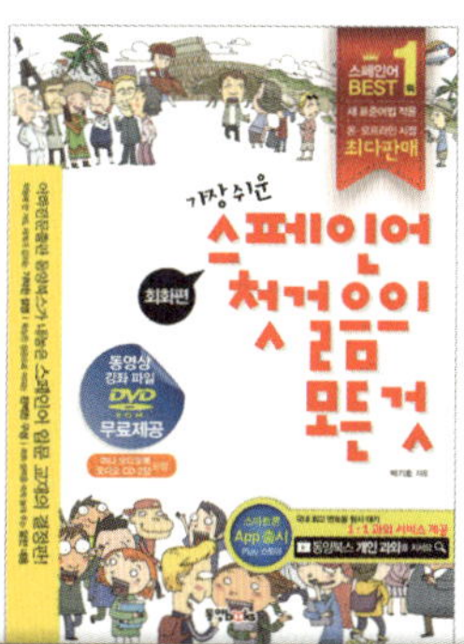

가장 쉬운
스페인어 첫걸음의 모든 것
14,500원

버전업! 가장 쉬운
베트남어 첫걸음
16,000원

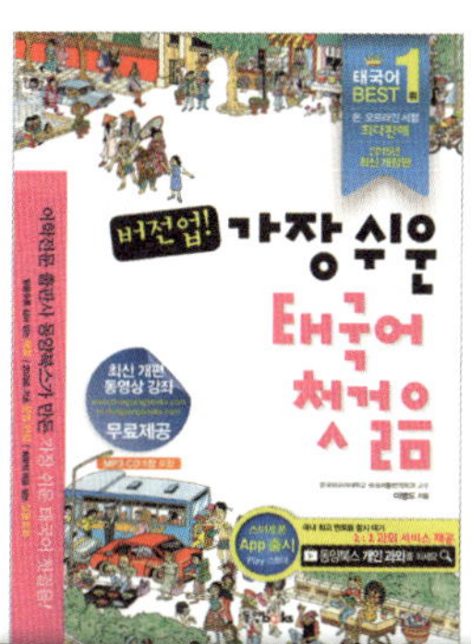

버전업! 가장 쉬운
태국어 첫걸음
16,800원

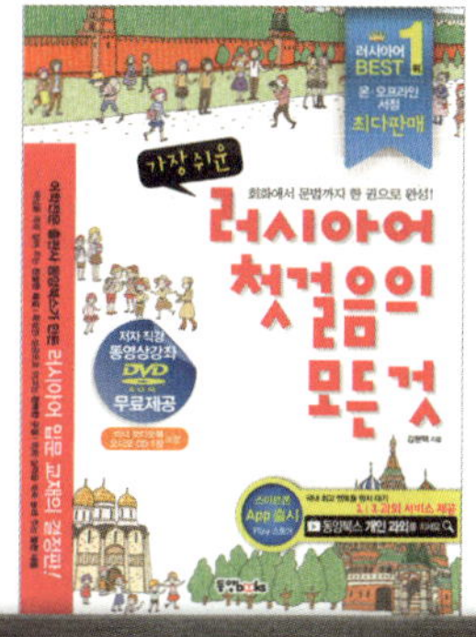

가장 쉬운
러시아어 첫걸음의 모든 것
16,000원

새로운 도서, 다양한 자료
동양북스 홈페이지에서 만나보세요!

홈페이지 활용하여 외국어 실력 두 배 늘리기!

홈페이지 이렇게 활용해보세요!

1 도서 자료실에서 학습자료 및 MP3 무료 다운로드!

❶ 도서 자료실 클릭
❷ 검색어 입력
❸ MP3, 정답과 해설, 부가자료 등 첨부파일 다운로드

* 원하는 자료가 없는 경우 '요청하기' 클릭!

2 동영상 강의를 어디서나 쉽게! 외국어부터 바둑까지!